本书的出版得到了山东省重点马克思主义学院鲁东大学马克思主义学院的出版资助

当代中国学术文库

物权法律问题研究
Research on the legal issues of property rights

郭同峰 / 著

光明日报出版社

图书在版编目（CIP）数据

物权法律问题研究 / 郭同峰著 . -- 北京：光明日报出版社，2018.1（2023.1重印）
ISBN 978-7-5194-3918-7

Ⅰ.①物… Ⅱ.①郭… Ⅲ.①物权法—研究—中国 Ⅳ.①D923.24

中国版本图书馆CIP数据核字（2018）第016780号

物权法律问题研究
WUQUAN FALÜ WENTI YANJIU

著　　者：郭同峰	
责任编辑：许　怡	责任校对：赵鸣鸣
封面设计：中联学林	责任印制：曹　净

出版发行：光明日报出版社
地　　址：北京市西城区永安路106号，100050
电　　话：010-67078251（咨询），63131930（邮购）
传　　真：010-67078227，67078255
网　　址：http://book.gmw.cn
E - mail：gmrbcbs@gmw.cn
法律顾问：北京市兰台律师事务所龚柳方律师

印　　刷：三河市华东印刷有限公司
装　　订：三河市华东印刷有限公司
本书如有破损、缺页、装订错误，请与本社联系调换

开　　本：710×1000　1/16	
字　　数：242千字	印　张：13.5
版　　次：2018年1月第1版	印　次：2023年1月第2次印刷
书　　号：ISBN 978-7-5194-3918-7	
定　　价：65.00元	

版权所有　　翻印必究

前　言

　　中国有句古话,有恒产者有恒心。改革开放近四十年来,中国人民在追求共同富裕目标中开始积累了越来越多的社会财富,中国人民实现了从站起来、富起来到强起来的历史性跨越。在现实生活中富裕起来的人们多使用财产概念表达人们所拥有的财富,与普通百姓不同,法学家则使用物和物权来表述相同的东西。在今天其他科目虽已与民法并驾齐驱,但仍有许多人认为民法是最适合于塑造法律思维的科目,因为它在历史上比其他任何法律部门都更受重视,并且为法律家提供了发展其他法律部门的基础。[1] 私权神圣的重点之一是所有权神圣,这是民法的基本理念。保护财产所有人的所有权是民法的根本出发点,没有对所有权的保护,就没有经济发展,更谈不上交易安全。新中国历史上"一大二公"的人民公社化运动,"大锅饭"的计划经济发展形式,不仅被证明是效率低下,而且被证明是不符合人性的。可见,保护人们的财产私有权十分必要。现在我国法学界也明确肯定了私权神圣的民法理念,而这在计划经济时代是不可想象的。

　　土地作为与人类社会生活须臾不可分离的生产资料,随着人类社会的进步发展,土地资源日益紧缺,土地资源的不可再生性进一步加剧了人多地少的不均衡现状,同时严重影响到土地交易市场的供需关系。按照房地产开发建设的过程,我国的房地产市场的结构分为三级:一级市场是土地使用权出让;二级市场即土地使用权出让后的房地产开发经营;三级市场是投入使用后的房地产交易。只有在通过一级市场以出让方式取得土地使用权后,才可进入房地产开发经营的二级市场,这就决定了土地使用权的取得成为房地产开发的前提条件。房地产三级市

---

[1] [法]勒内·达维著,潘华仿、高鸿钧、贺卫方译:《英国法依法国法:一种实质性比较》,清华大学出版社2002年10月版,第45页。

场均是以土地和房屋不动产为开发经营对象,涉及物权法和债权法中最难以解决和处理的不动产和买卖两大难题,这一直是立法机关、学术界及实务界亟须解决的问题。

不动产一词法律上有所定义,而房地产一词为通俗用语,不动产一词可以包含房地产,而房地产一词却无法包含全部的不动产。尽管我国有房地产管理法等法律法规,但更多是作为行政管理法存在。就民商法而言标准用语乃谓不动产或动产,所以本书的书名乃为不动产交易法研究,其实际内容主要是土地以及土地上的建筑物或构建物。规定不动产的在美国称为财产法,在大陆法系国家称之为物权法。但以不动产法为重心的美国财产法与大陆法系国家物权法不同。[1] 两大法系财产法看不到多少趋同的迹象,这一方面是由于财产法被认为是最具有地方性的知识。[2] 霍尔姆斯大法官最喜欢的一句格言是这样说的:"有时候一页的历史需要一整卷的逻辑去解释。"这大概就是关于不动产法的情形。英美财产法的根源是来源于土地的,这些根源至今仍然滋养着这个部门法的成长。[3]

传统物权法关注的中心是确定物的归属(重点是确认所有权),现代物权法则相对更注重效率。从重视物的"归属"到重视"利用",是现代物权法发展的一个趋势。在现代社会,仅仅强调物归其主已远远无法适应技术和经济发展对物的使用需求。传统物权法强调物的"静的安全",现代物权法则更强调"动的安全"。从这个意义上说,现代物权法不再仅仅是保护静态关系的法律,而且也和合同法一样,成了保护动态交易的法律。在交易频繁的现代社会,这对于降低交易成本有相当重要的意义。

本书主要以不动产交易法律制度为中心,第一章是本书的概述,介绍了财产权、物权法上的物、不动产与不动产交易等基本问题。我国现阶段的财产纠纷大多体现为不动产的交易纠纷,深入研究我国不动产交易对物权法的发展与完善具有重要意义。本部分的研究为本书其他部分的展开奠定了基础。第二章和第三章对不动产交易的不同交易类型进行了研究,主要包括土地使用权和房屋所有权

---

[1] 参见王家福先生为钟书峰翻译的《不动产》(第四版)所写的序言以及该书的译者前言。*Real Property* 为美国法学家 Roger H. Bernhardt 和 Ann M. Burkhart 著。该书已由法律出版社 2005 年出版了中文本。

[2] 参见吉尔兹:《地方性知识:事实与法律的比较透视》,邓正来译,载梁治平编《法律的文化解释》,三联书店,1998 年版。

[3] 参见约翰·E. 克里贝特等著:《财产法:案例与材料》,齐东祥、陈刚译,中国政法大学出版社 2003 年 11 月版,第 175 页。

的买卖、不动产租赁等问题，涉及的一些问题涵盖了债法和物权法的用益物权。第二章主要是研究土地使用权的出让和转让问题。就我国现在的不动产交易来看，出现比较多的是土地使用权的交易，在集体土地所有权转化为国有土地、国有土地使用权的出让或转让中存在诸多问题，影响了我国规范合理的土地交易市场的健康成长。第三章研究了房产交易和房产租赁的法律问题，结合我国的不动产交易司法实务进行了理论联系实际的研究。房屋与房产具有不同含义，房屋买卖与商品房买卖又有不同。在本部分中，对房屋买卖的程序、出卖人与买受人的权利与义务进行了展开，特别是阐述了出卖人的瑕疵担保责任问题。在本章中对买卖不破租赁制度进行了分析研究。不动产租赁在我国历史悠久，对不动产的物权效力、买卖不破租赁的构成要件、承租人的优先购买权与优先承租权进行了研究。第四章主要研究了不动产交易中的第三人利益保护问题。在不动产交易中如何保护交易中的第三人的合法利益，这涉及法律的着眼点到底应该侧重保护所有人还是交易第三人的价值选择问题，对此学术界的看法不尽一致。本书的观点是交易安全与效率的选择中，从推进经济发展的角度看，在确保所有人权益的同时，更应该保护的是交易中的第三人的合法权益，因为这关乎社会的利益。因此在本书中，主要阐述了不动产交易第三人利益保护的理论。不动产物权变动模式的选择涉及第三人利益保护，作者主张意思主义的物权变动模式，这既尊重了我国民众的历史习惯又考虑了与我国民事法律体系的衔接，从最终的发展来看我国应该过渡到物权形式主义的物权变动模式，但这需要更长的时间。在本章中，作者主张我国应该确立不动产善意取得制度，这会更好保护善意取得人的合法权益，但要对善意与恶意进行很好的研究。不动产的公示公信原则是我国交易安全保护的原则基础。第五章研究了不动产交易担保问题。首先对担保物权的基本理论进行了研究，在此基础上主要对房地产抵押、土地使用权抵押合同纠纷进行研究，力争使研究更有针对性现实性。

目前，中国共产党正在推进全面依法治国不断推出新举措，民事权利法律制度基本完善，公平正义的梦想正在中国大地日渐变为现实。事实上，任何一部法律都不会完备，立法不会一劳永逸地解决所有问题，而法学研究的任务，是在实践中为运用和发展法律规则提供理论指导。

目 录
CONTENTS

第一章　物权相关概念辨析 ························· 1

　第一节　财产权的含义和要素　2
　　一、财产权的含义　2
　　二、财产权的要素　10

　第二节　物权法上的物　12
　　一、物的概念和特征　15
　　二、物的观念的扩张和物的意义　19
　　三、物的分类　20
　　四、特殊的物　23

　第三节　不动产的含义和构成要素　25
　　一、不动产的含义　25
　　二、不动产的构成要素　26

　第四节　不动产交易　32
　　一、不动产交易的概念与分类　32
　　二、不动产交易与不动产物权变动　33

第二章　建设用地使用权的出让与转让 ············· 36

　第一节　土地用益物权的历史发展　36
　　一、罗马法中的土地用益物权　36
　　二、大陆法系土地用益物权制度的形成　37
　　三、对固有法上土地使用制度的改造　41

1

第二节　土地使用权概述　42

一、土地所有权的概念和特征　42

二、土地使用权与房屋所有权　45

三、对我国现行土地使用权制度的评价　49

第三节　土地使用权的划拨　50

一、国有土地两种取得方式　50

二、土地使用权划拨的含义及形式　50

三、土地使用权划拨与出让的区别　51

第四节　土地使用权的出让　53

一、国有土地使用权出让的概念　53

二、土地使用权出让的特征　55

三、土地使用权出让的性质　56

四、对开发区管理委员会出让土地的行为的认定处理　58

五、以出让方式取得的土地使用权转让的有效条件　60

第五节　土地使用权的转让　62

一、土地使用权转让的概念及定位　62

二、国有土地使用权转让合同的主体　64

三、土地使用权转让合同相关法律问题　65

四、名为合作实为土地使用权转让的处理　70

第三章　房产买卖和租赁问题　75

第一节　房屋、房产和商品房辨析　76

一、房屋与房产　76

二、房屋的分类　78

三、房屋所有权的取得与变动　80

第二节　房屋买卖与房屋买卖合同　82

一、房屋买卖的概念与法律特征　82

二、房屋出卖人和房屋买受人　83

三、房屋买卖的程序　87

四、房屋出卖人之瑕疵担保责任　91

五、受限制的房地产转让　102

六、房地产价格评估　104

七、房地产成交价格的申报与管理　106
第三节　买卖不破租赁分析　107
　　一、买卖不破租赁制度　107
　　二、租赁权的物权效力　108
第四节　买卖不破租赁制度的要件　110
　　一、租赁关系有效存在　111
　　二、租赁物已交付于承租人　111
　　三、出租人将租赁物所有权让与第三人　115
第五节　承租人的优先购买权　118
　　一、承租人优先购买权的含义　118
　　二、优先购买权的性质　118
　　三、承租人优先购买权的几个法律问题　120
　　四、解除租赁合同纠纷的处理　125
第六节　承租人的优先承租权与不动产的转租问题　126
　　一、承租人的优先承租权　126
　　二、不动产的转租问题　129
　　三、关于土地使用权和房屋所有权能否分别出租问题　134
第七节　对租赁房屋进行添附（包括装修）纠纷的处理　136
　　一、基本原则　136
　　二、善意添附与恶意添附　137
　　三、善意添附的处理　137
　　四、恶意添附的处理　138

第四章　不动产交易安全中的第三人利益保护　140
第一节　不动产交易安全简论　140
　　一、物权变动与交易安全　140
　　二、不动产交易中的第三人　144
　　三、物权变动中第三人利益保护的理论基础之争　145
第二节　物权变动模式与不动产交易安全　147
　　一、物权变动与交易安全概述　147
　　二、不动产物权登记对物权变动效力之比较法分析　148
　　三、我国的物权立法对物权变动模式的选择　153

第三节　不动产善意取得中的第三人保护　156
　　一、不动产善意取得制度的理论分析　156
　　二、不动产应适用善意取得制度　158
　　三、不动产善意取得构成要件　161
　　四、关于受让人善意的分析　163
　　五、构建我国不动产善意取得制度的构想　166

第四节　公示公信原则是第三人保护制度的原则基础　169
　　一、公示公信原则的理论分析　169
　　二、公示公信原则与物权行为无因性原则　173

第五章　不动产担保 176

第一节　担保物权的概念与特征　176
　　一、担保物权的含义　176
　　二、担保物权特征　178
　　三、担保物权的分类　179
　　四、担保物权与用益物权的区别　181

第二节　关于担保物权性质的争议　182
　　一、担保物权性质学说分析　182
　　二、担保物权性质为物权理由分析　184

第三节　房地产抵押　190
　　一、房地产抵押的概念　190
　　二、房地产抵押权的特征　192
　　三、房地产抵押的形式　192
　　四、房地产抵押的客体　195
　　五、房地产抵押合同　196

第四节　土地使用权抵押合同纠纷的解决　197
　　一、土地使用权抵押合同的相关限制　197
　　二、土地使用权抵押合同在司法实践中的常见冲突　197
　　三、抵押房屋的处置　199

主要参考书目 201

第一章

物权相关概念辨析

中国有句古话,有恒产者有恒心。改革开放近四十年来,中国人民在追求共同富裕目标中开始积累了越来越多的社会财富,中国人民实现了从站起来、富起来到强起来的历史性跨越。在现实生活中富裕起来的人们多使用财产概念表达人们所拥有的财富,与普通百姓不同,法学家则使用物和物权来表述相同的东西。民法学中存在财产、财产权概念,但是,学者们在讨论物权法时,却避而不谈财产,只以物、物权称之。因此,研究物权法必须澄清物与财产这两个概念。为了更好保护人民的财产权和维护社会主义市场经济秩序,中华人民共和国第十届全国人民代表大会第五次会议于2007年3月16日通过《中华人民共和国物权法》(以下简称《物权法》),该法自2007年10月1日起施行。因物的归属和利用而产生的民事关系,都适用《物权法》。

《物权法》实施已经十周年,中国的《民法典》的制定也已经进入了现在进行时。对任何一个法律材料的理解,均以对那些经常出现的概念的理解为前提。对这些概念的掌握,是运用法律必不可少的要求。它们是人造法律语言的辅助手段,也是法律人所必备的工具。故此,要想读懂民法典中的"物权法",也就必须要掌握其基本概念。[1] 物权制度是构筑社会运行秩序的基础,社会秩序也可以称为社会的结构。人类社会的发展,要求法律制度——物权制度的变化发展,同时物权——法律制度的变化发展,也不断推进社会的进行发展。

---

[1] [德]鲍尔、施蒂尔纳著,张双根译:《德国物权法》法律出版社2004年2月版,第21页。

第一节 财产权的含义和要素

法律制度作为上层建筑的发展是随着经济基础的变化而不断变化的,尽管相对于经济基础来说,上层建筑的变动具有相对独立性。以所有权为核心的财产权制度,是人类经济—社会历史上的一个恒久的制度,但又是一个因社会和历史不断演变和变革的制度。关于财产与社会变革的关系,《不列颠百科全书》的作者写道:社会的政治组织常决定个人所能享受的财产权的种类、范围和内容;反过来,财富的分配不可避免地也会对政治组织的结构和发展施加影响。① 许多伟大的思想家、政治家无不是想通过财产制度的变革,来实现社会结构或制度的变革。

社会需要是财产制度存在和发展必不可少的基础,社会—经济不断发展和演进,自然要求不断改革其所有权制度。正如狄骥的老师 Villegas Basavilbaso 指出:"所有权不是不可触犯的和神圣的,而是不断变化的一种权利,应根据它将满足的社会需要来塑造它。如果在某个时期,个人所有权与社会需要相符合,立法者就应该干预以组成另一种的财富所有形式。"

法律不仅通过财产制度安排组织社会共同生活,建立稳定的社会结构和秩序,而且这种法律制度安排关系着社会(指一定范围内的生活共同体)的发展和进步。因为社会进步发展是人类运用其智慧的结晶——制度于自然资源,发展自己的一个过程。正如 McDougal 论述的,"描述特定社会共同体社会进步的最简便的方法是,将它描述为既定人类群体为了价值的生产而运用制度于资源。在这一总体过程中,不同的民族在不同的意义上为了不同的目的而使用财产(property,又译财产权)一词……"②

一、财产权的含义

在大陆法系,各个国家立法和学者对物的界定及其与财产关系并没有一个统一的认识。

---

① 《不列颠百科全书》第 15 版第 15 卷,转自上海社会科学院法学研究所编译《民法》第 80 页。
② 高富平著:《物权法原论》,中国法制出版社 2001 年,第 21 页。

《法国民法典》并没有将物权和债权概念纳入法典,法典直接使用的是财产而不是物。大陆法系与普通法系对财产权有着完全不同的理解。例如,大陆法系的法律以所有权为基础来分析财产和财产权,但是在英美法律中几乎找不到一个完整的所有权的概念。大陆法系宣称"一物一权",可是在英美法系中,一物(如土地)可能存在着几种不同的所有权。这些重大的差别来自诺曼底的入侵和从那时发展出来的封建土地制度。

根据尹田的介绍,在法国法上,财产的含义分三种:其一,财产是服务于人的"物",这里的物仅指有体物。其二,财产为权利。即设定于物之上的权利。其三,财产包括物、物权、无形产权和债权。[①]

第一种含义是从客体意义定义财产,财产等于有体物。由于物只有置于特定主体排他支配权利之下才成为财产,且有权利才有财产,因而第二种含义的财产,揭示了财产(物权)的本质是一种权利。这两种财产含义似乎仍然局限于有体物和对有体物的支配权(狭义物权)的范畴内。但其第三个含义的财产却远远超出了物权范畴,"它描述了一切具有财富价值的权利",[②]它包括债权和广义的物权。由此可见,在法国法,物只包括有形物,物是财产的一种形式。

在以法国法为传统的大陆法国家,也基本上承认物为财产的一种形态。在西班牙和大多数拉美国家民法典将所有可成为权利客体的物视为财产。如《意大利民法典》第810条将所有为财产的物均认为是权利的客体。[③] 而《智利民法典》则将财产界定为由有形的和无形的物组成(565条)。[④] 因此,如果将物只理解为有形物,那么,物只是财产的一部分;如果将物理解为包括有形物和无形物,那么,物和财产两个词基本上是等同的。

有些民法典中对物与财产做了区分,如《阿根廷民法典》就将该法典的物界定为有一定价值的有形物;而具有一定价值的非物质客体连同(物)被称为财产(第2311~2312条)。这就是说阿根廷民法中的财产是一个与物并行的概念,物仅指有形物,而财产除有形物外,还包括无形物等。《德国民法典》第90条也规定:"法律意义上的物仅为有体物。"根据孙宪忠的解释,第90条的规定主要针对物权法,

---

① 尹田:《法国物权法》,法律出版社1998年版,第13~14页。
② 尹田:《法国物权法》,法律出版社1998年版,第14页。
③ 中译本的译文为:"所有能够成为权利客体的物品都是财产。"见费安玲、丁玫译:《意大利民法典》,中国政法大学出版社1997年版,第9页。
④ 《哥伦比亚民法典》、《乌拉圭民法典》等也有相同的规定。

在民法典的债务关系一编中的物,不仅仅指有体物。狭义的物仅指有体物,广义上的物是财产权利客体的总称,包括有形物、无形物和权利(但不包括一般性质的债权)。

在这里要特别提一下1994～1995年颁布的《俄罗斯民法典》的规定。该法典第128条提出了一个非常广义的民事权利客体概念,它包括:物,其中包括金钱和有价证券;其他财产,其中包括财产权利;工作和服务;信息;智力活动成果,其中包括智力活动成果的专属权(知识产权);非物质利益。显然,这里的民事权利不仅包括物权、债权、知识产权,而且包括人格权。即使我们承认广义物的概念,似乎我们从来不把人格权的客体也称为物。因此,在这个意义上,广义上的物也不能被认为是民事权利,而只应当认为是财产权利的客体。

实际上,在整个大陆法国家民法理论中,存在物权的客体和民事权利客体两个概念。例如,在德国,民法典明确将物权客体限定在有体物上,但同时存在民事权利客体概念,民事法律关系的客体还包括无体物、收益和使用等。在德文中,民法物权中的物为Saehe,而民事权利客体意义上的物称为Gegenstand。于是,理论界便有狭义上的物和广义上的物。英美法律和著述多使用property(财产),而不是things(物),但也有使用things的。如劳森和拉登所著的《财产法》就是这样。这两位作者将财产法视为调整人与物之间的法律关物的关系。而且根据他们的论述,英美法中的物分为有体物(也称具体物)、无体物(也称抽象物)和诉体物(chose in action)。有体物和无体物大致与大陆法相同;诉体物是指合同创设的可转让的权利。所有这些都被视为一种财产(property)。

英文"property"一词,中文翻译为"财产"。这个翻译与英美国家的普通人的理解是一致的,指的是某一个具体的物,如汽车、房屋、土地和宝石等;也包括某种无形的有价值的标的物,如有价证券、股票等。但是在美国财产法里,property一词指的是与物相关联的人们之间的一种法律关系,用边沁的话说是一种"能够从物当中获得一种利益的期待"。所谓法律关系,是一种权利与义务的关系,但是还包括其他的关系,如权力与责任的关系等。

现代意义的(私人)财产权制度在英法德等西方国家,自中世纪结束以来就已普遍建立,而美国自建国之初就形成了"私人财产权神圣不可侵犯"的私人财产权理论和法律保护制度。在私人财产权制度形成、发展和完善的数百年里,西方世界的无数法学家及法官对财产权概念,从各个方面进行了定义。

(一)对有体物的支配权

在布莱克斯通时代,财产法上的财产权被定义为一种对物的专断的、独有的支配权。布莱克斯通在其《英国法评注》(Commentaries on the Laws of England)第二部第一章就说:"再没有什么比财产权,或个人对外部世界的物所拥有并施加的那种独有的、专断的,并完全排除世界上任何其他个人干预的支配权,更能激起人们的想象及获得人们的热爱。"布莱克斯通的这个财产权定义主要强调两点:其一是财产权是一种对物权,这里的物当然主要是有体物;其二是这种权利是一种专断的支配权,彻底排除任何个人的干预,强调财产权的绝对性。

这种独有的、专断的支配权赋予权利人如此广泛的自由,以致权利人可以在其财产权范围内做任何令人厌烦的事而不负任何责任,比如,在自己土地上故意修建高楼挡住邻居的视线和光照、修建刁难人的栅栏等。

布莱克斯通关于财产权的定义被美国司法界接受为一项普遍的原则而适用于财产法的案件审判中。这种具有绝对性和对物性特征的财产权概念统治了美国财产法一个多世纪。

(二)有关物的人与人之间的关系

1936年出版的《美国财产法重述》第一版中这样给财产权下定义:"财产权这个词在本书中被用来定义有关物的人与人之间的关系。"①

财产权、私有制和国家是密切关联的三个概念。菲利科斯·科恩(Felix Cohen)教授在1954年出版的一本有关私有财产权的书中,对财产权所下的定义简短而充分地表达了这三者之间的关系。他给财产权下的定义是:②

财产权只能由下列的标记所鉴明。对世上其他任何人:除非经我的许可,远离我的财产;对这种许可我既可以授予也可以保留。

签名:私人

背书:国家

这段文字的第一段讲明了财产权的法律性质,即排他性和契约自由。第二段的签名表明所有制的性质即私有制。第三段的背书表明了国家对财产权的介入。

---

① Restatement of Property, Introductory Vote, at 3 (1936).
② F cohen, Dialogue on private Property, 9 Rutgers L. Rev. 357, 374 (1954). 亦可参见李进之、王久华等著:《美国财产法》,法律出版社1999年版,第4~5页。

1. 财产权的法律性质

尽管英美法系的财产权不具有大陆法系物权的绝对性,但是在排他性上与大陆法系的概念是一致的。财产权的排他性指的是财产权的权利主体是确定的,但义务主体是不确定的任何人。英美法系的排他性最典型的表达法就是科恩教授讲的"世上其他任何人"(the world)都不得妨碍我的既定财产权利。哪怕我的土地是租来的,我的占有权任何人都不得妨碍,该土地的所有人也得远离我的权利范围。科恩教授在第一段文字的最后一句话还提到了契约自由的原则,即财产的所有人对财产有处置的自由,这种自由当然是通过契约来实现的。

2. 私有制

科恩定义中的"签名:私人(private citizen)",表明了土地所有权的私有性质。私有制被认为是一种普遍承认的财产所有权制度。美国学者认为即便在公有制的国家里,私有财产权也在一定范围内存在并受到法律的保护。私有财产权在美国也不是神圣不可动摇的。美国人偏爱私人财产权,并不是因为它是神圣和永恒不变的,而是因为他们认为私有财产权有一定优越性。如果大多数美国人认为公有制比私有制好,那么美国人也会选择公有制。著名的美国联邦最高法院法官霍姆斯(Holmes)在20世纪20年代有关一个社会主义党左派运动的案子中作为反对派意见对此有过一段惊人的说明:"如果在一段很长的时间里,无产阶级专政的信念最终被社会支配力量所接受,言论自由唯一的意义就是给予他们机会和让他们去实践之。"[1]

3. 国家

科恩宣言最后一段话"背书(endorsment):国家(state)",表达了两个含义:一个是英美土地发展的历史过程,另一个是国家对土地私有制的政治功能。背书本身的含义具有同意给予或同意接受的签字行为。这正好与英美土地所有制的来源一致。英国土地所有权都来自国王,国王将土地分封给贵族和武士。作为交换,这些贵族和武士就得在军事上尽忠于国王。在美国,土地在理论上是由国家(各州)让与的。至今国家(各州)在理论上对土地还有一定的所有权。当一块土地无人继承也没有转让给他人时,这块土地就归还给了国家。所有权来自国家不是科恩的主要意思,背书主要意思是承认或认可。在这里国家的"背书"主要指国家承认这种私有财产权并加以保护。美国宪法第5条和第14条修正案将财产和

---

[1] Gitlow V. NewYork. 268 U. S. 652(1925).

生命、自由并列,规定未经正当法律程序不得剥夺。第5条修正案还规定:"凡私有财产,非有相当赔偿,不得占为公有。"这一点主要是针对国家对土地的征用而言。从这些规定我们可以看到,国家不仅保护私有财产权,同时也有权干预私有财产权,这种干预一定要经过正当的法律程序或赔偿。当今美国社会的发展表明,国家对私有财产权的保护不能狭隘地理解为仅仅是对财产所有人的保护,这种保护已经发展到对财产使用人以及全社会共同利益的保护。今天美国的法律着重保护的是土地和房屋承租人的权利,他们不拥有房屋,靠租赁栖身,法律必须保护他们,以求社会公平。美国对财产权使用的限制典型地表现在对土地的规划(zoning)、环境保护等方面。

约瑟夫·辛格(JosePh Singer)也认为,财产权是涉及有关物的支配和处置的人与人之间的关系。

以上几种财产权定义淡化了对物的强调,虽然物还没有彻底消失,但已将重点转向人与人之间的关系,并已不再提及财产权的绝对性。财产权中人与人的关系的内容由法律定义,受法律保护,也受法律限制。比起布莱克斯通时代,财产权利人的自由度明显减少,法律限制逐渐增加。

(三)权利集束

威斯利·H. 霍菲尔德(Wesley H. Hohfeld)在1913年和1917年发表的两篇文章里,提出了分析财产权的八种相互对应的要素。用这八种要素的不同组合来表达财产权的权利大小,受限范围。这八种要素的排列组合形成下列表格:

	权利 righ	特权 privilege	权力 power	豁免 immunity
法律上 相对立	无权 no-righ	义务 duty	无权力 disability	责任 liability
法律上 相关联	权利 righ	特权 privilege	权力 power	豁免 immunity
	义务 duty	无权 no-righ	责任 liability	无权力 disability

沈宗灵:《对霍菲尔德法律概念学说的比较研究》,http://www.civillaw.com.cn/article/default.asp? id =57177

一个人拥有财产,就是说这个所有者具有一系列的权利、特权、权力以及豁免;一个人如果不拥有财产,那么他就是无权利、无权力,只有义务和责任。结果就是财产权被定义为人们之间的一组关系,财产权不再被看作对物的支配,也不再是绝对的,而是受到限制的,其含义是视不同场合而定的。①

这是一个大胆激进的新理论,彻底颠覆了布莱克斯通关于财产权的定义。这个理论完全剔除了财产权的对物特征,根本不涉及任何物;而且财产权法律关系成为一组可变的各种关系的搭配,而不意味着任何权利的固定的和绝对的组合,因此财产权再也不是绝对的了。

爱德华·鲁宾(Edward Rubin)认为,财产权只是个人享有的全部事物束的一个标签。琼·威廉姆斯(Joan Williams)指出,把某物标示为财产,并不预先决定所有人拥有或不拥有什么样的权利;托马斯·W.麦瑞尔(Thomas W. Merril)和亨利·E.史密斯(Henry E. Smith)也认为,学术界讨论(财产权)中有一个共识——财产权只是一个权利束,任何个人与个人之间关于物的权利或者利益的分配都可以被贴上财产权的标签。②

一个权利集束的定义虽然彻底推翻了布莱克斯通的"财产权是一种对物的专断、独有的支配权"的概念,消除了财产权的对物性和绝对性特征,为法律限制财产权提供了理由,为扩大财产权客体提供了可能性,但是也导致财产权客体范围无限扩大,财产权内容和客体不确定性的弊端。人们不能预先获知什么利益可以被认可为财产以及自己的财产权的具体内容,也不能让义务人有效获知自己的义务内容,从而对自己的行为做出合理的安排以避免侵权的发生。另外,对于市场中的交易对象来说,也加大了其交易的风险,为预防这种风险又势必会增加交易成本。司法的判断毕竟是一种事后的救济。

(四)对有价值的资源的排他使用权

杰里米·沃德仁(Jeremy. Waldron)认为:"私人财产权概念就是对有价值资源的获取和控制的规则系统的概念。"③

理查德·A.波斯纳(Richard A. Posner)指出:"财产权是对有价值资源进行

---

① 肯尼斯·万镇菲尔德,《十九世纪的新财产:现代财产概念的发展》,"产权理论研究",第39页。
② Thomas w. Merrill, Henry E. smith,"法律经济学中财产权",《私法》第三辑,北京大学出版社,第243、254页。
③ Jeremy waldron, *The private propeity*, 31(1988). "The concept of private property is the concept of a system of rules governing access to and control of material resources."

排他性使用的权利。"私人财产权利法律保护有一个重要的经济功能,就是创造有效率利用资源的激励;一个有效的财产权制度体系有三个标准:普遍性(Universality):除人人都可以随意消费而不减少任何他人的消费的资源外,所有资源都被或可以被个人所拥有;排他性(Exclusivity):给所有者对其所拥有的物承担资源有效利用成本的一个激励;可转让性(Transferability):因为,如果一种财产不能被转让,就没有办法使一种资源从低效率利用向高效率利用转移。

大陆法系的物权概念与英美法系财产权概念有一个重大的不同,即关于物权或所有权的绝对性。大陆法系强调物权的绝对性,英美法系的财产权里只有少数权利是绝对的,多数权利都是相对的,财产的非所有者也可能有一定的财产权,财产的所有者还有现实和未来利益之分。

财产一词可从两个角度进行观察。从主体的角度观察,任何一种财产均表现为某人对某种财产利益享有某种权利,或者说任何一种针对或表现为一定经济或财产利益的权利均可称为财产。言及财产,必定是说它归属于某人的,也就是某人享有某种权利。因此,只要特定人的权利指向某种财产利益,那么,对权利人而言就拥有财产。财产的本质是财产权人享有的某种权利。在这个意义上,人身权以外的民事权利基本上均属于财产,因为它们均指向财产利益。这个意义上的财产权不仅包括物权等支配性权利,而且也包括债权性质的权利。这也就是法国法中最广义的财产所包含的意思。

从客体的角度观察财产是什么,实际上是在问各种各样的财产权利指向的对象是什么,这种权利指向的对象均称为客体。按照民法学一般观点,物权的客体是物(有的国家仅指有形物,有的还包括无形物);知识产权的客体是无形物或智力成果;债权客体是给付行为。

在这一点上,两大法系存在着差异。英美法财产或财产权不包括一般债权(或合同权利),只包括一些可自由转让的债权(如债券)。实际上,这里的债权已经成为交易的客体,成为流转的财产,成为权利客体。而大陆法将债权也视为一种财产权,只是从结果上说债权人最终可取得财产利益。两者的标准显然不一样。

从客体的角度探讨财产,我们仅应当探讨那些能成为对世性权利客体的东西,即支配权的客体;应当是权利人现时的可拥有的财产形态,而不是将来可能拥有的财产。在这一点上,英美法的财产概念:财产权是一种对世性的排他支配权,凡是置于排他支配权之下的东西均为财产。这种财产即是物权的客体,即是物;而这种物权,是一种广义的物权概念,即相当于英美法的财产权概念。

由此,从客体意义上观察财产,实际上就是要探讨哪些东西可置于支配权之下,成为支配权客体。由于成为支配权客体的东西多种多样,法律即撇开各种差异,而将之抽象为物。故法律上的物,实际上就是从客体意义上观察的财产。随着人类征服自然能力的提高,纳入支配权客体的物愈来愈丰富,一方面从有形物发展到无形物,另一方面法律制度创制了许多类型和层次的可转让权利,也成为支配权客体。于是法律上对于物的界定愈来愈脱离物理形态的物,成为一种特有的法律概念。

5. 我国学者的见解

有学者认为,所谓财产,指具有经济价值,同一定目的而结合之权利义务之总体:其一,财产具有经济价值,即能够满足人们经济上的需要,且可以以金钱估计其价格。其二,财产是依一定目的而结合。一财产与其他财产的区别在于财产目的的差异。其三,财产为权利义务的总体。权利上的总体为积极财产,义务上的总体为消极财产。财产依其目的,可以做如下分类:(1)一般财产。即依人的一般生活目的而结合的财产。(2)联合财产。分属两个主体的财产,依一定目的而结合者。(3)部分财产。于一般目的之外依特别目的而结合的财产。(4)独立财产。即依独立目的而结合,自一般财产独立管理之财产。(5)集合财产。为特殊目的,属于多数主体的财产的一部分相结合而形成的独立的财产。①

也有学者指出,"财产"不过是指人与人之间的一种关系。但是,财产(无论动产还是不动产)一般会首先表现为某种"物"。②

二、财产权的要素

大陆法强调财产权的绝对性。所谓绝对性指的是对财产的占有、使用、收益和处置完整地合为一体,也表现为一物只有一个完整的所有权。美国财产法不强调财产权的绝对性,而是强调财产权中的各种不同的利益。因为美国财产权中的各种权利往往是分离的,英美法对所有权没有一个完整的定义。科利贝特(John Cribbet)说道:有趣的事实是我们可以不提到所有权而讨论财产权的法律问题。

---

① 梁慧星著:《民法总论》,法律出版社2001年版,第106~108页。
② 郑成思:《知识产权、财产权与物权》,载《中国软科学》1998年第6期。

按照普通法的观点,阿莫里案要回答的问题是,失物的发现者有没有一种财产权利。

但是所有权这个词还是出现在英美的判例、法律和其他法律文献中。法学家们力图对这个概念加以界定。著名的耶鲁大学法学教授霍弗尔德(Wesley Hofeld)对此做了很大的贡献。他将财产权分为四大对称的法律关系:权利和义务(right and duty),特权和无权(privilege and absence of right),豁免和无能力,权力和责任(power and liability)。《法律重述·财产法》第一版采纳了霍弗尔德的定义,并分析如下:

权利:一个人要求他人为或不为的法律诉求(claim)。权利的对应关系是义务,举例如下:

甲是黑土地的所有人,乙是任何一个人。甲通常有权利要求乙不得通过黑土地,乙通常负有不通过黑土地的义务。

特权:一个人不受他人约束的行为或不行为的法律自由。特权的对应关系是无权。

权力:一个人通过行为或不行为来改变一种法律关系的能力。其对应关系是责任,举例如下:

甲是黑土地的所有人,授予乙出售黑土地的法律权力。乙享有一种权力,甲对乙具有一种责任。

豁免:一个人当因他人的行为或不行为而改变了法律关系时享有的自由,其对应关系是无能力。举例如下:

甲是黑土地的绝对所有人。乙通过法院判决是甲的债权人。乙对于黑土地有一种权力,甲具有一种责任。甲付清了全部债务,这时甲就获得一种豁免,乙对黑土地无能力。

以上的概念和举例非常抽象,而且在实际中可能互相重叠,特别是对豁免权的定义最容易与别的几项混同,所以霍弗尔德的财产权的定义受到许多批评。但是,这种批评只是逻辑上的争议而已。霍弗尔德定义之所以被美国法律学会采纳进《法律重述·财产法》里,一个主要的因素是通过这个定义,人们比较容易理解英美法中的财产权中的各种利益和所有权的分割情况。

美国财产法强调的是财产权中的各种利益。所谓利益指的是上述各种权利、特权、权力和豁免的集合,或者指其中的某一项。财产权可能分割为许多部分,这些部分就是各种不同的利益。

美国财产法强调财产的各种权益,但是并非不重视财产的所有权(ownership)。法律虽然没有对所有权给出明确的定义,但是根据《法律重述·财产法》(第一版),所有权指的是上述权利、特权、豁免和权力的完整的结合。财产的所有权也就是完整的财产权。这种完整的财产权只有相对的意义,依时间、地点和当地的法律而定。在动产中,这种财产的所有权是比较清楚的,但是在不动产中完全的财产权只有一种,即"绝对土地权益"(fee simple absolute,)。财产的所有权仍然是财产权的核心,但是只有弄清了财产权中的各种利益,财产所有权的问题才会水落石出。

第二节 物权法上的物

两大法系对不动产与动产的分类一直沿用至今,并对财产法理论和立法产生深远影响。但仅具有纯粹物理意义的分类何以导致两者社会属性和法律意义上的巨大差异,是令各国学者费解的一个问题。梅因认为,探索物的分类的理由不属于法律哲学而属法律历史①。法国学者马洛里和埃勒斯也认为,"这种分类的重要性并不能以其分类本身解释,而只能从历史的角度予以解释"。② 亦即只有通过该项分类对古代和近代物权法理论和立法的影响去了解其价值,而不是仅仅通过抽象笼统的历史规律去分析,这使我们意识到考察该项分类是了解物权法历史发展的一条重要线索。③ 动产与不动产分类在物权法上具有十分重要的地位,其对物权法的技术影响,甚于自物权、他物权分类。自罗马法以来,大陆法系国家和地区都将财产区分为动产与不动产,在此基础上建立起对物权制度至关重要的物权公示制度。"动产和不动产的划分对整个《德国民法典》,尤其是对德国民法物权体系有着根本性的意义"④,德国民法典的物权编事实上建立在对动产与不动产区别对待的法律规范上面。中国的民法通则没有动产与不动产的概念,但在民法理论上和近几年的立法中,接受了这一分类,担保法中的不动产抵押和动产质押表明,动产与不动产分类及其作用在中国同样重要。动产与不动产的分类反

---

① [英]梅因:《古代法》,沈景一译,商务印书馆1996年版,第155页。
② 尹田:《法国物权法》,法律出版社1998年版,第68页。
③ 马俊驹、梅夏英:《不动产制度与物权法的理论和立法构造》,《中国法学》1999第4期。
④ 孙宪忠:《德国当代物权法》,法律出版社1997年版,第9页。

映了人类社会的一个基本思想,财产对于人类,有些很重要,有些则不那么重要,人类社会必须将那些很重要的财产从一般的财产中区分出来,给予特殊的管理和保护,从而为人类社会的生存与发展提供基本的物质保障。人类生存与发展的一切最终来自土地,拥有土地意味着占有和支配物质资料的最充分的可能,而土地是不能移动的,因此,以不可动性为社会重要财产的基本特征,自然而然地为直观的认识所认同。在中国,由于历史习惯的原因,不可动物称为不动产,可动物称作了动产。作为得到不同历史时期不同国家和地区认同的分类,其本应有一个清晰而统一的分类标准,①但事实正好相反,动产与不动产的分类在相当程度上是模糊的。同样是种子,在法国民法中,只要是供给佃农的,就算不动产,在德国民法中,则必须投入土地才能成为不动产。一项财产,因为其自身所处的条件或背景的差异时而为动产时而为不动产,这一事实本身就说明动产与不动产标准的不确定性。或许正是因为这一点,不少学者如谢在全先生宁可在动产与不动产其他问题上洋洋千言,也不愿意在如何区分动产与不动产上花费点墨。大陆法系民法都以物的不可动性作为动产与不动产分类的基本依据,使得动产与不动产在大陆法系物权制度中成为共同的法律概念发挥基本相同的作用,而德国民法、法国民法在物理标准之外增加了其他标准,是动产与不动产一直没有确定说法的基本原因。②

在人类社会中,财产的定义从来不只体现在实物形态,罗马人了解这一点,创造了无体物的概念,这一概念本质上不容于动产与不动产的物理标准,因此,罗马法只能将地上权、永佃权、地役权之类的无体物,先联系上其标的的性质,才确定为不动产,从而造成物的存在形态(无体物)以外又拉入标的存在形态(有体物)的混乱结构。从来没有哪个国家或地区将财产价值作为动产与不动产唯一或重要的分类标准,法国民法也只将其辅助于物理标准。但财产价值标准并没有起到弥补物理标准内在缺陷的作用,财产价值大小与可动与否同样存在意义上的混乱,物理标准的缺陷与价值标准的荒谬同时保留了下来。

德国民法典的程序标准是一个相当机智的对策,但在物只限于有体物的体系中,程序标准不仅没有用以弥补物理标准的缺陷,反而缩小了不动产的范围,使物

---

① 孙宪忠:《德国当代物权法》,法律出版社1997年版,第7页。
② 孟勤国:《物权二元结构论——中国物权制度的理论重构》,人民法院出版社2002年版,第121页。

理标准更趋向于狭隘和偏颇。德国民法典对附属于土地或建筑物的物,区分为临时目的和永久目的,前者不属于不动产,表明程序标准对物理标准的修正是失败的。应该登记的未必就是不动产,不可动的未必就是必须登记的,除非能够容忍混乱,不可能同时选择程序标准和物理标准。不动产的社会价值其实不在于财产是否可动,而在于指代了重要财产,"这种基本的划分在现代法中表现为不动产和可动产之分,这是惯用的名词,因为分属这两个范畴的财物在历史上和各不同法典中,随着社会需求的变化而发生变化,并不看它们是具有可动性还是不可动性",①财产是否具有重要的社会意义要由一个特定社会来具体判断。这种判断,既来自人类生活的一般需要,也来自特定时期、特定国家的实际需要。在现代社会,登记是各个国家和地区管理重要财产的普遍形式,在财产法律制度中具有必不可少的地位和作用。登记使得社会上的重要财产的位置、特征、数量等在档案中一目了然,使得财产的确权、移转和变动处于社会的监管之下,使得财产权利的实现和保护有了足够扎实和权威的依据,因此,土地房屋要登记,飞机轮船要登记,股票债券也要登记。凡社会认为是重要财产需要登记的,必须经过登记,其他财产则不需要登记。"历史上一直以不动产指代重要财产,因而不动产必须登记,作为一种全称的判断,可以表述为须经登记的是不动产,不须登记的为动产。德国人对此或许已有朦胧的意识,提出了程序标准,可惜没有挣脱物理标准的枷锁。然而,不管国家和立法者是否意识到或充分意识到,社会生活自身的规律和要求总是要顽强地表现出来,影响人们的行为。以登记区分动产与不动产,已经成为生活中的一个事实,我们所要做的仅仅是揭示和说明这一客观存在。"②我认为这个论断是有道理的。一个社会中,哪些财产重要,哪些财产不甚重要,由社会生活和经济生活的状况和要求决定,重要的理由是多样的、可变的,是人们的物质和精神要求所决定,不可能有一种固定不变的标准。资源的不可再生或稀缺,物的特定用途或危险,利益的秩序要求或形式以及其他的情形,都能构成财产必须纳入社会管理的理由,成为被社会时时关注的重要财产。这些是决定财产是否在登记范围之中的客观原因。另一方面,财产该不该登记,也与立法者的主观意志相关。立法者判断的准确与及时直接影响着登记财产的范围,有些不甚重要的财产被列

---

① [意]彼德罗·彭梵得著,黄风译:《罗马法教科书》,中国政法大学出版社1992年版,第191页。
② 孟勤国:《物权二元结构论——中国物权制度的理论重构》,人民法院出版社2002年版,第126页。

入了,有些很重要的财产却遗漏了,这种现象总是有的,但这是主观反映客观、上层建筑反映经济基础要求的过程中所不可避免的,并不因此改变客观决定主观、经济基础决定上层建筑的基本规律和趋势。

我国旧民法,包括现在的中国台湾地区民法,也多使用物来表示客体意义上的财产,只是正统观点继承德国民法,将物仅限于民法物权中的有形物,没有发展出一般权利客体意义上的广义物概念。有形物和无形物的划分主要停留在理论层面上。新中国成立以后,有关物和财产概念随着旧法的废除,也不再使用。

改革开放以后,我国在恢复建立适应新经济体制法律体制过程中,逐渐地接受传统大陆法国家的法律概念体系。只是受特定历史条件的限制,1986年制定的《民法通则》及其他立法均回避使用物和物权概念,而直接使用财产。由于这样的背景,使我国民众对物和物权概念显得比较陌生。

由于物和物权在建构大陆法民事法律体系中的特殊作用,所以理论界一直在使用并呼吁立法中使用物和物权这一概念。现已提上议事日程的物权法,实际上也正在使用物和物权概念。

一、物的概念和特征

1. 物的概念

物权作为对物的直接支配并排斥他人干涉的权利,其客体是物。作为物权客体的物,我国民法有以下理解:

有的学者认为,物是存在于人身之外,为人力所能支配而且能够满足人类的某种需要的物体。[1] 有的学者认为,民法上的物,也就是作为民事法律关系客体之一的物,是指民事主体能够实际支配和利用的,并能满足人们生产和生活需要的物质材料。[2] 有的学者认为,物是人们能够实际支配的物质实体和自然力。[3] 有的学者认为,民法上的物,是指占有一定空间,能够为人力所支配并能满足人们需要的物体。[4] 也有学者认为,民法上所说的物,是指作为民事法律关系客体的物,是民事权利主体能够实际控制和支配的具有一定经济价值的财产。[5]

---

[1] 王利明、郭明瑞、方流芳著:《民法新论》(下),中国政法大学出版社1987年版,第8页。
[2] 佟柔主编:《中国民法学·民法总则》,中国人民公安大学出版社1990年版,第192页。
[3] 张俊浩主编:《民法学原理》(一),中国政法大学出版社1991年版,第315页。
[4] 钱明星著:《物权法原理》(一),北京大学出版社1994年版,第23页。
[5] 刘士国主编:《民法总论》,上海人民出版社2001年版,第76页。

2. 关于物的法律特征,有学者认为包括以下几点:(1)存在于人体之外。(2)物为有体物。有体物是指占据一定的空间,依人的五官可以感觉到的物质。(3)物能够为人力所支配。(4)物须独立为一体,能够满足人类社会生活需要。[1] 有学者认为,作为物权客体的物具有以下特征:(1)物权的客体必须是单一物;(2)物权的客体必须是独立物;(3)物权的客体主要是有体物;(4)物权的客体主要是特定物。[2] 也有学者认为,物:(1)须为权利客体;(2)须为有体;(3)须为人力所能支配;(4)须有确定的界限和范围;(5)须独立为一体。[3]

我认为,作为物权客体的物本身是不断发展的。从罗马法开始直到近代,物权的客体主要是土地,自工业革命以来,随着工业化的发展和科学的进步,尤其是市场经济的日益繁荣,人们对物的概念的认识也产生了重大变化。对物的占有不仅仅是为了使用某物,更重要的是将物投入流通领域,获取增殖的价值。而有价证券的出现,使动产较之于不动产具有更重要的价值。在现代社会中,物权的客体是十分广泛的,可以说,凡是存在于人身之外,能够为人力所支配和控制、能够满足人们某种需要的物,都能够成为物权特别是所有权的客体。我国《物权法》第二条规定:本法所称物,包括不动产和动产。法律规定权利作为物权客体的,依照其规定。即将于2017年10月1日实施的《民法总则》第一百一十五条也做了同样的规定。

从学理上看,作为物权客体的物主要具有如下特点:

1. 物的有体性。物为有形之客体,也就是说,物是有形、可触觉并可支配的。依此标准,其他所有的财产形式,均被排除在物权法适用范围之外:各种表现形式的债权、无形财产权(专利权、商标权)属于债法(民法典第413条),或在特别法中适用专门规定。计算机程序因缺少有体性也不是物,但它们因储存于数据载体中而获得可把握的形式时,却成为物。[4] 有体物是相对于无体物而言的。在罗马法中,有体物是指:"实体存在于自然界之物质,而为人之五官所可觉及者也。如土地、房屋等。"无体物是指:"法律上拟制之关系,而为人之五官所不可觉及者也。如用益权、地役权。"[5] 物权的客体是否仅限于有体物,在英美法中,由于对物和财

---

[1] 刘士国主编:《民法总论》,上海人民出版社2001年版,第76、77页。
[2] 王利明著:《物权法论》,中国人民大学出版社1998年版。
[3] 梁慧星著:《民法总论》,法律出版社2001年版。第97~99页。
[4] 《联邦最高法院民事判例集》,第102卷,135页。
[5] 陈朝璧:《罗马法原理》(上册),商务印书馆1936年版,第84页。

产的概念未做严格区分,财产既可以是有体物(tangibles),也可以是无体物(intangibles),因此,无形财产也可以成为所有权的客体。在大陆法系国家,关于是否承认无体物为权利客体问题,存在两种不同观点。一是以德国法为代表的法律仅承认权利客体本为有体物而排斥了无体物的概念,如《德国民法典》第90条规定:"本法所称的物,仅指有体物。"二是以法国民法为代表的国家将物分为有体物和无体物,认为有体物与无体物均可以作为权利客体,如《法国民法典》第526条规定,不动产的用益权、地役权或土地使用权和旨在请求返还不动产的诉权均为不动产。这两种观点各有利弊。德国民法对于物权的客体的物的范围规定得过于狭小,从而使许多权利上的物权不能纳入物权的范畴,而法国民法将许多权利都作为物对待,未严格区分权利与权利客体,因此也不完全妥当。[①] 应当看到,物的概念确实是一个不断发展的概念,在罗马法时代直至近代,物权的客体主要是有体物。随着市场经济的发展,不仅有体物,而且许多权利也开始进入交易领域,从而可以作为支配的对象;而财富证券化、权利化的发展,也促使了物的概念不断为财产的概念所取代。我国《民法通则》并未就物的概念和种类做出专门规定,在市场经济条件下,由于交易的发展和物的使用效益的提高,不仅有体物作为商品进入了流通领域,而且具有实存利益和价值的权利可作为商品进行交易,特别是以有价证券作为债的担保已是担保物权发展的一个趋势,这就在权利上产生了一些新的物权形式,如权利质权、权利上的用益权等。许多国家的民法典也确认了这些物权形式,可见,权利可以作为他物权的客体。在我国,《担保法》也已经确认了权利质权、土地使用权的抵押权,这就已经承认了权利可以作为其他物权的标的。随着我国社会主义市场经济的发展,物的使用效益必将日益提高,以权利作为他物权的客体也将逐渐发展,所以应当认为权利可以作为他物权的客体。

承认某些权利可以作为物权的客体,应当注意到两个问题:首先,应当明确作为客体的权利的范围。我认为,作为物权客体的权利,应当是指债权以外的其他权利,因为债权本身作为一种特定主体之间的请求权,对债权人来说它只是一种未来将要实现的期待利益,债权人能否实现其期待利益,尚有待于债务人的履行行为,故债权所体现的利益是很难实际确定并且很难作为支配对象的。尤其是债权也不可能公示,而为第三人所知悉,所以债权本身不能成为物权的客体。除在

---

① 陈旭琴:"关于物与建立我国物权制度的法律思考",《杭州大学学报》(哲社版)1996年1月。

特殊情况下债权可成为质权标的以外,在一般情况下,有价证券的权利、土地使用权等可以作为物权的客体。其次,即使将权利作为物权的客体,权利本身只是作为财产或财产利益存在的,也只有这样它才能成为权利的客体。总之,在法律上不得将权利的客体与权利本身加以混淆。

2. 物的独立性。所谓独立物,是指在物理上、观念上、法律上能够与其他的物区别开而独立存在的物。[①] 依据传统的民法观念,物必须具有物理上的独立性,才能成为独立物。物理上的独立性是指物必须在现实形态上与其他物相区分,并为主体所占有和控制。然而,随着社会的发展,独立物的概念正在发生变化。一个物具有物理上的独立性,固然可以作为独立物而存在,但如果不具有物理上的独立性,也可以交易上的观念和法律规定作为标准来确定某物是否具有独立性。一方面,以交易的观念作为判断标准,是指某物即使在物理上与他物相互连接但在交易时可以将其划分为若干部分而成为单独的交易对象,也不妨成为独立物,并单独成为物权的客体。例如一块土地的某一部分,在物理上与其他部分难以分开,但在交易时,可以将其划分为不同部分作为交易对象,且在交易前可以通过登记而确定其"四至"范围和坐落的地点,这样分割为各部分的土地也可以成为独立物。另一方面,以法律的规定作为区分标准,如通过法律规定的登记方法,将分割的数块土地公示于众,则成为了法律上的独立物。

3. 物的单一性。物权的客体必须是单一物。所谓单一物,是指在形态上能够单独地、个别地存在的物,如一幢房屋、一个茶杯等,这些均为人为的单一物。而树木、牛马为天然的单一物。[②] 单一物是相对于集合物而言的。集合物通常分为两种:一是事实上的集合物,又称物件集合,指因为当事人的意思或经济上的目的,多数单一物或合成物集合成一体,如商店内的全部商品,图书馆的全部书籍。二是法律上的集合物,又称为权利义务的集合,指多数物和权利在法律上视为一体,又称为集合财产,如夫妻共有财产。关于集合物能否作为独立物存在并作为物权的客体,在学说上历来存在着两种不同的观点。一种观点认为,按照一物一权原则,单个的物之上可成立单个的物权,没有必要专门在集合物之上成立一个权利。集合物因欠缺特定性和独立性,公示时会产生技术上的困难,因而不能作为物权的客体。另一种观点认为,集合物如能与其他物分开,也可以整个作为一

[①] 崔建远:"我国物权法应选取的结构原则",载《法制与社会发展》1995年第3期。
[②] 洪逊欣:《中国民法总则》,1992年版。第133页。

个独立物,只要有适当的公示方法,集合物是可以作为一个独立物存在的。① 随着市场经济的发展,各类物和权利都进入了交易的领域,而以集合物作为交易的对象,可以减少交易成本,使交易更为简便、迅速。既然集合物在交易观念上可以独立存在,则只要具有适当的公示方法,应当可以作为物权的客体存在。从实践来看,许多称为集合财产的财产如失踪人的财产、企业财产、营业财产等可以作为一个整体的财产而作为交易或抵押的对象②,社会经济的发展要求在其之上设立一个物权。因此,集合物在特殊情况下可成为物权的客体。

4. 物的特定性。尽管作为物权客体的物在范围上十分广泛,但是这些物在法律上都具有一个共同的特点,即必须是特定物。在法律上,物有特定物和种类物之分。特定物是指具有单独的特征,不能以其他物代替的物。如某幅图画、某个建筑物等。种类物是指具有共同特征,可以用品种、规格或数量等加以确定的物,如某种标号的水泥、某种等级的大米等。种类物可以用同类物来代替,但是当种类物已经从同类物中分离出来作为权利客体时,也就有了特定化的性质。物权的客体必须是特定物,因为物权是权利人支配特定物的权利,标的物不特定化也就无从支配,而且物权的移转要采取登记和交付的方式,如果标的物不能特定,则无法登记或交付。对于债权来说,其权利客体主要是行为,即使是以物为给付标的物,大多也是种类物。不过,当这些种类物由债务人交付给债权人以后,则种类物已变成特定物,并成为债权人享有的所有权的客体。

关于何为有体物、何为无体物,学者们之间的认识并不相同。有学者认为,所谓有体物是指占据空间之一部,依人的五官可以感觉的物质,包括固体、液体、气体。电、热、声、光、气味,以在法律上有排他的支配可能性为限,作为物对待。无体物,指不能触觉之物。③ 而有的学者则认为,所谓有体物,指占有一定空间而有形体存在者,因此流动的空气,水及海洋等非有体物。无体物指能源、热、光。只要是法律保护的法益,而不是权利的,皆可纳入此概念。④

二、物的观念的扩张和物的意义

有学者认为,物是个历史范畴。在不同的历史阶段,由不同社会的生产方式

---

① [日]舟桥淳一:《物权法》,昭和五十四年日文版,第15页。
② 洪逊欣:《中国民法总则》,第214页。
③ 梁慧星著:《民法总论》,法律出版社2001年版,第98页。
④ 黄立著:《民法总则》,中国政法大学出版社2002年版,第163~164页。

和统治阶级意志所决定,物的范围和法律意义存在着差异。① 因此,有学者分析在现代社会中物的观念的扩张,表现在以下几个方面:(1)无形的"自然力"只要可为人力所支配,也属于物。(2)人力尚不能支配的物。人力尚不能支配的物,原非法律上的物。随着科学技术的发展,人类征服自然、改造自然的能力日益增强,即使现在不能支配但有支配可能性者,亦不妨承认其为法律上的物。(3)活人的器官。现代科技的发展,使器官移植、器官捐献、代孕母亲等成为可行,这些以活人器官为合同标的物的做法对传统的物的观念提出了质疑。(4)"空间"可以为物。②

有学者对这种物观念的扩张进行了反思,认为物的观念的扩展在给人类带来福祉的同时,也带来了负面效应,这就是市民社会中的人所面临的两难结局,人类应当反思,并走一条尊重自然、合理利用自然、尊重生命的自然属性的健康发展道路。③

有学者认为物具有以下意义:(1)民法调整对象的主导方面是财产所有和财产流转关系,所以,物是民事法律关系的最基本、最普遍的客体;(2)在以物为客体的民事法律关系中,物是该民事法律关系的三要素之一;(3)由于各种物具有不同的属性,以不同的物作为客体的民事法律关系的种类和效果也是不同的。④

三、物的分类

1. 动产与不动产

财产权的标的可分为动产和不动产。动产和不动产是大陆法的概念。动产的英文是 personal property,直译是个人财产。不动产是 real property,直译是真实的财产。这种划分来自英国普通法的诉讼程序。在早期的英国普通法的诉讼中有一种"真实的诉讼"(real action),处理土地被他人不当占有的案子。在这种诉讼中,土地可以返还给合法的所有人。另外还有一种"个人诉讼"(personal action),处理土地以外的物的纠纷。在这种诉讼中,所有人只能获得金钱赔偿,不能要求返还原物。这种诉讼程序的划分导致了今天财产的划分。因为英文里的"个人财产"的范围与中国的动产的分类一致,"真实的财产"与不动产一致,故我们采

---

① 佟柔主编:《中国民法学·民法总则》,中国人民公安大学出版社1990年版,第193页。
② 刘士国主编:《民法总论》,上海人民出版社2001年版,第77~78页。
③ 肖厚国:《民法上物的扩展之反思》,载《现代法学》第23卷第1期。
④ 佟柔主编:《中国民法学·民法总则》,中国人民公安大学出版社1990年版,第194页。

纳了大陆法的概念。

不动产指的是土地以及与土地相关联并附着于土地的物,如房屋和其他建筑物等。本书在后面所有的论述中提到土地时通常也包括房屋。动产指土地房屋以外的任何财产,包括有形物和无形物。

通说认为,所谓不动产,指依自然性质或者法律规定不可移动的物,包括土地及其定着物。① 土地为不动产在各国民法中均无异议。然而,除土地外之外的不动产,各国民法的规定有所不同,德国民法的不动产限于土地,其定着物如建筑物为其重要成分,所以也是不动产。法国民法上不动产分为四类:一是性质上不动产,指土地及其附属物;二是用法上不动产;三是标的上不动产,指以不动产为标的之权利;四是登记上不动产。日本民法另设定着物之观念,为独立的不动产。所谓定着物指依交易上观念,以继续地附着于土地。而达其经济上之目的,尚未构成土地成分之物。②

所谓动产,指不动产以外之物。

关于区分动产与不动产的意义,有学者认为:(1)公示方法不同;(2)取得时效期间不同;(3)不动产之上可以设立用益物权,动产则不行;(4)动产之上可以成立留置权和质权,不动产则不行;(5)设立抵押权时,登记的效力不同;(6)适用的法律不同;(7)裁判管辖法院不同;(8)强制执行方法不同。③ 在法律实践中,许多事情并不是按照常理来判断的。比如土地上的自然植物和生长物如谷物,有时分为动产,有时分为不动产。这种纠纷通常发生在土地租赁中。

动产和不动产的划分在英美法里也具有很大的意义。比如租赁的土地利益,在继承时通常划分为动产。一个尚未完成的土地转让。比如原所有人与他人签订的土地买卖合同,合同签订以后原所有人去世,对方没有付清钱,土地所有权也没有转移,在法律上该土地所有权属于原所有人,但在继承时该土地所有权利益划分为动产。如果原所有人在遗嘱里写明动产归甲继承,不动产归乙继承,那么甲乙之间的利益就差别很大。④

2. 主物与从物

这是从两个以上的物之间关系上说的。所谓从物,是指依交易习惯或当事人

---

① 梁慧星著:《民法总论》,法律出版社2001年版,第98页。
② 史尚宽著:《民法总论》,中国政法大学出版社2000年版,第255~256页。
③ 梁慧星著:《民法总论》,法律出版社2001年版,第102、103页。
④ 李进之等著《美国财产法》,法律出版社1999年1月版,第14~15页。

明确的意思表示经常辅助某物使用的物。从物的构成要件有:(1)非主物的构成成分;(2)须辅助主物使用;(3)须与主物同属一人。从物之外皆属主物。① 区分的意义在于,在没有约定的情况下,主物的处分及于从物。

3. 融通物与非融通物

融通物指可以作为交易标的的物,非融通物指不能作为交易标的的物。区分的意义在于以非融通物作为交易标的物的交易行为无效。

4. 代替物与不代替物

代替物指可以以同品种、同质量、同数量的物相互代替的物。不代替物是指不能以同品种、同质量、同数量的物相互代替的物。区分的意义在于,只有代替物才能作为消费借贷的标的物,非代替物不行。

5. 特定物与不特定物

特定物是指依当事人的意思具体指定的物。不特定物是指当事人仅依抽象的种类、品质、数量予以限定的物。区分的意义在于法律效果不同。

在特定物、不特定物与代替物、不代替物之间的关系上,有学者指出,在民事法律关系中,不代替物一定是特定物,而代替物既可以是特定物,也可以是不特定物。②

6. 消费物与不消费物

消费物是指不能重复使用,一经使用即改变原有的形态、性质的物。不消费物是指可以反复使用,经反复使用不改变其形态、性质的物。区分两者的法律意义在于,消费物只能作为消费借贷的标的物,而不消费物只能作为租赁、使用借贷的标的物。

7. 可分物与不可分物

可分物是指依物的性质可以分割,且分割后不减少价值的物。不可分物指依物的性质不能分割,分割后价值减少的物。区分的法律意义在于,决定多数人之债是属于可分之债或不可分之债及决定共有物的分割方法为现物分割或变价分割。

---

① 刘士国主编:《民法总论》,上海人民出版社2001年版,第80~81页。
② 张晓都:《论特定物与不特定物、代替物与不代替物及相关法律问题》,载《现代法学》第22卷第4期。

8. 单一物、结合物与集合物

单一物是指形态上独立或一体的物。结合物的每个构成部分不丧失其个性,但形体上已成为一体,法律也将之与单一物同样对待。集合物是指多数单一物或结合物集合而成的物。

区分的法律意义在于,对于单一物或结合物,原则上权利应存在于物的全部,物的一部分不能成为权利客体;对于集合物,原则上权利应存在于物的各部分,物的各部分均得为权利客体,除法律另有规定或当事人另有约定以外一般不得将其作为一个权利的客体。

9. 原物与孳息

原物是指能够产生收益的物。孳息是指由原物所产生的收益。孳息依其产生的根据不同,可分为天然孳息和法定孳息。依物的自然属性而获得的收益称为天然孳息;因民事法律关系的存在而产生的收益,称为法定孳息。将两者区分的意义在于,确定物所生利益的归属。除法律另有规定或当事人另有约定以外,孳息的所有权归原物的所有人享有,取得孳息的权利也随原物所有权转移而同时转移。

四、特殊的物

1. 货币

有学者认为,所谓货币是以票面标明的金额表现其价值的、在民事法律关系中具有特殊作用的物。[1] 按学者们的通说,货币是充当一般等价物的特殊商品,在交易中,货币不仅可以作为民事法律关系的客体,如物权客体或债权客体[2],还可以在民事责任的承担方式中,作为计算尺度和支付手段。[3] 有学者认为,货币在法律上属于物的一种。货币属于动产,然而又与其他动产不同:一是货币是具有高度代替性之代替物;二是货币乃典型的消费物;三是由货币的性质和职能所决定,货币的所有权不得与对货币的占有相分离。[4] 有学者认为,货币作为客体,经常不是独立的,主要起支付作用;但在某些民事法律关系中,如借贷合同关系、处分存款的遗嘱继承关系中,货币又是独立的客体。[5]

---

[1] 刘士国主编:《民法总论》,上海人民出版社2001年版,第80~81页。
[2] 佟柔主编:《中国民法学·民法总则》,中国人民公安大学出版社1990年版,第202页。
[3] 张俊浩主编:《民法学原理》(一),中国政法大学出版社1991年版,第327页。
[4] 梁慧星著:《民法总论》,法律出版社2001年版,第105页。
[5] 寇志新主编:《民法学》(上),陕西科学技术出版社1989年版,第124~125页。

货币是一种特殊的种类物,在交易上可以互相替代。货币也可以作为所有权的客体。货币所有权的特点在于,所有权与占有权是合一的,对货币的合法占有,可以推定货币的占有人为所有人。所有人将其一定数额的货币出借或委托他人管理时,可以推定借用人、管理人即时取得货币所有权,在借用和管理期间,借用人、管理人使用这些货币并不构成违约和侵权行为,不过在合同期限届满,借用人和管理人必须及时返还相同数额的货币。返还货币时,原则上只能请求返还同等数额的货币,不得请求返还原物。货币虽为种类物,但是由于所有人只有就一定数额的货币享有所有权,当货币以一定数额确定为某人所有时,就已经从种类物中分离出来而成为特定物。

2. 与人体有关的物

(1)活人的器官。按照通说,活人的器官如血液、乳汁及器官等与人体合法分离后,不再是人体的一部分,已成为民法上的物。[1] 有学者认为,活人器官的分离,有可能违背善良风俗,应只在为挽救自己或他人的生命的时候,例外地准许分离。在这种情况下,其器官必须被当成物,只要原主尚存活,即为该物之所有人,其移转依动产之规则处理。当该器官移入他人躯体之后,物的特性立即消失。人造器官如人工心脏瓣膜,只要固定于人躯体之内,在其使用期间也不具有物的特性。[2]

(2)尸体。关于尸体是否可以为物,在我国民法上有较多争论。有学者否认尸体为物,认为尸体其本质在民法上表现为身体权客体在权利主体死亡后的延续利益。[3] 我国台湾地区学者也认为尸体在法律上不是物而是"人格者之残余"。但这种学说也认为,时间的经过可以改变人格权的残余,因此人骨标本、解剖标本、木乃伊之所有权得被承认。[4]

在大陆民法学者中,通说认为,尸体是一种物。但又有不同观点,有人认为,尸体是物,属于可以继承的遗产,其所有权转归继承人。也有学者认为,尸体虽然是物,但是是一种特殊的物,只是亲属埋葬权的标的,不能继承。[5]

---

[1] 张俊浩主编:《民法学原理》(一),中国政法大学出版社1991年版,第332页。
[2] 黄立著:《民法总则》,中国政法大学出版社2002年版,第164~165页。
[3] 王利明、杨立新、姚辉著:《人格权法》,法律出版社1997年版,第81~82页。
[4] 黄立著:《民法总则》,中国政法大学出版社2002年版,第165页。
[5] 刘春茂主编:《中国民法学·财产继承》,中国人民公安大学出版社1990年版,第107页。

第三节 不动产的含义和构成要素

不动产与动产的划分可追溯至古罗马时代。但早期古罗马关于"物"最重要的分类却是"要式物"和"略式物"的区分,即依据物是否有重大价值以及其转让是否履行法定形式的标准而进行的分类。但早期日耳曼法并不存在这种划分,而是依能否转让把物划分为"取得物"和"继承物"。

不动产是指不包括租赁保有地的土地上的权益,包括土地及其附属物。土地不是一个平面,而是一个三维的空间。按传统的观念,"土地所有人的权利上至天空,下达地心",但是这一权利已受到限制。土地还包括水面覆盖了的土地,如河流、湖泊等水下面的土地,以及附属于土壤的任何东西,如植物等。土地的附属物是指存在于土地之上,以成为土地的组成部分为目的而附属于土地的任何物。土地的附属物随土地的转让而转让,随其抵押而抵押。土地的附属物可以由所有人取回,也可以由土地所有人以合理价格购买。土地有永久性、安全性、有限供给、必要性、投资和收益价值等特征。

地产权或土地分割所有权理论和制度是英美财产法里最复杂、技术性最强的部分。各种地产权人,特别是权利更完整、存续期间更长的地产权人常常将自己的权利分割出一部分转让出去而自己保留一部分,形成存续期间和内容不同的各种地产权种类。地产权制度虽然复杂,地产权种类也繁多,但是各种地产权的最大区别还是其存续期间的不同,地产权人分割的主要还是土地权利的存续时间。

动产与不动产,是大陆法系民法对于财产的最主要分类。不动产相对于动产而言,由诸多要素构成。不动产权利是法律赋予民事主体依其意思表示获得不动产利益的可能性。不动产权利可分为不动产物权与不动产债权。前者是对不动产的支配权,包括不动产所有权、用益物权和担保物权,后者主要指土地租赁权,它们共同构成不动产权利体系。

一、不动产的含义

不动产(real estate or real property),是指位置不能移动或者移动位置后会引起性质、形状改变或降低其价值的财产。各国民法对不动产表述不尽相同。在美国,不动产指:"土地及其上部的永久性建筑,以及基础设施和诸如水和矿藏等自然资源,还包括与土地所有权有关的任何权利或利益,在法律上称为不动产。"①
"不动产是拥有的土地以及建在地上的所有永久性建筑物。"日本民法则定义为:
"土地及其定着物为不动产。"②瑞士民法将不动产定义为:"不动产登记簿上已登记的独立且持续的权利,矿山、土地的共有关系的所有部分。"③法国《民法典》518条将不动产定义为:"土地及其建筑物依其性质为不动产。"德国将不动产仅限于土地,其定着物为土地之重要组成部分。"土地的主要组成部分,为定着于土地的物,特别是建筑物及与土地尚未分离的出产物。"④我国《担保法》第92条对不动产定义为:不动产是指土地以及房屋、林木等地上定着物。动产是指不动产以外的物。尽管各国对不动产的表述不同,但都包含了这样几层含义:首先,不动产是一种财产。它可能是自然财富,如土地,也可能是人力创造的财富,如建筑物等。其次,这种财产的位置是不能移动的。土地作为不动产的基础总是固定于地球的某一位置。当然,我们这里说不能移动,仅就法律而言,而不是从物理学上讲,因为万物皆在运动。最后,这类财产一旦移动位置就不是原来意义上的财产。因为这类财产一旦移动位置后,就会引起性质、形状的改变或者会降低其价值。房屋移动后,就不可能保持原来面貌。当然,随着科学技术的发展,这类财产有的位置移动后,仍能保持原有形状,如活动房。但即便如此,该财产的属性可能就此发生了变化。

二、不动产的构成要素

(一)世界主要国家和地区不动产之构成立法例

美国不动产包括土地及附着物。内容范围十分广泛,土地包括上至天空,下至地心。具体包括地球表层(土壤、砂石),土地中的矿物、石油和天然气,地表上层空间、树木和作物。对于树木和作物是否为不动产的标准为:1. 树木和多年生灌木丛、草地等这些不需要每年耕作的被称之为自然成果的是不动产,可以继承。2. 需要人力劳作的年度作物,如小麦、谷物和西红柿被划归为"劳动成果",视为动产。不动产附着物是指附着于不动产上的动产。由于动产已附属于不动产,所

---

① 中华人民共和国城乡建设环境保护部与美利坚合众国住房与城市发展部合编:《住房城市规划与建筑管理词汇》,1987年,第235页。
② 曹为、王书江译:《日本民法》,法律出版社,1986年版,第21页。
③ 殷生根译:《瑞士民法典》,法律出版社1987年版,第177页。
④ 上海社会科学院法学研究所译:《德国民法典》,法律出版社1984年版,第19~20页。

以构成不动产的一部分。但附属物构成不动产必须具备一定的标准：①附着的程度。如果该财产牢固地附着于不动产上，拆下就会损坏不动产，该财产就不再是动产，而成为不动产的一部分。如房屋外的台阶、墙上的砖等。②安装的意图。如厨房的电冰箱是为厨房之用而安装的。在美国，无电冰箱不成为通常的厨房。在无家具的公寓中，厨房中的电冰箱视为不动产。在 Premonstraten—sian Fathers v. Badger Mutual Insurance Co. 46 Wis 2d 362. 175 NW2d 337（1970）一案中确立了冰库为附着物。1958 年，一家超级市场为雅各布房地产公司建造和所有。这家超市有 5 个大的冰库。后该超市的所有权转让给了普瑞蒙特雷斯会，并向贝杰尔互助保险公司投保了火险。之后，该建筑因火灾严重烧毁，保险公司赔偿了大约 80 000 美元，以补偿建筑物的损失。普瑞蒙特雷斯会向保险公司提出额外索赔 20 000 美元以补偿冰库的损失。保险公司拒付该款项，认为普瑞蒙特雷斯会仅对建筑物进行投保，冰库不是建筑物的组成部分。法院判决：冰库是附着物，因为，首先安装者的意图是将其作为建筑的永久性附着物。其次，冰库实际附着于建筑物之上，已成为附着物。故判决，冰库已成为附着物，作为不动产的一部分，属普瑞蒙特雷斯会所有，对建筑物的保险也包括对冰库的保险。故冰库属理赔范围。③是否可移动，并且移动后不损坏建筑物与设备。速冻箱、煤气和电器设备撤开管线或拔掉插头就可移动的通常视为动产。可移动的机器和装备一般不是附着物，即使为了移动必须拔掉固定于地板的栓或要撤开电线或水管。

《德国民法典》不动产包括：土地、建筑物及附着物。《德国民法典》第 94 条规定：1. 附着于土地上的物，特别是建筑物，以及与土地尚未分离的物，属于土地的主要组成部分。种子自播种时起，植物自栽种时起，为土地的主要组成部分。2. 为完成建筑物而附加的物，属于建筑物的主要组成部分。《德国民法典》第 96 条规定："与土地所有权相关联的权利，视为土地的组成部分。"由此可见，《德国民法典》中的土地也包括了建筑物及其与土地所有权相关联的权利。

《法国民法典》对不动产的规定颇为详细，且对不动产的划分有三个方面的条件：1. 依其性质；2. 依其用途；3. 依其附着的客体。具体而言，《法国民法典》对不动产的范围为：①地产与建筑物。〔第 518 条〕②固定于支柱以及属于建筑物之一部分的风磨、水磨。〔第 519 条〕③连于根系、尚未收割的庄稼与树上尚未摘取的果实。谷物一经收割以及果实一经摘取，即使尚未运走也为动产（如庄稼仅部分收割，收割的部分为动产）。〔第 520 条〕④树木被采伐前是不动产而采伐后是动产。〔第 521 条〕⑤土地所有人向土地承租人或佃农提供的用于耕作的牲畜，不论对其是否估价,只要其依契约效力与土地不分开,视为不动产。土地所有人出租给土地承租人或佃农以外的其他人租养的牲畜为动产。〔第522条〕⑥房屋内或其他不动产上,用于引水的管道为不动产,并属于其附着之地产的一部分。比如,与耕作相关联的牲畜、农具、给予土地承租人或佃农的种子、鸽舍中养的鸽子、兔笼中养的兔子、蜂巢中养的蜂群、水面中养的鱼类、压轧机械、锅炉、蒸馏器、酿酒桶与大木桶、经营铸造场造纸场与其他工厂所必需的用具、禾草与肥料。由土地所有人永久固定于土地上的其他一切动产物品均为不动产。⑦凡是以石浆、石灰或水泥附着于土地的动产物品,或者非经折断或打碎,或者不经破碎附着之土地部分,即不能拔取的动产物品,即视所有人已将其永久性固定于土地之上。居住套房内安置在墙上的镜子,如其与之附着的墙面连成一体不能分开,亦视为已被永久固定。画幅与其他装饰物同。至于雕塑,在其被安放于专门为此留制的墙壁框架内,非经损坏或打碎即不能取走时为不动产,否则为动产。〔第525条〕⑧因其附着客体的不动产之用益权、地役权、土地使用权、旨在请求返还不动产的诉权为不动产。

《意大利民法典》规定其不动产包括:土地、泉水、河流、树木、房屋和其他建筑物,即使是临时附着于土地的建筑物以及在一般情况下那些或是自然或是人为的与土地结为一体的物品是不动产。固定在河岸或者河床之上并且为永久使用而建造的磨房、浴场,以及其他漂浮在水面上的建筑视为不动产。所有其他的财产为动产。

我国不动产包括:土地以及房屋、林木等地上定着物。〔担保法第92条〕《最高人民法院关于贯彻执行〈中华人民共和国民法通则〉若干问题的意见》第186条所做的解释认为:"土地、附着于土地上的建筑物及其他定着物、建筑物的固定附属设备为不动产。"增加了建筑物的固定附属设备为不动产。但对于哪些附属设备属于建筑物的固定附属设备,法律没有明确界定。结合各国关于不动产附着物确定之原理,固定附属设备应当理解为如果建筑物不包括这些设备,将使该建筑物使用功能不完善,且这些设备一旦附属,与该建筑物连成一个整体,不可分离,或一旦分离将破坏设备或建筑物。例如建筑物之电梯、中央空调设施、水、电、通风系统设备、消防系统、监控系统等的设备和所必需的管线等。此外,附着物也包括那些永久附着于建筑物上的一些设施,如镶嵌于厨房中水池、壁炉,以及所有固定安装于房屋上的不可移动的设施。不包括家具等可移动物品。

从以上可以看出土地及建筑物是不动产,无论是在大陆法系国家还是在英美法系国家都有相同的规定。对于林木和地上定着物,德国、法国都是按其是否与土地相连接为标准,美国则将其以是否需要投入人力来判断其是动产还是不动产。意大利、日本和我国法律都明确树木是不动产。其中日本规定土地及其定着物,按一般理解,树木是定着物,因此为不动产。而对于树木上的果实、庄稼,法国是规定按照是否与树木或土地还相连接为标准来判断,连在一起的为不动产,分开的为动产。澳门民法典则明确规定其为不动产(作为林木的天然孳息而存在)。按照美国不动产法对西红柿的界定,如果这些果实是通过人力投资而获得的则为动产,如果是自然生长的树木上的果实则为不动产。意大利民法典、日本民法典及我国的有关法律则对果实和庄稼没有做出明确的规定。

(二)作为不动产的土地

1. 土地的定义。土地一词有广义与狭义之分。广义的土地,指由土壤、气候、地貌、水文和生物等构成的自然综合体;狭义的土地,指地球的陆地表层,包括陆地、内陆水域、滩涂、岛屿等一切土地①。美国不动产法将土地定义为上至地表的上层空间,下至地心。包括地球表层(土壤、砂石),土地中的矿物、石油和天然气。我国的法律对于土地的定义没有明确的规定。我国《土地理法》根据土地的用途将土地划分为农用地、建设用地和未利用地。其中农用地包括耕地、林地、草地、农田水利用地、养殖水面等;建设用地是指建造建筑物、构筑物的土地,包括城乡住宅和公共设施用地等;未利用地是指农用地和建设用地以外的土地。我国《物权法草案》中增加了"人工新增土地"(如填海造田等)和"自然新增土地"(如因河流淤积、河道变更或者其他方式而自然增加的土地),并规定其所有权归国家所有。如果新增土地已由集体组织使用的,归集体组织所有。

2. 矿物、石油和天然气。我国法律对土地内容的界定中不包括土地中的矿物、石油和天然气。矿物、石油和天然气在我国属于矿产资源,其所有权归国家所有。土地使用权者仅拥有对土地使用权。在一些土地私有制的国家如美国,矿物、石油和天然气属于土地的一部分,属于土地所有权者所有。所有权者可以将地下矿物、石油和天然气和土地一起买卖、抵押,也可以将矿物、石油和天然气与土地分开从而形成两个所有权,即土地的表层(包括土壤和砂石)和土地下的矿物、石油和天然气两个相互独立的所有权。对于地表所有权者,他可以在地上建房或拆除,或抵押,对于地下矿物、石油和天然气,他可以出售。矿物、石油和天然

---

① 梁彗星主编:《中国物权法研究》,法律出版社1998年版,第312页。

气购买者有权从地表往下钻探,也可以筑路和通道,以便将矿藏等运输出来。但不得在行使矿物、石油和天然气所有权时对土地表层所有权者造成损害,造成地面坍塌,否则应给予合理的补偿。

3. 空间。空间包括地上空间和地下空间。土地资源的稀缺性和土木技术的不断发展,为人类充分利用地上空间和地下空间提供了必要性和可能性。高架铁路、空中走廊、高压电线、地下铁路、地下停车场、地下给排水管线等就是充分利用空间的实例。因此,在法律上就出现了空间权这一概念。无论是在大陆法系国家还是在英美法系国家和地区都对空间权予以承认,并有相应的立法、司法判例及相关学说。在我国目前的立法上还没有正式的法律加以规定,理论界学者对空间权的定义为:于空中或地中横切一断层而享有的权利,亦或对土地地表上下一定范围内的空间的权利。就其性质而言,空间权属于不动产之一种。空间,包括地上空间与地下空间,为土地的一部分。地上地下空间如不属于土地,则土地无法使用。当然,为社会公益发展需要,可以对此空间的范围进行一定的界定与限制。

4. 相邻土地自然支撑权。这里所讲的相邻土地自然支撑是特指的相邻土地使用关系,即土地使用权人在行使自己的土地使用权时有获得受他人土地支撑的权利,有不因相邻土地使用权人的行为而使自己的土地使用权受到侵害的权利。

(三)房地产

房地产(real estate),原为经济学上的概念。房地产即房产和地产的通称,物质形态的房屋、土地被赋予法律上的财产意义,即被称为"房产"和"地产"。各国民法之物权法或财产法上一般通用为不动产概念。房地产一词目前在国内外均无法律定义,在什么是房产、什么是地产,以及二者是什么关系的问题上,同样没有严格的法律定义。[①] 尽管有学者认为房地产与不动产并非同义,认为房地产有广义、狭义两种。广义上的房地产,包括一切作为不动产的土地、房屋及固着于土地、房屋上不可分离的部分,广义上的房地产与不动产具有同一性。[②] 但狭义上的房地产仅指城市中具有商品房意义的房地产。事实上,不论是广义上的还是狭义上的房地产,从财产的含义上讲均为不动产。房地产与不动产具有同样的属性,只是房地产概念已为我国大众普遍接受,因而,对房地产概念完全可以做与不动产同义的解释。首先,房地产即不动产是一种财产,它可能是自然财富如土地,

---

[①] 於向平、邱艳等著:《房地产法律制度研究》,北京大学出版社2004年版,第1页。
[②] 王伯庭著:《房地产疑难问题法律解析》,吉林人民出版社2002年版,第6页。

也可能是人力创造的财富如建筑物或构筑物等。其次,这种财产的位置是不能移动的。土地作为房地产的基础总是固定于地球的某一位置,一旦移动,就会引起该财产的性质、形态、价值的改变。最后,房地产或不动产在法律上是指房地产所有权或不动产物权。房地产既包含可见的有体实体——房屋与土地,又包含寓于房地产实体中的各种权利,如占有、使用、收益、出售、馈赠、抵押、交换等处分的权利。

房地产法有广义与狭义之分。广义的房地产法是指对房地产关系进行调整的所有的法律、法规、条例等的总称。它包括宪法、民法、经济法中有关调整房地产的条款以及土地管理法、城市规划法、城市房地产管理法等普通法的规定以及房地产行政法规、部门规章,如《城市私有房屋管理条例》《城市房屋产权产籍管理办法》等。狭义的房地产法是指国家立法机关,即全国人民代表大会制定的对城市房地产关系做统一调整的基本法律《中华人民共和国城市房地产管理法》。房地产法是调整房地产关系的法律规范,它通过对房地产关系的调整,把与房地产关系中相关的人们的行为限制在符合国家和社会所需要的秩序范围内。

房地产法调整的对象是房地产所有权人之间、房地产所有权人与非所有权人之间、非所有权人之间在房地产开发经营、房地产交易、房地产权属、房地产管理中产生的各种关系。在房地产关系中,房地产产权是核心,因为不论是房地产的开发经营,还是房地产交易,包括土地使用权出让、转让、出租、抵押,房屋的买卖、租赁、抵押、典当、交换、赠与、继承等以及房地产管理,都是以房地产产权为基础的,因此,房地产法的首要任务是确认房地产产权。由于土地所有权与使用权可以分离,因此,确认房地产产权,不仅要确认房地产所有权还需要确认使用权和其他物权。只有这样,才能为调整其他房地产关系奠定基础提供必要的前提。世界各国对房地产立法都很重视。20世纪前,资本主义各国调整房地产关系的法律规范主要是民法典。20世纪以来,特别是第二次世界大战(以下简称二战)后,随着房地产业的发展,原有的民法已经不能适应客观变化的要求,在这种情况下,各国都加强了对房地产的管理,用经济方法来调整房地产关系,并颁布了一系列带有国家干预性质的、单行的房地产法规,逐步形成了一整套较为完整的房地产法律体系。世界各国政府对房地产业的立法是相当重视的。对房地产关系的调整,除国家的一些基本法如宪法、民法典、经济法中有关调整房地产的条款外,还颁布了大量单行房地产法规。此外,税法对房地产的调整也是很直接的。通过法律的形式确保房地产开发和住房建设以及土地的合理使用是这些国家的共同特点。

第四节 不动产交易

一、不动产交易的概念与分类

不动产交易是指包括房地产在内的不动产作为商品而进行的各种交易活动，在我国包括土地使用权的出让、转让、出租、抵押和各种所有制房屋连同相关土地使用权的买卖、租赁、典当、互换、拍卖，以及其他在房地产流通过程中的各种经营活动。

不动产存在的形态不成为交易的限制性条件。不动产的交易方式实际是与各国的法律制度特别是物权法所约定的法律制度相关的，物权法尤其是不动产立法是最能反映也应当是最可以反映一国特色的法律制度。中国由于正处于从计划经济向市场经济过渡的改革进程中，由于是从公权唯一向公私权并存的转移过程，因此才出现了法律体系上的不协调、滞后与空白问题。物权法至今尚未出台，但涉及物权的各种法律和规定则先于物权法而出现，也因此才有了对不动产交易过程中的特殊法律、法规和规定，包括现房与期房的不同交易规则与限制。市场经济中交易的方式、交易的物态、交易的时间，都应以公平、自由和契约可以无条件地得到保护为基础，而与交易的产品和交易的结果无关。实际的交易并不因交易的方式不同、交易时间的不同和交易时物态的情况不同而产生不同的结果。法律只是最终保证交易的结果，并非注重于约束过程而不注重于结果。

不动产交易实为不动产权利的交易。财产权以财产利益为内容，通过财产权设定财产利益归属。现代社会中财产权交易的目的不仅在于维护个人自由，更在于促进资源的有效运用，以增进社会利益最大化。财产权不仅直接规定着利益的得失，而且还通过规范本身影响着社会利益最大化的实现。制度经济学家科斯将市场交易成本理论用来解释法律制度在解决纠纷时所付出的代价。其核心内容为：假如交易成本为零，则不论法律规范如何界定财产权之内容及范围，资源性利用都会达到最有效率的境界。该定律的前提假设是交易主体为理性自利的，即经济人假设,而且在完全市场状态下。①

二、不动产交易与不动产物权变动

不动产交易与不动产物权变动关系紧密。物权的变动,就物权自身而言,指物权发生、变更及消灭的运动状态。就物权主体而言,为物权的取得、丧失及变更。② 史尚宽先生认为:"物权变动,谓物权的发生、变更及消灭,亦称物权的得丧变更。"③孙宪忠先生认为:"所谓物权变动,即物权的设立、移转、变更与废止。"④物权变动的实质,是人与人之间关于权利客体物的支配关系及归属关系的变化。物权的变动,依引起其发生的法律事实的不同,可分为基于法律行为的物权变动和非基于法律行为的物权变动。

(一)物权变动的种类

1. 物权的取得(发生):物权归属于特定的主体,有继受取得(相对发生)和原始取得(绝对发生)两种。

(1)继受取得:指依据已有物权取得物权。继受取得又分为移转取得和设定取得。所谓移转继受是与前所有人之物权保持同一性之物权被后所有人取得,即是物权主体的变更。一般称之为"物权的移转"或"物权的让与"。移转继受有将特定物权个别继受之"特定继受"和将各个物权概括继受之"概括继受"。依通常之让与(如买卖)取得物权属前者,后者指继承、公司的合并、概括遗赠等。所谓设定继受,是指类似地上权、永佃权、抵押权等的设定,以既存的物权人的权利为基础,将内容受到限制的物权的设定、取得,称之为设定继受。以往的主体(物权设定者)依然保有权利,但受到新物权的限制,一般称之为"物权的设定",应按限制物权行使权利。

(2)原始取得:与前所有人的权利无关,是全新物权的取得。如无主物先占、拾得遗失物、发现埋藏物、添附、时效取得、公用征收等,因物权为原始取得,前所有人的权利当然消灭,而且,附着于前所有人物权上的负担(如用益物权、担保物权等)、瑕疵等和其一起消灭。

---

① [美]科斯、阿而钦、诺思等:《财产权利与制度变迁——产权学派与新制度经济学派译文集》,上海三联书店·人民出版社1994年版,第205页。
② 梁慧星主编:《中国物权法研究》,法律出版社1998年版,第136~193页。
③ 史尚宽:《物权法论》,中国政法大学出版社2000年版,第18页。
④ 孙宪忠:《物权变动的原因与结果的区分原则》,《法学研究》1999年第5期,第35页。

2. 物权的丧失(消灭):指物权脱离原来的主体,分为绝对的丧失和相对的丧失。

(1)绝对的丧失(消灭):物权的绝对丧失指因标的物灭失而物权自身不存在,还有一种情形就是无主物化,如日本民法典第179条所说的消灭。另外还有放弃之单独行为和消灭时效之法律事实。

(2)相对的丧失(消灭):与绝对丧失相反,物权的相对丧失指如A将所有物卖给B,则A的所有权丧失。可以说是主体的变更,以前所有人立场看也可视为继受取得。另依据当事人的意思的权利的消灭称放弃。

3. 物权的变更:物权的变更有权利主体的变更、内容的变更、作用的变更三种,权利主体的变更即为前文的继受取得,已经被排除于变更的概念。这样物权的变更一般指在不损害物权同一性的范围内,物权的客体和内容的改变。如所有建筑物的占地面积的增减或地上权存续期间的延长等属于此种变更,就物权变动的一般理论而言几乎没有什么意义。

(二)物权变动的原因

物权的变动是物权的取得、丧失、变更,而此得丧、变更原因在法学上可分为法律行为及其他。

1. 依法律行为发生的物权变动:作为私权一般变动原因的法律行为,其所产生的物权变动有依买卖、赠与、抵押权设定等契约的情形和依遗言、债务的免除、所有权的放弃等单独行为的状况,前者极为重要。

2. 法律行为以外的物权变动:此种物权变动形式多样,是契约及单独行为以外之物权得丧、变更,民法规定的时效取得、拾得遗失物、发现埋藏物、混同、继承等和其他法令规定的公用征收、没收等属于此种变动。

(三)物权变动与债权变动的关系

债权变动的发生,始于买卖合同的成立生效,由此当事人之间建立了债权债务关系,当事人开始享有债权法上的请求权。债权变动与物权变动的关系,采形式主义的德国法认为这是两个不同的法律行为,债权变动产生的是债权债务关系,其建立的基础是当事人的意思表示的一致,而物权变动必须依赖公示行为——动产的交付和不动产的登记,德国法的这种区分是建立在物权的绝对性和债权的相对性这种不同的法律基础上的。而法国法则以物权变动为债权变动的结果,即债权合同可以独立地完成引起物权变动的使命,物的交付不过是履行契约义务的事实行为,日本法的判例和通说持同样的观点,物权变动和公示行为无关,即交付和登记不是物权变动的必需形式,这与法国、日本以物权为支配权、债权为请求权的基础理论相关。这样,德国的物权变动因为必须公示,所以公示行为具有公信力,而法国和日本只能赋予登记以对抗力,但动产由于交易的频繁性,各国都承认占有具有公信力。

(四)动产物权变动和不动产物权变动

动产物权变动和不动产物权变动的区分源于动产和不动产的区分,当然早期罗马法就物权变动采取了严格方式,早期与中世纪的所谓形式主义要求,主要是获取权利正当性的要素,而未有近代法上的意义。近代法中,动产变动沿用了罗马法的交付方式,并赋予动产占有以公信力,而价值巨大的动产借用了不动产的登记方式,关于动产变动几乎所有国家都是相同的规定。而关于不动产变动,所有国家都或先或后地规定了登记,至于不动产变动和登记的关系,或以登记为不动产物权变动的成立要件,或以之为对抗要件,总之是采取了不同于动产的方式。这种区分古已有之,但古代的区分更多是由于不动产如土地的特殊意义,近代法则是在抽象权利观念下加以区分,因为不动产权利(所有权和限制物权)并不是以占有就可以表彰而具有抽象性,但现在动产与不动产变动不同方式的采取,更多的是出于技术性的处理,即为交易安全而采取的不同技术处理,而随着动产不动产的相互转化,这种技术性体现得更加明显,即某些权利更适于通过登记表彰其变动。既然是技术性问题,就是可以比较的问题,作为法的继受而言,历史因素的束缚更小。当然也有习惯的问题,但是照顾习惯而引进技术性较差的模式,还是向前看经历短期的阵痛,引进技术含量较高的模式,这是物权法立法需要认真研究解决的问题。

第二章

建设用地使用权的出让与转让

第一节 土地用益物权的历史发展

土地使用权在大陆法系各国的传统民法之中,多以土地用益物权制度的形式加以研究。大陆法系各国的土地用益物权,其最初来源于罗马法,其间经历了漫长的欧洲封建主义时期,在这一时期,土地所有权与土地用益物权之概念完全消灭。随着土地所有权概念的重新创设,土地用益物权制度亦随之得以重建,并为大陆法系其他国家所吸收和移植,形成了适合各国土地状况的土地用益物权制度。

一、罗马法中的土地用益物权

用益物权在各国法典中均未出现,它不是一个法典术语,而是学者们用以统称地上权、地役权、永佃权、典权、用益权、使用权等以他人之物的使用收益为目的的他物权的学理术语。在罗马法及大陆法系各国更常用的是役权概念。役权的本义是所有权的一种负担,是为特定的土地或特定人的便利和收益而利用他人之物的权利。[①] 役权是罗马法中土地用益物权的重要组成部分。

罗马法中最古老的役权是乡村地役权,属于要式物。要式物是"具有较大价值的物",是只能通过要式买卖或拟诉弃权才能转让的物,其占有或让渡要严格遵循庄严公开的形式。"要式物最初体现着家族共同体的社会所有权,即早期的真

---

① 周枏:《罗马法原论》(上),商务印书馆1994年6月版,第360页。

正所有权。"①要式物与略式物这一极为古老的物的分类,体现了早期财产归家父行使主权的特点。要式物与"要式买卖权"是相联系的,在家父行使主权的时代,只有家父享有"要式买卖权","这种权力曾是一种涉及要式物和隶属于家父的自由人的统一主权,因此它的对象是意大利土地及其附属品(通过役权和排水役权产生于这样一种观念:土地所有主对位于他人土地上的通道和水渠也拥有所有权)、隶属于家父的自由人和奴隶,以及处于支配权之下的牲畜"。② 周枏先生对乡村地役权之所以列入要式物,认为这是由于土地公有制的土地使用规则演变而成的。

罗马法的土地用益物权,主要由役权(包括地役权和人役权)与地上权、永佃权组成,涉及土地利用的各主要方面,它们都是随着经济发展和社会需求而逐渐演化而成。罗马法中土地用益物权的演进表明,土地用益物权是一个与土地利用和社会需求紧密相关的法律制度,也正是因此,罗马法的土地用益物权涵盖了土地用益的各种形态,成为后世立法取之不竭的源泉。

二、大陆法系土地用益物权制度的形成

(一)西欧土地制度对罗马法的继承

1. 法国土地制度的形成

法国在很久远的时期就已被开发,在罗马帝国统治下,已开发的耕地、大量的荒地和森林相混杂是当时土地的状况。4世纪和5世纪,蛮族大规模侵占这片地区。由于蛮族多喜聚居,因而在四五世纪至11世纪之间,土地被以"极其松散的土地占有形式"进行开发和占领,人口稀少,村庄之间相距很远。1050年开始的大拓荒时代,首先是将森林清理出来,又以森林的各种出产来满足人们的生活需要,在这些垦植者所到之处,建起一座座"新城",由于是在森林中开拓,一般在森林中开辟一条道路,随之耕地在这条道路两旁逐渐出现,这有些像"鱼脊",此为森林开垦地(鱼脊地)。此外,在原有开发耕地的附近,人们也相继开垦出"新开林地",当然这种垦地只有较为富有的农人才能进行,并将之据为己有。至1300年前后,开拓新土地的活动逐渐停止,这主要是因为,代价过大或者开垦出的土地并不适

---

① [意]彼德罗·彭梵得:《罗马法教科书》,黄风译,中国政法大学出版社1992年9月版,第191页。
② [意]朱塞佩·格罗索:《罗马法史》,黄风译,中国政法大学出版社1994年4月版,第110页。

于耕作,森林得以保全,并成为领主们游猎的场所。14世纪下半叶和整个15世纪,人们并未致力于开辟新耕地,只是在经常被战火破坏而荒芜的土地上进行重建。

"旧式农业经济并非完全建立在农耕上面,在法国与在所有欧洲国家一样,它是以耕地与牧场的结合为基础的。这是一个主要特征,也正是欧洲技术文明与远东截然不同之处。"①

耕地与牧场密切结合,相互依存。主要原因在于肥料不足,当时人们开垦土地多采用"火耕"法,这样能够得到作物生长的钾肥。此外,牧畜的粪肥也是重要的肥料来源,以至于领主们规定在某些日子畜群必须到他的土地上圈禁一段时间,以便留下粪肥。② 这样公共使用耕地作为牧场就显得十分重要,并因此成为村社习惯法的内容。适应这种农作需要逐渐形成了敞地制度,敞田又分为长形敞地和不规则形敞地。

法国及西欧多数国家的封建时期农地制度大体相同。封建时期农地上的权利的特点是受集体习惯束缚,土地所有权概念没有出现,地产权受到各种限制,当时提交裁判所的诉讼案都不是关于所有权的问题,而是关于(实际占有)的问题。③

封建时代的土地权利受到各种限制,例如,地产主没有自由经营权,要受到强制性轮作制度的限制,15世纪至16世纪各省的习惯法明文禁止圈占耕地,任何人试图圈占耕作改变种植作物以图获利,邻人都有权拆除篱笆。牧场经营者只对头茬草有收刈权,刈割后的再生草属于村社,村社或将这牧场放养牲畜群,或将再生草收割后在全村分配,或者出售。④ 到法国大革命前夕,农民土地因地区不同,所占比例从22%至27%不等,但因农民人数多,每一农民所占土地很少,据对利穆赞地区进行的研究证明,23%的农民所拥有的土地不足一公顷,35%的农民拥有1~5公顷土地。大部分农民没有足以维持生活的土地,因此只能依靠拾穗权、除茬权、公共放牧权等传统做法为生。因此,在大革命初期,要求保留公共牧场的请

---

① [法]马克·布洛赫:《法国农村史》,余中先等译,商务印书馆1997年9月版,第39页。
② [法]马克·布洛赫:《法国农村史》,余中先等译,商务印书馆1997年9月版,第40页。
③ [法]雷吉娜·佩尔努:《法国资产阶级史》(上),康新文等译,上海译文出版社1991年10月版,第3~4页。
④ [法]马克·布洛赫:《法国农村史》,余中先等译,商务印书馆1997年9月版,第57页。

愿书很多,个别地区甚至为此发生土地骚乱。① 可见,在法国农民的集体地役权与土地所有者要求享有真正所有权之间产生了冲突。这一矛盾是通过法国大革命,废除封建特权,建立土地所有权制度,没收流亡贵族土地向农民出售,建立小土地所有制而得到解决的。

《法国民法典》创造的以罗马法所有权为蓝本的"所有权"概念,其理论在法国大革命之前很长时间就已存在,但其最终得以取代封建领主权和封建性的则是通过革命暴力摧毁封建地产制度而得以形成的。正如有学者所指出的,"旧制度依然为中世纪的观念所束缚,认为财产作为社会劳动的成果,就应该在使用中保持它的社会性。使用财产而获得的成果不仅应该属于财产所有者,而且也应该部分地属于社会。1789年的大革命把异教徒时代的财产所有权观念引入法律,就是说财产所有权是一种排斥他人的专有使用权"。② "实行这些役权是由于立法者对土地所有权的关注,对邻人之间保持和谐的关心,以及首先尽力促进对土地进行耕作。在法典之后颁布的法律扩大了这些役权的范围。"③

属于法定役权的主要有从事种植和进行某些建筑物修建时应遵守一定的距离,为防止向邻地眺望而应遵守一定距离,因流水、檐滴、排灌而发生的地役权及被围绕土地的通行权。此外,"为了他人利益或物的用益权、役权或永佃权利益,……根据合同规定,可以限制所有人对物的使用权和收益权"。④ 这样,用益权、使用权和居住权作为根据人的行为而设定的对所有权的限制而被规定于民法典中,放牧权作为一种必须有人的积极行为使得行使的不持续役权而为法律所认可(《法国民法典》第688条)。可见,这种以所有权为中心的立法体制反映了法国民法典的立法精神,由于法国民法典旨在统一法国的私法,对施行于法国各地的习惯法规则加以统一规范,因而各地长期存在的用益权、使用权、居住权、各种地役权必然反映于法国民法典之中,并被法学家用罗马法的理论加以重新阐释。实际上这种对于习惯法的罗马法解释早在法国民法典制定之前就已相当发达。由于对封建性权利的彻底破坏,罗马法理念的所有权得以迅速确立,以罗马法地役

---

① [法]雷吉娜·佩尔努:《法国资产阶级史》(下),商务印书馆1979年2月修订,第229页。
② [法]雷吉娜·佩尔努:《法国资产阶级史》(下),商务印书馆1979年2月修订,第331页。
③ [法]茹利欧·莫兰杰尔:《基本物权》,载《外国民法资料选编》,法律出版社1983年6月版,第249页。
④ [法]茹利欧·莫兰杰尔:《基本物权》,载《外国民法资料选编》,法律出版社1983年6月版,第258页。

权和人役权为蓝本的各种土地他物权得以从习惯法的罗马法解释中保存下来,并为法国民法典所采纳。这样大陆法系的所有权及他物权体系已初具雏形,尽管在法国民法典中各种他物权的法律地位还不很适当,如用益物权(用益权、使用权、居住权和各种地役权)被认为是所有权的限制,而抵押权、质权则被视为取得财产的方法。

2. 英国的土地制度演变。第一次世界大战以后,"渴望理顺社会生活的普遍情绪推动了不动产的立法改革。这一立法改革的指导思想无非是希望使土地的转让像货物和股票的转让一样迅捷和简便"。更深层的原因在于土地作为主要社会财富已发展到金钱、贸易占据统治地位的商业社会,土地权利转让上的诸多阻碍难以适应经济发展的要求。英国1925年《财产法》对土地权利进行了激进改革,只保留了两种法定地产,即现有绝对自由继承地产和绝对定期租赁保有地产,并废止了土地权利可以设定将来权益的可能性,"诸如存在于地产回复权或剩余地产权中的自由继承地产权,尽管它们可能作为衡平权益而存在,即是说,它们只能作为信托基金中的权益,不能成为法定地产权。……某人凭借终生转让证书或限定继承权益或作为地产回复权人或剩余地产权人享有的将来占有的权利去占有土地,既然所有这些权益只能作为衡平法上的权益而存在,这些权益就不随财产而转换",[①]从而大为简化了土地权利,使对土地权利的任意人为限制受到约束,这些改革使英国土地权利得到法律的明确限定,走上了与大陆法系物权制度完全不同的道路。

3. 德国的土地制度演变。德国的土地所有权与他物权的演进,则可从两条线索加以追溯:一是与西欧各国封建主义时期共同具有的实际占有制度;另一条线索是德国固有的日耳曼法所有权之演进过程,在社会政治、经济制度的革命中,通过对罗马法的实践继受和理论继受而最终演变为《德国民法典》中具有罗马法理念,但又不失德国特色的土地所有权与土地用益物权制度。

在德国所有权与用益物权得以分离,所有权法律制度的明确确立是所有权与用益物权分离的主要动因。罗马法的所有权以其权利内容的全面性、恒定性、最有力的支配权而适应了个人主义特性的经济、社会的要求,当然,罗马法的所有权理念占据支配地位,并不是一蹴而就的。在经历了漫长的罗马法继受过程后,也

[①] [英]F. H. 劳森、B. 拉登,《财产法》,施天涛等译,中国大百科全书出版社1998年4月版,第107~108页。

只有通过对封建社会的彻底破坏,才最终在法国民法典中扫清了所有权制度上的一切封建因素。在德国,这一转变是通过法国大革命的触动和普鲁士统治阶级的土地改革而逐渐完成的。在英国则缺乏对罗马法的所有权理念接纳的体制,英国法制受到罗马法的间接影响,但并未接受罗马法的所有权理念,"当法官遇到困难的问题,并且没有直接的和传统的英国法渊源做指导时,便要考虑借鉴罗马法学说。……如果在一个具体案件中罗马法被作为适宜的指导,那也并不说明是接受了罗马法。接受指的是将罗马法作为主要法律渊源而直接采纳,而这并非英国普通法发展的一个特点"。① 而在西欧大陆,对罗马法的继受已使之成为"欧洲普通法"并导致随后的西欧各国封建时期民法典的编纂,这显示了对罗马法的继受深刻得多。

历史表明,只有在罗马法理念的所有权制度中,才能消灭土地权利上依附的各种封建因素,才能使土地所有权从各种束缚与羁绊中解脱出来,也只有在罗马法理念的所有权基础上才有清晰明确的土地用益物权体系的建立。英美法系与大陆法系在所有权观念上的分歧,必将导致各种相关法律制度的迥异。建立了罗马法理念的所有权制度,必将相应建立起土地用益物权制度,两者之间有着紧密的联系。

三、对固有法上土地使用制度的改造

在继受罗马法的过程中,不仅完全接受了罗马法理念的所有权,在对土地用益物权制度的创制中,大陆法系国家也都是适应本国国情而建立土地用益物权制度。法国对于地役权、用益权、使用权、居住权加以规定,德国则在役权中规定了地役权、用益权、居住权、限制的人役权,并另设地上权与实物负担两章,瑞士民法典在限制物权之中规定了地役权、用益权、居住权、地上权、土地负担等内容,无一不是与各国实际存在的重要的土地使用形态相符合,并用罗马法的土地用益物权制度来加以重新整理,方形成今日的各国各具特色的土地用益物权制度。

在对大陆法系民法的吸收和移植过程中,日本和我国民国时期初创的民法都十分注重将原有的土地使用制度与各国的土地用益物权制度相互结合,对于地役权制度加以借鉴移植,对于地上权制度重新在本国理念基础上加以创新,对于役

---

① [美]格伦顿等:《比较法律传统》,米健等译,中国政法大学出版社1993年1月初版,第167页。

权概念予以舍弃,而对在西方并不发达却在东方国家盛行的永佃制度和土地出典制度加以物权化,使之成为土地用益物权的两种主要类型。

第二节　土地使用权概述

我国《物权法》第三编专门规定了用益物权,第一百一十七条规定:用益物权人对他人所有的不动产或者动产,依法享有占有、使用和收益的权利。该法从四个方面规定了用益物权的范围,即土地承包经营权、建设用地使用权、宅基地使用权和地役权。本节主要是对作为建设用地使用权进行分析。

一、土地所有权的概念和特征

(一)土地所有权的概念

土地所有权属于财产所有权的一种,具有所有权的一般属性,是土地法的基本问题。土地是一种重要的资源,其与劳动力、资本构成生产三要素,因此,土地所有权在人类社会的发展中一直受到人们的极大关注。在我国,尽管《民法通则》《土地管理法》《城市房地产管理法》《城镇国有土地使用权出让和转让暂行条例》均频繁使用"土地使用权"一词,但关于"土地使用权"的确切概念,立法上并未予以明确界定。学术上一般认为,土地使用权是指民事主体(组织或个人)在法律规定的范围内依法或依约定对国有或集体所有土地占有、使用、收益的权利。我国的土地使用权是土地使用制度在法律上的权利创设,它是作为一项独立的财产权而出现的,不能认为它仅仅只是作为土地所有权的一项权能,这在《民法通则》《土地管理法》的条文上都有体现,而且在实践中也得到了确认。

我国《民法通则》第71条规定:"财产所有权是指所有权人依法对自己的财产享有占有、使用、收益和处分的权利。"因此,作为财产所有权的下位概念,土地所有权是指土地所有权人依法对土地享有占有、使用、收益和处分的权利。《物权法》第一百三十五条规定:建设用地使用权人依法对国家所有的土地享有占有、使用和收益的权利,有权利用该土地建造建筑物、构筑物及其附属设施。

(二)土地使用权产生的背景

我国的土地使用权是随着土地使用制度的改革而出现的。我国在1979年前所确立的是单一的以计划配给为主的无偿、无期限的土地使用制度,该制度造成了我国土地使用和管理的种种弊端,主要是土地的严重浪费和土地资源的严重短缺。如何让土地进入市场流转以建立规范化的地产市场是当时改革的基本构想。适应这种需要,我国在实践中进行了四方面的改革:

1. 完善土地所有权,实现所有权与使用权的分离;

2. 对土地实行有偿使用,收取合理的土地使用费用(包括土地使用费、土地使用权出让金等);

3. 允许通过出让取得的土地使用权进入市场转让;

4. 建立和完善相关的社会主义地产制度。

这些表现在立法上最明显的就是1988年的《中华人民共和国宪法修正案》增加了可以依法转让土地使用权的内容,随后我国在此基础上修订了《土地管理法》,并先后出台了《城市房地产管理法》《城镇国有土地使用权出让和转让暂行条例》,建立了比较完整的土地使用权制度。

(三)土地使用权的法律特征

土地使用权的权利主体是土地使用权人之外的民事主体,包括法人、非法人组织和自然人。土地使用权的客体即土地,既可以是国有土地也可以是集体土地。土地使用权具有如下法律特征:

1. 派生性

土地使用权包含有土地的占有、使用、收益权能,可以认为是土地所有权的此三项权能与所有权相分离而形成的一种相对独立的土地产权,而且在一定情况下它还包含有部分处分权能。

2. 限定性

土地使用权的发生要以所有权为前提,其行使、存续受到所有权的制约。在我国,由于土地所有权人是国家或集体,所有权的制约很大程度上表现为法律上的限制。土地使用权目前主要通过国有土地的行政划拨、国有土地的有偿出让、集体土地的发包等方式产生,土地使用权人在取得土地使用权的时候就被要求承担一定的义务,如合理使用土地,不得任意改变土地用途、缴纳相关的出让金或税费、办理有关登记等义务。这些土地所有权人的设定行为是土地使用权发生的前提。此外,我国出于维护土地使用问题上的社会利益和法律秩序的需要,对土地使用权的处分如划拨土地使用权的转让、出租、抵押,出让后的再转让均进行了一定的法律上的限制。

43

3. 直接性

它是指权利人以占有为前提对土地享有的直接支配权,其对土地的占有、使用和收益不需要他人履行任何义务而直接就可实现。这种权利具有排除他人干预的性质,任何人都负有不得侵犯使用权人土地使用权的义务。

4. 土地使用权的内容包括权利和义务两个方面,并具有某些特殊性

根据《民法通则》的规定,使用人对其依法使用的土地等自然资源享有占有权、使用权和收益权。使用人的这些权利具有排他性,不仅可以对抗一般人,而且在一定程度上构成对国家所有权和集体所有权的限制。按《民法通则》的规定,使用人的基本义务是对其使用的土地或其他自然资源进行管理、保护和合理利用的义务。这一基本义务还通过《土地管理法》及其《实施条例》《城市房地产管理法》《水土保持法》《森林法》《草原法》等一系列法律进一步具体化。这些法定义务不仅对维护国家、集体的所有权是必要的,而且对社会公共利益、保护自然环境、维护生态平衡也是十分必要的。

5. 可转让性

土地使用权是与所有权分离的由非所有权人享有的独立的财产权,土地使用权人可以依照法律的规定处分使用权,以转让、出租、抵押等方式行使其权利。

6. 土地使用权是一种相对稳定的长期的权利

这是由土地本身的特性和对土地的投资、建设、经营的长期性所决定的,也是土地立法所规定的。与其他用益物权相比,我国法律赋予了土地使用权人较长的使用土地的期限,以利于其充分、合理地利用土地的价值。在我国,依照法律规定,目前有偿出让的国有土地使用权有一定的期限,期限届满后,由土地所有权人收回土地。如果土地使用人申请续展,土地所有权人有权决定是否续展。但是大多数的土地使用权如划拨土地使用权、农村住宅建设用地使用权、乡镇企业建设用地使用权一般是没有期限的。

(二)土地使用权的种类

根据不同的分类标准,可对土地使用权做不同的划分:

1. 按照土地所有制的性质不同,可将土地使用权分为国有土地使用权和集体土地使用权。

2. 根据土地使用权的取得方式不同,可将土地使用权分为划拨土地使用权、出让土地使用权和承租土地使用权。

3. 根据土地用途不同,可将土地使用权分为建设用地使用权和农用地使用

权。其中建设用地使用权又包括宅建设用地使用权、企业用地使用权、公用设施用地使用权等;农用地使用权目前主要是指农村土地承包经营权。

4. 以使用人是否向所有人支付使用费为标准,可以把土地使用权分为有偿的土地使用权与无偿的土地使用权。

有偿的土地使用权还可以按使用费的不同支付方式分为出让土地使用权与租佃土地使用权。出让使用权是以交纳出让金的方式于取得使用权时一次付清整个使用期内的全部使用费的使用权。租佃使用权是指以租金方式分年限支付使用费的使用权。以租佃方式对国家所有或集体所有的土地等自然资源设定用益物权,虽然在我国现行民法中尚未规定,但是在欧洲大陆国家、日本民法和我国台湾地区"民法"中,租佃不仅是设立以耕作、放牧为目的的永佃权的唯一形式,而且是设立以建筑房屋或其他构筑物为目的的地上权的主要形式。租佃本身并无阶级性,私有土地可以用租佃方式设立用益物权,公有土地及其他自然资源也可以用租佃方式设立用益物权,因此欧洲大陆国家、日本和我国台湾地区有关永佃权与地上权的立法经验是可以为我国大陆民法借鉴的。

5. 有期的土地使用权与无期的土地使用权。

按使用权是否预定了使用期,可以把土地使用权分为有期的土地使用权与无期的土地使用权。

二、土地使用权与房屋所有权

我国的特殊国情和社会政治经济制度决定了我国只能实行房屋所有权与土地使用权相结合的房地产权结构。尽管目前因土地使用权性质的不同,使得我国的房地产权结合情形非常复杂。但是,除了土地使用权获取方式、使用期限存在差异外,房屋所有权和土地使用权的规则基本上是一致的。现行法律所确立的原则主要表现在以下两个方面。

(一)房屋所有权人与土地使用权人主体一致

在我国,房屋所有权人无法成为占用土地的所有权人,但法律要求房屋所有权人和土地使用权主体一致。《城市房屋产权产籍管理暂行办法》第3条中规定,城市房屋的产权与该房屋占用土地的使用权实行权利人一致的原则,除法律、法规另有规定的外,不得分离。《城市房屋权属登记管理办法》第6条重申"房屋权属登记应当遵循房屋的所有权和该房屋占用范围内的土地使用权权利主体一致原则"。《城镇国有土地使用权出让和转让暂行条例》第24条第1款也规定:"地上建筑物、其他附着物的所有人或者共有人,享有该建筑物、附着物使用范围内的土地使用权。"这也就是说,除了通过租赁取得土地使用权,在土地上建筑房屋等外,在一般情形下,房屋的所有权人应当为土地使用权人或者当然地享有占用土地的使用权。

房地产权主体一致原则是必要的。房屋和土地不可分离,作为一个自然现象,在任何一个国家都不会存在差异,因国情和社会制度因素所导致的权利结构的差异,也不能消除房地实物上的结合关系。在实行房地所有权一体化的国家中,房屋和土地被作为一个物,存在一个所有权,这样有利于简化房地产权的分离而导致的问题和麻烦,是一种非常简便的不动产权利安排。在我国不可能实现房地所有权一体化,成立一个所有权,但是,我们能够建立土地使用权与房屋所有权的一体化规则,这也能够达到同样的效果。因此,房屋所有权和土地使用权主体的一体规则,实际上相当于其他国家将房和地视为一个物成立一个所有权一样的效果。只是我们这里不是房屋和土地的统一,而是房屋所有权和土地使用权的统一。

我国这种房地产权结构的独特性在于,我们不将房屋和土地视为一体,而是将房屋和土地使用权视为一体,尽可能使土地使用权主体和房屋所有权主体统一为一个不动产所有权。在这里,我们甚至可以将土地使用权视为房屋的一部分,正如其他国家房屋以土地为基础一样,我国房屋以土地使用权为基础。而且,在理论上,所有权是完整的物权,自然要吸附与它密切联系的土地使用权,故房地产权统一只能是土地使用权被统一到所有权。这种统一的基础既不是土地从属于房屋,也不是房屋从属于土地,而是土地和房屋分离原则或相互独立原则。

在这里,土地和房屋是两个物,只是因为土地和房屋自然上的不可分,法律才创制了房屋所有权人享有土地使用权,并使两权主体一致,以简化因房屋与土地权利不一致带来的各种问题。这样,虽然房屋和土地是相互独立的物,但房屋和土地使用权的一体性,使我国的房地产权也一体化。由此便创立了土地使用随房屋的处分而处分(地随房走)和房屋随土地使用权的处分而处分(房随地走)两个原则。这两个原则正如在其他国家土地和房屋一同处分原则一样,同样易为人们接受和理解。

(二)房屋和土地使用权一同处分的原则

房屋所有权人与土地使用权人主体一致原则必然要求转让房屋所有权也转让土地使用权,转让土地使用权也转让之上的建筑物。1990年5月19日国务院发布的《中华人民共和国城镇国有土地使用权出让和转让暂行条例》第23条和第33条及1995年1月1日起施行的《中华人民共和国城市房地产管理法》第31条都明确了"房随地走"和"地随房走"的原则。即房屋移转所有权或者抵押时,土地使用权也必然随之移转或抵押,反之亦然。但是,房屋和土地使用权一同处分有两个例外:一是地上建筑物即其他附着物作为动产转让的除外;二是经市、县人民政府土地管理部门和房产管理部门批准的除外。《物权法》第一百四十七条规定:建筑物、构筑物及其附属设施转让、互换、出资或者赠与的,该建筑物、构筑物及其附属设施占用范围内的建设用地使用权一并处分。

虽然法律上确立房屋和土地使用权一体的原则,但《房地产管理法》并没有对房地产权一体登记做出强制性规定,而是交由省级政府自主决定。由于受传统的土地和房屋分行业管理的限制,我国的房地产登记大多数地区采取的是双轨制,即土地使用权属在土地管理部门登记,房屋在房产管理部门登记。1994年广东省制定了《广东省城镇房地产权登记条例》,率先确立了两证合一的管理体制,由县以上人民政府房地产管理部门负责房地产产权登记、审查、确权、核发地产权证书的工作。建设部批示认为这种做法结束了长期以来房、地权属管理分离的现象,完全符合《房地产管理法》第62条的规定,是机构改革的方向。另外,上海市、深圳市也采取类似做法。这种统一机关登记并颁发统一的证书的做法,显然有利于贯彻房地产权主体户证和房地产权一同转让原则。因此,房地产权登记方面,应当在全国统一建立类似广东等省市的做法,将房地产登记机关合一,将房地产证合一,彻底贯彻房地产权主体合一原则。

在这里,还有一个问题越来越引起大家的强烈关注,即土地使用权终止后房屋的归属问题。由于所有权具有永久性,也即只要房屋存在则房屋的所有权就存在,因此在房屋所有权与土地使用权结合下,必然有一个土地使用权终结后房产的归属问题。

目前,我国立法中没有关于对农村和城市私房所占土地使用权存在年限的规定,实际上,这两种房屋所有权主体对宅基地的使用权具有永久性,在农村和城市,宅基地均可通过房屋继承的途径而由继承人继承,房屋毁损或毁灭后可以修复或重建,因此,房屋灭失或毁损,只要所有权人或其继承人愿意恢复其建筑物,那么对土地的使用权便可以长久地延续下去。然而通过出让方式取得的国有土地使用权如用于建设,其使用权均存在年限。《中华人民共和国城镇国有土地使用权出让和转让暂行条例》第12条根据土地的用途对各类用途的使用权最高年限做了规定:(1)居住用地70年;(2)工业用地50年;(3)教育、科技、文化、卫生、体育用地50年;(4)商业、旅游、娱乐用地40年;(5)综合或者其他用地50年。

为解决该问题,有学者认为应当确立房屋所有权吸附土地使用权的理论,土地使用权永久性地与房屋所有权粘连在一起。也就是说,将房屋用地使用权塑造成为一种可以永久存续的财产权利,且是附属于房屋所有权的一种权利。房屋的所有人当然地拥有占有土地的使用权,只要房屋存在,那么土地使用权即有效。这种房屋所有权吸附土地使用权的做法符合地上权的基本原则,同时也是我国建立简便的房地产财产权利体系的必然选择。但是不主张将所有的用于建筑的土地使用权确定为永久性的。用于生活居住或个人住宅的房屋所占用的土地,应当和房屋捆绑在一起,成为一种依房屋存在而存在,随房屋权利转让而转让的权利。而对于商业用地或商业用房,比如厂房、商厦、饭店、写字楼等,其土地使用权应当确定为有期限的,以便于在期限届满后,调整国家所有权人与经营者之间的利益关系,或者由产权人继续签订土地出让合同或由国家收回建筑物。

如何解决这个问题,按照物权法草案第155条的规定:"建设用地使用权的期间届满,建设用地使用权人需要继续使用土地的,应当在期间届满前一年申请续期,除因公共利益需要收回该土地外,出让人应当同意。建设用地使用权续期后,建设用地使用权人应当按照约定支付出让金;没有约定或者约定不明确的,按照国家规定确定。"该草案引起了较大反响,许多人对自己房产用地到期后的命运表示担心。有鉴于此,为了打消有产者的疑虑,《物权法》第一百四十九条规定:住宅建设用地使用权期间届满的,自动续期。非住宅建设用地使用权期间届满后的续期,依照法律规定办理。该土地上的房屋及其他不动产的归属,有约定的,按照约定;没有约定或者约定不明确的,依照法律、行政法规的规定办理。尽管最终的规定比草案相比有所进步,但因为规定过于笼统,许多住宅所有者仍心存疑虑,对届满续期后是否需要缴费以及如何缴费希望能得到明确解释。《物权法》实施后,温州一批20年产权住宅土地使用权到期,地方政府要求续期须按房产价格三分之一缴费。这部分业主也因为住宅土地使用权到期而无法完成房屋的买卖过户。这是温州首例住宅土地使用权到期续期的案例,在此之前,全国范围内房屋土地产权到期的案例也较为少见,由此引发社会广泛关注。[①]

[①] 参见人民网房产频道 http://house.people.com.cn/n1/2016/0417/c164220-28281850.html。2017年8月1日访问。

三、对我国现行土地使用权制度的评价

有关土地使用制度的法律法规的制定和实施,对我国的土地使用制度乃至用益物权制度产生了积极的影响,表现在:1. 使依法规范土地资源使用的观念深入人心;2. 用法律手段确认和保护了土地使用权人的正当权益;3. 以法律形式建立了土地使用关系的利用协调机制;4. 用法律手段规制了土地使用过程,维护了土地使用和交易秩序;5. 建构了土地使用法律制度的基本体系。简单地说,就是为实践中土地使用权的产生和市场流转,为以后的物权立法确立了制度基础。

但是,应该看到,目前土地使用实践要求土地立法适应市场经济的内在要求和发展需要,而现行的土地使用法律制度还存在一些亟待解决的理论和实践问题:1. 以土地所有制性质作为划分土地使用权种类的标准,并据此规定不同的法律制度和不同的待遇是不恰当的,造成的后果是有关土地使用权的内容立法重复交叉,基本相同的土地使用的取得程序和条件不同,土地行政管理权限划分不清。2. 土地行政管理体制没有理顺,如土地行政管理机关职责交叉重复,土地使用权出让时土地管理部门作为所有者和管理者的身份混同,对土地使用权流转的行政干预过多过强。3. 现行土地征用体制不适应市场经济体制的需要,表现在土地征用的根据、补偿原则和补偿标准有待修正。4. 现行土地使用权制度还存在以下结构性欠缺,突出表现在:一直没有出台具体可行而又符合我国农村经济发展需要的法律法规,以形成农村土地使用制度;农村宅建设用地使用权、乡镇建设用地使用权等基本上还是政策调整;土地使用权登记制度很不完善,未建立集体土地上的土地使用权登记制度,土地登记资料的社会利用程度很低,部分地区仍在实行既不符合法理又不便于登记管理的地产、房产分别在两个行政管理部门登记的做法。5. 在制度建设方面,还存在重复立法的现象,法律法规和政策的协调性较差。

由于我国土地使用制度的构想是在保持土地公用的基础之上,让土地进入市场并建立完善的地产制度,因而在制度建设和实践中必须关注土地的有偿使用与土地使用权人的保护问题。强调土地的有偿使用,对维护和增加国家和集体的土地利益,促进土地资源的有效利用有着重要意义,而坚持土地使用权优位的价值取向是市场经济发展的要求。

第三节 土地使用权的划拨

一、国有土地两种取得方式

《城市房地产管理法》第 2 条规定,房地产开发就是在依法取得国有土地使用权的土地上进行基础设施和房屋建设的行为。由此决定了取得国有土地使用权的土地是进行房地产开发或者建设的先决条件。在我国,根据《宪法》《土地管理法》《城市房地产管理法》确立的土地管理制度,对土地实行全民所有制和劳动群众集体所有制,任何组织或者个人不得侵占、买卖或者以其他形式非法转让土地,但土地使用权可以依法转让。因此,房地产开发所需土地必须依法取得,即依照所有权与使用权分离的原则,取得土地使用权。但由于目前我国对土地使用权转让实行国家垄断经营的政策,可以用于房地产开发的土地只能是全民所有制的土地,即国有土地,不包括集体所有的土地。而国有土地使用权的取得,依照《城市房地产管理法》第 3 条规定,"国家依法实行国有土地有偿、有期限使用制度。但是,国家在法律规定的范围内划拨国有土地使用权的除外"。依此,在国有土地上进行房地产开发所需土地,主要通过两种方式取得:一是有偿出让国有土地的使用权;二是行政划拨国有土地的使用权。《物权法》第一百三十七条规定:设立建设用地使用权,可以采取出让或者划拨等方式。工业、商业、旅游、娱乐和商品住宅等经营性用地以及同一土地有两个以上意向用地者的,应当采取招标、拍卖等公开竞价的方式出让。

严格限制以划拨方式设立建设用地使用权。采取划拨方式的,应当遵守法律、行政法规关于土地用途的规定。

二、土地使用权划拨的含义及形式

土地使用权划拨,是指县级以上人民政府依法批准,在土地使用者缴纳补偿、安置等费用后将该幅土地交付使用,或者将国有土地使用权无偿交给土地使用者使用的行为。以划拨方式取得土地使用权的,除法律另有规定外,没有使用期限的限制。划拨方式取得的土地使用权,具有行政行为性、无偿性和无期限性的特征。划拨土地使用权直接产生政府的批准行为,在缴纳征用补偿安置费用后即可取得土地使用权,不需要向国家缴纳出让金和订立任何合同,只需要进行登记以确定土地使用权的范围并表明取得划拨土地使用权。根据我国土地立法的规定,土地使用权的划拨主要有两种形式:一是国家建设征用集体土地,建设单位持法定批准文件,向县级以上地方人民政府土地管理部门提出申请,经县级以上人民政府审查批准后,由土地管理部门划拨土地。通过这种形式划拨,建设单位需一次性支付给原集体土地所有者一定的土地补偿费、安置补助费和青苗补偿费,即取得土地使用权。二是国家建设使用国有荒山、荒地以及其他单位使用的国有土地,按照法定程序和批准权限划拨。通过这种形式划拨使用国有荒山、荒地的建设单位不需要支付任何费用;使用其他单位使用的土地的,由建设单位根据实际情况对其他单位给予适当补偿。土地使用权划拨,是我国在新中国成立后学习苏联的土地使用模式,对国有土地使用实行的一种供应方式。实践证明,这种土地分配方式,极易造成对国有土地的多征少用或者占而不用,致使土地资源大量浪费,国家土地公有制的优越性难以体现,而且有些划拨土地使用权人在经济利益的驱动下,以非法形式将划拨土地使用权投入"隐形"市场获取利益。一方面,由于土地收益流入单位和个人,导致国家利益流失;另一方面,扰乱了土地市场的正常秩序。针对土地划拨带来的这些问题,国务院于1992年11月发布了《关于发展房地产业若干问题的通知》,制定相应的土地使用制度改革措施,在继续实行土地供应双轨制的前提下,逐步扩大国有土地有偿、有期限使用的范围,缩小土地行政划拨方式的适用范围;除对国家投资的党政军机关、行政事业单位办公用房、住宅建设用地、公共设施、公用事业等建设用地,继续采用划拨方式供应外,其他新增建设用地,首先是商业、金融、旅游、服务业、商品房和涉外工程建设用地要逐步采用土地使用权有偿有期限出让的办法。与此相应,《城市房地产管理法》第23条对划拨土地的范围也做出明确的限制性规定,即国家机关用地和军事用地,城市基础设施用地和公益事业用地,国家重点扶持的能源、交通、水利等项目用地以及法律、行政法规规定的其他用地,确属必需的,可以由县级以上人民政府依法批准划拨。

三、土地使用权划拨与出让的区别

我国城镇国有土地使用制度改革的基本结构实行土地使用权出让和土地使用权划拨两种形式,即"双轨制"。也就是说,今后房地产开发用地主要通过出让与划拨这两种方式取得。土地使用权划拨与出让的区别具体表现在以下三方面:

1. 取得土地使用权的方式和支付的费用不同

以划拨方式取得土地使用权是以非竞争的方式取得的,而出让方式取得土地使用权是政府与土地使用者竞价的方式进行的。前者取得土地使用权的代价是支付国家规定的征地、拆迁补偿费用,后者的出让价是在竞争中形成的。有一种普遍的观点认为:土地使用权划拨就是土地使用者取得土地使用权是无偿的,就连《城镇国有土地使用权出让和转让暂行条例》第43条第1款也如此规定:"划拨土地使用权是指土地使用者通过各种方式依法无偿取得的土地使用权。"作者认为,这种提法值得商榷,它容易给人们造成划拨的土地使用权是无偿取得的错觉,而且已经造成了误解。事实上,划拨土地和向农村集体组织征用土地是同一过程。征地费由使用者支付给政府,再由政府支付给被征地者。虽然政府以划拨方式出让土地给使用者,除了收取管理费以外(管理费一般按征地费的2%~5%提取),没有收取使用费。从政府的角度看,它是无偿出让国有土地给使用者。但从使用者的角度去看,土地使用者取得土地使用权并不是无偿的,而必须以征地费的名义支付土地交易价格。这种价格也许有其不同的决定方式,但对使用者来说,它同政府有偿出让土地的出让价一样都是有偿的,而且构成其取得土地使用权的成本。因此,有论者认为:划拨方式与出让方式的本质区别应在于前者是无竞争地出让土地使用权,而后者是有竞争地出让土地使用权。[1]

2. 使用期限不同

划拨土地使用权是无期限限制的,《房地产管理法》第22条规定:"依照本法规定以划拨方式取得土地使用权的,除法律、法规另有规定外,没有使用期限的限制。"而出让土地使用权则是有限期的,在出让合同中有明确规定。当然,土地使用权出让合同期满,土地使用权可以续期,但它总是有期限的。

3. 取得的土地使用权的内容不同

通过划拨方式取得的土地使用权不是一项独立的财产权,除法律规定的情况外,它不得转让、出租、抵押,即不得从事经营活动,土地使用者仅有使用的权利,依法管理、保护与合理利用的义务。而通过出让方式取得的土地使用权则是一项相对独立的财产权,依法可以转让、出租、抵押进行经营活动。

---

[1] 金俭:《房地产法研究》,科学出版社2004年版,第92页。

第四节　土地使用权的出让

一、国有土地使用权出让的概念

土地使用权出让制度是参考香港特别行政区"批租"制度,结合我国国情创设的一种土地使用供应制度。《城市房地产管理法》第7条和《城镇国有土地使用权出让和转让暂行条例》第8条规定,土地使用权出让是指国家以土地所有者的身份将国有土地使用权在一定年限内让与土地使用者,由土地使用者向国家支付土地使用权出让金的行为。土地使用权可以有偿出让的政策,是国务院1987年4月提出的,并率先在天津、上海、广州、深圳四个城市开展国有土地使用权有偿、有期限转让的试点。随后,我国通过对《宪法》《土地管理法》修改和制定《城市房地产管理法》,确立了国有土地有偿使用制度。此外,国务院依法于1990年5月发布的《城镇国有土地使用权出让和转让暂行条例》,对国有土地使用权的出让、转让行为的具体做法进一步做出详细的规定。依据我国关于土地管理制度的立法本意及参与立法的人员编写的相关书籍所述观点,[①]国家将国有土地使用权出让给土地使用者,是国家作为国有土地所有权人将其所有权权能中的使用权分离出来让与给土地使用者的一种权利移转方式,其实质是国家行使的对国有土地财产的处分权。土地使用者通过出让方式取得的土地使用权一经设定,即成为一种物权,在土地使用权存续期间,土地使用者在设定的权利范围内,不仅享有对土地的实际占有权,而且还享有对土地的使用权、转让权、抵押权、租赁权等民事权利,其他任何人、任何单位不得非法干预。这已是学理界、实务界之通说。

《物权法》第一百三十八条做了明确规定:采取招标、拍卖、协议等出让方式设立建设用地使用权的,当事人应当采取书面形式订立建设用地使用权出让合同。建设用地使用权出让合同一般包括下列条款:(一)当事人的名称和住所;(二)土地界址、面积等;(三)建筑物、构筑物及其附属设施占用的空间;(四)土地用途;(五)使用期限;(六)出让金等费用及其支付方式;(七)解决争议的方法。

[①] 房维廉主编:《中华人民共和国城市房地产管理法新释》,人民法院出版社1998年版,第33页。

(一)土地使用权出让的主体

依据我国《物权法》《城市房地产管理法》和《土地管理法》的规定,土地使用权出让按照所有权与使用权分离的原则,由市、县人民政府负责,有计划、有步骤地进行;出让的每幅地块、用途、年限和其他条件,由市、县人民政府土地管理部门会同城市规划、建设、房产管理部门共同拟订方案,按照国务院规定,报经有批准权的人民政府批准后,由市、县人民政府土地管理部门实施;土地使用权出让,应当签订书面出让合同,土地使用权出让合同由市、县人民政府土地管理部门与土地使用者签订。由此可见,土地使用权出让的主体是土地所有权人,即国家,而市、县人民政府的土地管理部门按照国家法律的授权和有批准权的人民政府批准授权,代表国家出让国有土地使用权。但现实中有一些市辖区人民政府和各类开发区管理委员会作为出让方进行出让土地。为此,有观点认为将出让土地主体限定为市、县人民政府不全面,遗漏了主体,出让土地的主体应包括市辖区人民政府和开发区管理委员会。对市辖区人民政府能否作为国有土地的出让主体问题,依据《国家土地管理局(对出让国有土地使用权有关问题请示的答复)》(〔1991〕国土函字第71号),《中华人民共和国城镇国有土地使用权出让和转让暂行条例》中的"市、县人民政府",所指"市"包括全国各级市;所指"县",不包括市辖区。对开发区管理委员会能否作为国有土地使用权出让主体的问题,国土资源部认为,开发区管理委员会不具备土地使用权出让的主体资格。综合上述意见,最高人民法院的《国有土地使用权合同纠纷的司法解释》将国有土地使用权出让的主体依法限定为市、县人民政府的土地管理部门。

对土地使用权出让的受让方,《城镇国有土地使用权出让和转让暂行条例》第3条规定:"中华人民共和国境内外的公司、企业、其他组织和个人,除法律另有规定者外,均可依本条例的规定取得土地使用权。"对外商投资开发经营土地的,因考虑到社会影响面大,投资风险高,从社会利益和管理需要的角度出发,对外商取得国有土地使用权的主体条件进行一定限制。如《外商投资开发经营成片土地暂行管理办法》第4条规定:"外商投资成片开发,应分别按照《中华人民共和国中外合资经营企业法》《中华人民共和国中外合作经营企业法》《中华人民共和国外资企业法》的规定,成立从事开发经营的中外合资经营企业,或者中外合作经营企业,或者外资企业。"依此规定,外商取得国有土地使用权的前提条件是必须先行成立"三资企业"。

(二)土地使用权出让的客体

土地使用权出让的客体为土地使用权,不是土地本身,但也并非是所有的土地使用权均可出让。依据法律规定,土地使用权出让制度只是针对国有土地实行的一种土地利用制度,允许出让进行房地产开发的只能是国有土地,农村集体所有的土地的使用权不得出让、转让或者出租用于非农业建设,但经依法征收转为国有土地后,方可有偿出让。因此,土地使用权出让的客体只能是国有土地使用权。

(三)土地使用权出让的方式

依据法律规定,土地使用权的出让可以采取拍卖、招标或者双方协议的方式,商业、旅游、娱乐和豪华住宅用地,有条件的,必须采取拍卖、招标方式,没有条件,不能采取拍卖、招标方式的,可以采取双方协议的方式,采取双方协议方式出让土地使用权的出让金不得低于按国家规定所确定的最低价。2002年5月9日,国土资源部发布的《招标拍卖挂牌出让规定》进一步明确规定,商业、旅游、娱乐和商品住宅等各类经营性用地,必须以招标、拍卖或者挂牌方式出让。《物权法》对此也有同样的规定。

二、土地使用权出让的特征

土地使用权出让具有以下特征:

(一)土地使用权出让的主体和标的物具有特定性

依据现行《城市房地产管理法》第7条的规定,土地使用权出让,是指国家将国有土地使用权在一定年限内出让给土地使用者的行为。出让行为的主体只能是国家,出让行为的标的物也只限于国有土地使用权。对农民集体所有土地的使用权,依照《土地管理法》第63条规定,农民集体所有的土地的使用权不得出让、转让或者出租用于非农业建设。《城市房地产管理法》第8条明确规定,城市规划区内的集体所有的土地,经依法征收为国有土地后,该幅国有土地的使用权方可有偿出让。对城市规划区以外的集体所有土地,依据《土地管理法》第五章关于建设用地的有关规定,因建设需要占有使用土地的,必须依法申请使用国有土地,涉及农用地转为建设用地的,应当办理农用地转用审批手续。据此,城市规划区外的集体所有土地未经依法征收转为国有土地的,不得出让。这也是从我国土地使用制度改革和保护农业用地的实际情况出发,法律对集体所有土地出让的一种限制性规定。

(二)土地使用权出让是以土地所有权与土地使用权的分离为基础,是以创设土地使用权这一用益物权为目的

土地使用权出让事实一经发生,国有土地所有权与使用权即行分离,土地使用权成为一种独立的用益物权,土地使用者直接对土地享有占有、使用、收益、处分的权利。

(三)土地使用权的出让具有有偿性和有期限性

《房地产管理法》第3条明确规定,国家依法实行国有土地有偿、有期限使用制度。其有期限性就是土地使用者对土地享有的权利,受到出让年限的限制,最高年限由国务院规定。其有偿性表现在土地使用者通过出让取得一定年限内的土地使用权,必须向国家支付土地使用权出让金为代价,出让金的本质是土地所有者以其享有的土地所有权取得的土地经济利益,是一定年限内的地租。土地使用权出让金的构成除一定年限的地租外,还包括土地出让前国家对土地的开发成本及有关的征地拆迁补偿安置等费用。

(四)出让土地使用者行使权利效力的有限性

根据《宪法》《土地管理法》《城市房地产管理法》《城镇国有土地使用权出让和转让暂行条例》之规定,城市的土地属于国家所有,国家按照所有权与使用权分离的原则,对城镇国有土地使用权实行出让、转让制度,国有土地使用权的出让,只是土地使用者向国家支付土地使用权出让金而取得对土地的一定程度的占有、使用、收益和处分的民事权利。出让土地的使用者,对出让使用权的土地范围内的地下资源、埋藏物和市政公用设施等,不因其享有土地使用权而享有权利。

三、土地使用权出让的性质

依前述,土地使用权是通过与土地所有权分离创设的,其创设主体是国家。由于国家既是土地所有权人,又是土地利用的管理者,具有双重身份,因此,对土地使用权出让行为性质存有不同认识。一种观点认为,国有土地使用权出让是一种行政行为;另一种观点认为,国有土地使用权出让是民事法律行为。

行政行为说认为,从土地使用权出让的主体看,土地出让方是土地行政管理机关,另一方是土地使用者,二者是管理和被管理的关系。土地管理机关作为政府管理土地的职能部门,充当土地使用权出让人时,其行政管理者的身份没有改变,也不能改变。从出让土地使用权的目的看,土地使用权出让目的在于实现国家的土地政策,取得最佳利用土地的效益,而不是为了土地管理机关自身的直接

需要,只是政府行使行政职能的表现,这与以取得收益为中心目的的经营活动在性质上是截然不同的。从土地使用权出让金看,它不是土地使用权的商品价格,出让人并不单纯追求收取最高的土地使用权出让金,而是要考虑如何实现最佳的管理目的,确定出让金成为一种管理手段。从解决争议的措施看,出让方可以直接根据法律采取单方措施,如收回土地使用权。综上,土地使用权出让为一种行政行为,属于行政法调整的范围。[①]

民事法律行为说认为,土地使用权出让,实际上是法律上的一种出让财产的合同行为。国家虽然是社会管理机关和最高权力代表,但在土地使用权出让的法律关系中,国家并不以主权者的身份出现,而是以"土地所有者"的身份出现。作为土地所有者,国家的法律地位与土地使用权受让人的法律地位完全平等。土地使用权出让合同的订立应遵守平等、自愿、有偿的原则,国家方面不能表现其对土地使用权受让人的优越地位,合同内容必须是双方真实意愿的表达。[②] 关于土地使用权出让行为的法律性质问题,学界倾向于民事法律行为说。理由如下:

第一,土地使用权的出让虽然是由政府职能机关实施,表面上看,在出让方和受让方之间有一些行政管理的痕迹,但如前述,土地使用权出让的主体是国家,政府土地管理部门只是代表国家具体依法履行土地出让行为。国家在行使土地使用权出让行为时,是以土地所有权人的身份出现,其法律地位只是一个民事主体,与土地使用权受让人的法律地位完全平等,土地使用权出让合同的订立也完全遵循的是平等、自愿、有偿的原则,合同内容也是当事人真实的内心意愿的表达。至于国家根据公共利益的需要采取的依法提前收回土地,或者对出让期限届满、闲置的土地依法无偿收回等行政措施,只是国家在对土地使用权出让合同之外依法行使对土地利用的监督管理职权,这也是国家所具有的双重身份的具体体现。而土地管理部门在土地使用权出让法律关系中,也不是以土地管理者的身份出现,其只是代表国家行使权利,并不是土地使用权出让的当事人,出让人实质上是国家。不能因土地管理部门在行政法律关系中具有管理者的身份,就否认其在民事关系中所具有的民事主体属性。

第二,从土地使用权出让的目的看,国家出让土地使用权的根本目的实际上

[①] 南路明、肖志岳:《中华人民共和国地产法律制度》,中国法制出版社1991年版,第33页;周岩、金心:《土地转让的法律问题》,中国农业大学出版社1992年版,第110~112页。

[②] 王家福、黄明川:《土地法的理论与实践》,人民日报出版社1992年版,第220~221页。

是一种土地所有权人以出让财产创设物权的民事行为,由土地所有权派生出来的土地使用权作为一种用益物权,已是立法机关和理论界及司法实务界的共识,并体现在我国目前正在草拟的《物权法》(草案)中。《物权法》(草案)第三编所规定的用益物权种类,明确规定有建设用地使用权,并规定建设用地使用权人有权对国家所有的土地行使占有、使用和收益的权利,在该土地上建造并经营建筑物、构筑物以及其他附着物的权利。土地使用权所具有的排他性、对世性也决定了国家在出让土地使用权时必须以所有权人的身份,必须将出让行为作为平等主体之间合意创设物权的行为,如果国家是以土地管理者的身份出让土地使用权,那土地使用权将成为受出让人单方意志摆布的权利,丧失对世效力,背离了物权法的基本原则。按照行为目的与当事人的动机理论衡量,土地使用权的出让虽然也是为实现国家的土地政策,取得土地利用的最佳效益,但这不是土地使用权出让的目的,只是国家出让土地的动机,移转土地使用权才是出让的目的。因此,行政行为说以当事人的行为动机来确定法律行为性质的观点有欠妥当。

第三,土地使用权出让金是一次收取若干年土地使用费的总和,亦可称之为土地使用权价格,其实质是资本化的地租,从理论上讲是由狭义的地租和土地固定资产的折旧和利息所组成。土地使用权在以协议方式出让时,出让金虽是由政府土地管理部门评估确定,并由国家限定最低价格,但随着我国土地市场体系的建立完善,土地使用权出让金以协议方式收取的做法已被严格限制,土地使用权出让金的确定已逐步通过招标拍卖挂牌的方式走向市场化、公开化,土地使用权的价格完全实现了商品化,其实质已是资本化的地租,土地使用权出让金不再是政府的管理手段。从各地对土地使用权出让的有关规定和实际收取的土地使用权出让金数额看,出让人收取的地价款,不仅包括土地使用权出让金,还有市政配套设施费和土地开发费等。因此,行政行为说把土地使用权出让金看作只是一种管理手段,否认是土地使用权商品价格的观点已不符合实际情况。

第四,从土地市场的分类看,土地使用权出让是土地一级市场,土地使用权转让是土地二级市场,二者密不可分。行政行为说将土地使用权出让视为行政行为,而把土地使用权转让定性为民事法律行为,人为地将土地一级市场与二级市场割裂开来,有欠妥当。

四、对开发区管理委员会出让土地的行为的认定处理

国土资源部坚持认为,开发区管理委员会作为出让人订立的土地使用权出让合同应认定无效，但在向人民法院起诉前，经市、县人民政府批准，由市、县人民政府国土资源管理部门与受让人重新签订土地使用权出让合同的，可以认定合同有效。其理由是，根据《城市房地产管理法》和《土地管理法》的有关规定，土地使用权出让合同的出让方应为土地所在地的市、县人民政府国土资源管理部门，开发区管理委员会不具备土地使用权出让的主体资格，市、县人民政府也无权批准开发区管理委员会作为出让人，即使批准也是违法批准。同时，在国务院部署开展的土地市场治理整顿工作中，地方政府擅自下放土地管理职权，开发区管理委员会擅自行使土地管理职权都是整治的重点内容，而经政府批准，由国土资源管理部门重新签订土地使用权出让合同的做法，是在符合法律规定的原则下所做的补救性措施，可以认定合同有效。由全国人大常委会法工委经济法室主任房维廉担任主编，全国人大常委会法工委、国家土地管理局和国务院法制局参加立法的有关同志编写的《中华人民共和国城市房地产管理法新释》一书也认为，土地使用权出让合同中的出让方是特定的，必须是市、县人民政府土地管理部门，既不是土地管理部门以外的任何部门，也不是市、县人民政府土地管理部门的上级或下级土地管理部门。土地管理部门是人民政府负责城乡地政统一管理的职能部门，是国有土地的产权代表，只有土地管理部门才能以土地使用权出让方的身份与土地使用者签订土地使用权出让合同。土地管理部门以外的其他任何部门、单位，都无权以出让方的身份签订土地使用权出让合同，如果签订合同，该合同必然是无效合同。之所以必须由市县人民政府土地管理部门与土地使用者签订土地使用权出让合同，是因为城市建设的发展必须从城市的整体考虑，土地使用权出让涉及方方面面，如城市规划、市政配套、地价收益等，由市、县人民政府土地管理部门出面便于协调各方面的关系，有利于维护城市建设与发展的整体性。因此，其他土地管理部门，都不能以出让方的身份签订合同，其中包括市、县人民政府土地管理部门以上的各级人民政府土地管理部门，也包括市辖区的土地管理部门。

也有观点认为，对开发区管理委员会订立的合同不能按无效处理，根据《城市房地产管理法》的规定，土地使用权出让行为实质上是一种土地用益物权的创设行为，市、县人民政府设置的土地管理部门是依法有权经办国有土地使用权出让具体行为的主体，从本质上讲，国有土地使用权的出让属于对国有土地所有权的法律处分行为，开发区管理委员会未经授权出让国有土地使用权属于无权处分行为，依据《合同法》第51条规定，其订立的土地使用权出让合同为效力待定合同，而不是无效合同，在经权利人追认后，该合同有效。因此，开发区管委会作为出让方与受让方订立的土地使用权出让合同,如在起诉前经市、县人民政府批准同意的,可以认定合同有效。还有意见认为,应结合我国土地管理的实际情况,对开发区管理委员会订立的土地使用权出让合同按不同阶段分别情况予以处理。

《最高人民法院国有土地使用权合同纠纷司法解释》参照社会各界意见,结合审判实践,对开发区管理委员会作为出让方与受让方订立的土地使用权出让合同的效力认定,分阶段区别情况做出分别处理。

1. 开发区管理委员会作为出让方与受让方订立的土地使用权出让合同,应当认定无效。

土地使用权出让合同的出让人主体是特定的,具有法定性,即必须由市、县人民政府土地管理部门代表国家以国有土地所有者的身份具体实施出让行为,其他任何部门和单位都没有资格以出让人的身份订立土地使用权出让合同。从《城市房地产管理法》和《土地管理法》对国有土地使用权出让的相关规定看,由于国有土地使用权的出让涉及国计民生和社会公共利益,因此,法律对行使国有土地使用权出让行为的主体资格予以明确规定,即只有市、县人民政府的土地管理部门才具有行使国有土地使用权出让行为的主体资格,享有出让国有土地使用权的民事权利能力和民事行为能力。该民事行为主体的民事能力范围和资格具有法定性和特定性,不具备出让行为法定主体资格的民事主体所从事的民事法律行为应当认定为无效。

2. 本解释实施前,开发区管理委员会作为出让方与受让方订立的土地使用权出让合同,起诉前经市、县人民政府土地管理部门追认的,可以认定合同有效。结合无权处分的观点,通过对《解释》适用范围上的限定,来区别认定合同的效力。与此相应,在对合同效力的认定处理上,按照《解释》实施时间前后的不同而采取了不同的处理原则。即在本解释实施后,对开发区管理委员会作为出让方订立的土地使用权出让合同,应严格依法处理,一律认定为无效,对在本解释实施前开发区管理委员会订立的土地使用权出让合同,可以按照无权处分的原则予以认定处理,以此为补救手段,有条件地认定合同有效。

五、以出让方式取得的土地使用权转让的有效条件

(一)土地使用权转让方持有依法签订的有效的出让合同。土地使用权出让合同无效,一般应认定转让合同无效。无效出让合同主要包括:一是市县人民政府土地管理部门以外的其他任何部门、组织和个人为出让方与土地使用者签订的出让合同；二是出让的是集体土地使用权或未经批准的国有土地使用权。但在一审诉讼期间，对于转让集体土地使用权，经有关主管部门批准补办了征用手续转为国有土地，并依法办理了出让手续的，或者转让未经依法批准的国有土地使用权依法补办了审批、登记手续的，可认定转让合同有效。土地使用权转让时，土地使用权出让合同载有的权利、义务随之转移。① 以转让方式取得的土地使用权的使用年限，应当是土地使用权出让合同约定的使用年限减去原土地使用者已使用的年限后的剩余年限。转让合同约定的土地使用年限超过剩余年限的，其超过部分无效。土地使用年限，一般应从当事人办理土地使用权登记或变更登记手续，取得土地使用证的次日起算，或者在合同中约定土地使用年限的起算时间。

（二）土地使用权转让方已经支付全部土地使用权出让金。支付土地使用权出让金是土地使用权出让合同的受让方有偿取得土地使用权所应支付的对价，是其法定与主要义务。对不交纳或不能完全交纳土地使用权出让金的，土地管理部门不应颁发土地使用权证；对未交纳全部土地使用权出让金就已取得土地使用权证的，土地管理部门应收回该土地使用权证。

（三）土地使用权转让方已取得国有土地使用权证。转让土地使用权的范围、期限、用途等以土地使用权证记载为准，超出部分视为无证转让，没有法律效力，不受法律保护。因此，未取得土地使用权证的土地使用者与他人签订土地使用权转让合同为无效合同。但如果转让方已按出让合同约定的期限和条件投资开发利用了土地，在一审诉讼期间，经有关主管部门批准，补办了土地使用权登记或变更登记手续，取得土地使用权证的，可认定转让合同有效。土地使用权转让合同擅自改变土地使用权出让合同约定的土地用途的，一般应当认定合同无效，但在一审诉讼期间已补办批准手续的，可认定合同有效②。

（四）土地使用权转让方已按出让合同约定的期限与条件进行投资开发并达到法定要求。属于房屋建设工程的，应已完成开发投资总额的25%以上；属于成片开发土地的，应已形成工业用地或者其他建设用地条件。如果土地使用者已取得土地使用证，但未按土地使用权出让合同约定的期限和条件对土地进行投资开发利用，与他人签订土地使用权转让合同的，一般应当认定合同无效；如土地使用

---

① 参见1995年12月27日最高人民法院关于审理房地产管理法施行前房地产开发经营案件若干问题的解答。
② 参见1995年12月27日最高人民法院关于审理房地产管理法施行前房地产开发经营案件若干问题的解答。

者已投入一定资金,但尚未达到出让合同约定的期限和条件,与他人签订土地使用权转让合同,没有其他违法行为的,经有关主管部门认可,同意其转让的,可认定合同有效,责令当事人向有关主管部门补办土地使用权转让登记手续。

(五)土地使用权转让时,其地上建筑物已建成的,还应持有房屋所有权证。这是房地一致原则之要求。

第五节 土地使用权的转让

《房地产管理法》第8条规定:"城市规划区内的集体所有的土地,经依法征用转为国有土地后,该幅国有土地的使用权方可有偿出让。"因此,在集体所有的土地上从事房地产开发建设的,必须依照法律规定。首先,必须依法征用,将集体所有的土地变为国有土地;其次,由土地使用者与土地管理部门签订土地使用权出让合同,向国家缴纳土地使用权出让金;最后,办理土地使用权登记取得国有土地使用权证。否则,从事集体土地使用权转让行为无效。

一、土地使用权转让的概念及定位

土地使用权转让是指土地使用者将土地出让合同规定的全部权利与义务随同土地使用权一起转移给第三者的活动。

土地使用权转让与土地使用权出让在本质上都属于土地使用权的交易,但二者有着本质的区别。首先,土地使用权出让是国家以土地所有权者的身份,将土地使用权在一定年限内让与土地使用者的行为。出让的主体是国家与土地使用权受让者;土地使用权转让是土地使用者将土地使用权再转移的行为,主体均为土地使用者。其法律关系的主体双方都是各自独立的法人或个人,而不是政府和用地单位。由于双方当事人转让的仅仅是土地的使用权,而非所有权,因此,国家作为土地所有者的地位与身份并不会因为土地使用权的再度转让而发生变化。这种转让只是新的土地使用者取代了原土地使用权受让人的法律地位,出让合同规定的权利与义务随土地使用权的转移而转移,并不改变。其次,从物权理论上讲,土地使用权出让属于他物权的设立,土地使用权转让则属于他物权的转移。最后,土地使用权转让是房地产市场的二级市场,在国家宏观调控下,市场主体有较大的自由度,可自主地参与房地产市场交易活动,而土地房地产开发经营法律实务使用权出让是房地产市场的一级市场,全部由国家垄断,土地使用权出让合同也多采标准合同形式,土地使用者虽然以平等主体身份与国家土地所有者代表签订出让合同,但其意思自由度明显受到标准合同拟定条款的限制。

此外,法律对土地使用权的转让还规定了一些特殊制度。如在转让适用对象上,主要是依据土地使用权出让合同设立的土地使用权,以其他方式取得的土地使用权(如划拨土地使用权),除法律特别规定外,原则上不得转让;又如法律规定土地使用权转让时,其地上建筑物、其他附属物的所有权随之转让等。

《城市房地产管理法》第36条规定:"以划拨方式取得土地使用权的,转让房地产时,应当按照国务院规定,报有批准权的人民政府审批。有批准权的人民政府准予转让的,应当由受让方办理土地使用权出让手续,并依照国家有关规定缴纳土地使用权出让金。以划拨方式取得土地使用权的,转让房地产报批时,有批准权的人民政府按照国务院规定决定可以不办理土地使用权出让手续的,转让方应当按照国务院规定将转让房地产所获受益中的土地受益上缴国家或者做其他处理。"《国有土地出让转让暂行条例》第2条规定:"国家按照所有权与使用权分离的原则,实行城镇国有土地使用权出让、转让制度,但地下资源、埋藏物和市政公用设施除外。"该条例第19条规定:"土地使用权转让是指土地使用者将土地使用权再转移的行为,包括出售、交换和赠与。"土地使用权转让合同的标的物应当是转让方通过出让方式取得使用权的城镇国有土地,也就是说应当排除转让城镇国有划拨土地使用权和农村村民集体所有土地使用权的情形。

《物权法》对建设用地使用权的转让用五个条文做了明确规定。第一百四十三条:建设用地使用权人有权将建设用地使用权转让、互换、出资、赠与或者抵押,但法律另有规定的除外。第一百四十四条:建设用地使用权转让、互换、出资、赠与或者抵押的,当事人应当采取书面形式订立相应的合同。使用期限由当事人约定,但不得超过建设用地使用权的剩余期限。第一百四十五条:建设用地使用权转让、互换、出资或者赠与的,应当向登记机构申请变更登记。第一百四十六条:建设用地使用权转让、互换、出资或者赠与的,附着于该土地上的建筑物、构筑物及其附属设施一并处分。第一百四十七条:建筑物、构筑物及其附属设施转让、互换、出资或者赠与的,该建筑物、构筑物及其附属设施占用范围内的建设用地使用权一并处分。这些规定对于规范建设用地使用权的转让事宜做了明确指引。

二、国有土地使用权转让合同的主体

国有土地使用权转让合同的主体是必须解决的一个问题。由于目前国家通过立法对房地产开发经营采取了市场主体准入制度,因此,有一种观点认为,既然个人不能作为市场主体从事房地产开发经营活动,所以国有土地使用权转让合同的主体就不应当包括自然人。国家不可能将土地出让给自然人使用,自然人无法通过出让方式取得国有土地使用权,也就无权通过签订土地使用权转让合同的方式取得土地使用权。其实,这种理解是不正确的。我国《土地管理法》第9条规定:"国有土地和农民集体所有的土地,可以依法确定给单位和个人使用。使用土地的单位和个人,有保护、管理和合理利用土地的义务。"该法第34条第1款还规定:"任何单位和个人进行建设,需要使用土地的,必须依法申请使用国有土地;但是,兴办乡镇企业和村民建设住宅经依法批准使用本集体经济组织农民集体所有的土地的,或者乡(镇)村公共设施和公益事业建设经依法批准使用农民集体所有土地的除外。"可见,国家法律规定并未排除个人(自然人)成为城镇国有土地使用权人。市场主体平等地参与竞争是市场经济发展的必备条件之一,随着改革开放的深入,鲜有自然人作为市场主体通过出让方式取得国有土地使用权的状况会有所改变。

土地使用权转让合同的主体应当是依法享有城镇国有土地使用权的土地使用权人和该土地使用权的受让方。根据合同法的规定,限制行为能力人、无权代理、越权代理、无处分权的人处分他人的财产等情况下,影响的只是合同效力,而并不改变合同的性质。

审判实践中常见的国有土地使用权有偿转让合同有以下几种类型:第一种,通过出让方式取得国有土地使用权的土地使用权人,签订合同转让土地使用权。第二种,通过签订土地使用权转让合同取得国有出让土地使用权的土地使用权人,再次签订土地使用权转让合同转让土地使用权。第三种,非国有土地使用权人签订合同,转让他人通过出让或转让方式拥有的国有土地使用权(无权处分)。第四种,划拨土地使用权人,未经政府土地管理部门的批准,擅自与他人签订合同,有偿转让国有土地使用权。第五种,土地使用权互换合同。审判实践中不常见的国有土地使用权赠与合同,由于受赠人无须支付对价,属于无偿转让而不包含其中。

国有出让土地使用权人签订合同转让土地使用权属于土地二级市场的行为。

在土地二级市场中,土地使用权转让表现形式多种多样,远远不止当事人直接签订土地使用权转让合同一种形式。例如,最高人民法院《关于审理房地产管理法施行前房地产开发经营案件若干问题的解答》第18条就规定:"享有土地使用权的一方以土地使用权作为投资与他人合作建房,签订的合建合同是土地使用权有偿转让的一种特殊形式……"

三、土地使用权转让合同相关法律问题

人民法院在审理房地产案件的实践中经常遇到的另一种情况是,当事人签订合作建房合同或者项目转让合同,但其并不具备合作建房的条件,也从来没有真正进行合作建房的打算,其真实意愿是借合作建房的名义,将国有土地使用权从一方名下转移至另一方名下。之所以出现这种情况,多是因为双方直接签订土地使用权转让合同会因为某种原因受到限制,抑或双方当事人不愿意缴纳因转让土地使用权而应当向国家缴纳的税费。以项目转让为名转让国有土地使用权的目的常常是为了规避法律,例如,一些当事人明知转让划拨土地使用权是一种违法行为,但却自认为签订项目转让合同则可以避开因转让国有划拨土地使用权而被查处的不利后果。当然,也有一些问题是由于国家现阶段土地政策本身存在缺陷造成的。例如,在相当多的地区,企业改制转型过程中,地方政府给予一些设备陈旧、生产过程污染严重的国营老企业的政策是从城市中心地带迁至郊外,以失去旧厂址土地使用权所获得的补偿作为取得企业新址土地使用权和更新设备、进行技术改造的资金。在审理合作建房合同纠纷案件中,审判人员还常常发现,享有国有土地使用权的一方当事人本来的目的是将这一土地使用权转让出去,但有意接受这块土地使用权的是一家房地产开发企业。该房地产开发企业欲利用该地块开发房地产,但双方均不愿去政府房地产管理部门办理合建审批手续,缴纳土地使用权转让的税费。于是,双方签订合作建房合同后,实际开发的项目从立项、到规划、办理开工许可证、到预售商品房,均以原土地使用权人一方的名义进行,而实际开发建设由房地产企业实施,然后以预售和销售商品房所得款项向土地使用权人支付所谓的土地使用权转让款。待商品房售出后,则将土地使用权直接从原土地使用权人的名下办至购房人(业主)名下。这样做的结果是因为省略了办理合建审批手续和将土地使用权从一方名下变更至合建双方名下的程序而少了政府主管部门的监督,同时还因为不去办理土地使用权转让登记而可以少交一笔税费。造成这种状况的原因,固然有当事人规避法律的主观因素,但也反映出我

国的房地产政策与现实脱节的缺陷。因此,判断当事人之间的争议是否属于国有土地使用权转让合同纠纷,不能只看当事人之间所签合同的名称,而应当对当事人所签合同的实质是否属于转让国有土地使用权来进行审查并据此确定合同性质。

正确认定合同性质是人民法院审理国有土地使用权转让合同纠纷案件中正确适用法律、确定合同效力的前提和基础。审判实践中,审判人员一旦将当事人之间争议的性质确定为国有土地使用权转让合同纠纷,则可以考虑适用有关司法解释的相关条文来确认合同的效力,进而确定当事人之间的权利义务关系。

实践中应当注意的问题有:第一,判断一个合同是否属于国有土地使用权转让合同,首先应当从合同的标的物的性质上加以界定,排除转让国有划拨土地和农村村民集体所有的土地的情形;第二,不得以合同当事人主体资格不合格,作为认定合同性质的理由;第三,不能简单地以当事人签订的合同的名称来否定当事人之间转让国有土地使用权的实质进而排除对有关司法解释的适用;第四,正确掌握合同的性质与效力的关系,不因合同无效或者效力待定而否定合同的性质进而导致适用法律的错误。

《土地管理法》第12条规定:"依法改变土地权属和用途的,应当办理土地变更登记手续。"《城市房地产管理法》第59条规定:"国家实行土地使用权和房地产所有权登记发证制度。"该法第60条规定:"以出让或者划拨方式取得土地使用权,应当向县级以上地方人民政府土地管理部门申请登记,经县级以上地方人民政府土地管理部门核实,由同级人民政府颁发土地使用权证书。在依法取得的房地产开发用地上建成房屋的,应当凭土地使用权证书向县级以上地方人民政府房产管理部门申请登记,由县级以上地方人民政府房产管理部门核实并颁发房屋所有权证书。房地产转让或者变更时,应当向县级以上地方人民政府房产管理部门申请房产变更登记,并凭变更后的房屋所有权证书向同级人民政府土地管理部门申请土地使用权变更登记,经同级人民政府土地管理部门核实,由同级人民政府更换或者更改土地使用权证书。法律另有规定的,依照有关法律规定办理。"《城镇国有土地使用权出让和转让暂行条例》第25条规定:"土地使用权和地上建筑物、其他附着物所有权的转让,应当依照规定办理过户手续。土地使用权和地上建筑物、其他附着物所有权分割转让的,应当经市、县人民政府土地管理部门批准,并依照规定办理过户登记。"

如何认定国有土地使用权转让合同的效力,是人民法院在审判实践中经常遇到的一个带有争议的问题。由于《城市房地产管理法》第37条规定："下列房地产,不得转让:(一)以出让方式取得土地使用权的,不符合本法第38条规定的条件的;(二)司法机关和行政机关依法裁定、决定查封或者以其他形式限制房地产权利的;(三)依法收回土地使用权的;(四)共有房产,未经其他共有人书面同意的;(五)权属有争议的;(六)未依法登记领取权属证书的;(七)法律、行政法规规定禁止转让的其他情形。"该法第38条则规定:"以出让方式取得土地使用权的,转让房地产时,应当符合下列条件:(一)按照出让合同约定已经支付全部土地使用权出让金,并取得土地使用权证书;(二)按照出让合同约定进行投资开发,属于房屋建设工程的,完成开发投资总额的25%以上,属于成片开发土地的,形成工业用地或者其他建设用地条件。转让房地产时房屋已经建成的,还应当持有房屋所有权证书。"上述规定使得人民法院的民事审判人员在审理国有土地使用权合同纠纷案件时常常遇到的问题有:

1.《城市房地产管理法》第37条规定的"不得转让"是否属于法律禁止性规定？如果将其视为法律禁止性规定,并认为其直接导致合同无效,则显然会与民法理论发生冲突。例如,如果国有土地使用权人与他人签订合同转让被司法机关或者行政机关决定查封或者以其他形式禁止转让的国有土地使用权,后果是合同无效,还是合同有效但由于标的物被法律禁止转让而导致履行不能,由转让人因此承担履行不能的责任？

2.《城市房地产管理法》第38条规定了以出让方式取得国有土地使用权者转让房地产时必须具备的条件,在签订转让房地产合同时未能具备上述条件,引起的后果是合同无效还是不发生产权转移的效力？例如,国有土地使用权转让合同纠纷中,当事人签订合同时,尚未按照土地使用权出让合同的约定支付全部土地使用权出让金,或者尚未完成开发投资的25%以上,人民法院是认定当然合同无效还是认定合同有效只是不能履行？不少法院在前些年的审判实践中,不乏直接引用《城市房地产管理法》第37条、第38条将合同认定为当然无效的做法,这样的判决不仅在法院内部引起争议,也引起法学界一些专家学者的关注。

对于如何理解《城市房地产管理法》第37条、第38条的规定,正确把握国有土地使用权转让合同效力问题,始终存在争议:一种观点认为,《城市房地产管理法》第37条、第38条的规定是法律对转让房地产做出的禁止性规定,根据《合同法》第52条第(5)项的规定,违反法律、行政性法规的强制性规定的合同无效,故对于违反上述规定的房地产转让合同,应当一律认定为无效。这样做不仅符合立法的本意,也有利于规范土地交易行为、有益于房地产市场的健康发展。另一种观点则认为,我国现行民事法律对物权变动采取的是债权契约加交付(不动产为登记)的原则。合同即债权契约只是当事人某项财产的买卖达成协议,只有经过动产交付或者不动产权属变更登记后,方可生物权变动的效力。因此,交付(或者登记)与订立合同是两个不同的概念,衡量其是否有效的标准也是不同的。混淆了这两个概念及效力标准,就等于混淆了合同订立阶段与合同履行阶段当事人的权利义务关系。对于国有土地使用权转让合同,如果转让人是在取得了国有土地使用权证书之后签订合同转让土地使用权,只要符合《民法通则》第54条所规定的民事行为有效的条件,合同即为有效。至于当事人通过合同约定的标的物转让最终是否能够实现,则属于合同的履行问题,一般并不影响合同的效力。当事人约定转让的房地产如果不符合我国《房地产管理法》第37条、第38条的规定,属于标的物具有权利瑕疵,受让人完全可以通过瑕疵担保制度得到救济。土地市场中炒地行为,理应由政府土地管理部门进行监管,而不需要通过认定合同无效来保障当事人的利益和市场秩序,更不宜牺牲合同法理论的普遍原则来满足审理某一类合同案件的特殊需要。即使是在转让人没有取得土地使用权证书即与受让人签订国有土地使用权转让合同的情况下,合同也不是当然无效,而只是属于无权处分行为,根据我国《合同法》第51条的规定,无权处分人处分他人财产的合同并不属于无效合同,如果处分人在订立合同以后,通过努力使得合同具备了相关条件,如转让人取得了土地使用权证书、完成了项目总投资25%的投资条件、与他人共有的房地产取得了其他共有人的书面同意等,仍然可以继续履行转让义务;即使转让人由于种种原因不能按照合同约定履行转让义务,一般也只是应当承担履约不能的义务,而不能导致合同无效。只有在合同标的物客观自始不能的情况下,才可以考虑认定合同无效。我们认为,第二种观点更符合民法的基本理论。按照这一观点处理相关案件,并不违反《城市房地产管理法》第37条、第38条的规定。如果按照第一种观点,只要是违反《城市房地产管理法》中关于转让房地产的强制性规定的,转让合同无效。同样,违反该法第59条、第60条的规定,即转让房地产未办理土地使用权变更登记手续的,也应当认定合同无效。这实际上同样是将合同是否发生法律效力和合同是否能够履行、已经履行的问题混为一谈了。如前所述,当事人签订国有土地使用权转让合同,只要双方具备民事行为能力,意思表示真实,不违反法律、行政法规的禁止性规定,所达成的协议即为合法、有效,对合同当事人具有法律约束力。又由于我国对不动产物权变动实行契约加登记制度，因此，当事人签订合同约定转移房地产能否最终发生物权变动的后果，则要看当事人是否依约履行。只有在双方当事人去政府房地产管理部门变更了不动产变更登记手续，受让人领到了房屋所有权或者土地使用权证书，才表明合同涉及的不动产物权已经发生了变动。如果只是签订了转让房地产的合同而没有办理房地产转让登记手续，则无论合同是否有效，均不能认为合同标的物已经发生了物权变动。这正是本条司法明确规定不支持土地使用权转让合同的当事人一方，以当事人双方之间未办理土地使用权变更登记手续为由，请求确认合同无效的主张的主要理由。

人民法院不支持土地使用权转让合同当事人一方，以双方当事人未办理土地使用权变更登记手续为由，要求确认合同无效的主张，是符合房地产市场的实际情况的。实践中，当事人从签订土地使用权转让合同到办理土地使用权变更登记，一般均要经过一段合同履行过程。签订合同往往只是第一步，合同签订后，受让方按照合同的约定向转让方支付取得土地使用权的对价，多数转让方是在受到合同相对人支付的全部或者大部分土地使用权转让金后，才肯与对方一起到房地产管理部门去办理土地使用权变更登记手续，以保障自己合同权利的实现。如果人民法院在民事审判活动中，将是否办理了土地使用权变更登记手续作为认定土地使用权转让合同效力的依据，则除了造成上述已经分析过的理论错误外，还犯了严重脱离房地产市场现实的错误，即忽视了土地使用权转让合同履行过程的特殊性，等于要求该合同的转让人在签订合同后立即办理不动产产权变更登记手续，而使其失去利用合同约定履约顺序来保护自身合法权益的机会，一旦受让人违约，拒绝支付或者不按时支付土地使用权转让价款，转让人则不得不通过与之协商或者进行诉讼以求重新将土地使用权变更登记至自己名下，这样，不仅增加了当事人的讼累，也给房地产管理部门增加了负担，增加了不动产产权不稳定因素。

司法解释确定人民法院不支持土地使用权转让合同当事人一方，以当事人双方之间未办理土地使用权变更登记手续为由，提出的确认合同无效的请求的第三个原因是：反对在民事活动中违反诚信原则，利用合同损害对方当事人利益的行为。从理论上说，当事人发生争议诉至法院时，没有办理土地使用权变更登记手续，只能说明在当事人之间还没有发生物权变动的法律后果，与当事人签订的土地使用权转让合同的效力无关。只有在办理了土地使用权变更登记手续后才发生物权变动的效力这一点，对于签订土地使用权转让合同的双方当事人来说，无疑是知道或者应当知道的。因此,在与他人签订合同后,又主张该合同因未办理土地使用权变更登记手续为由,主张合同无效,在土地使用权出让方,意在反悔,不愿再继续履行合同,将土地使用权让与他人。这种情形多发生在"地价"上涨时。之所以说这种做法违反诚信原则,是因为,土地使用权转让合同的转让方,在签订合同时一般都会充分利用合同约定履行顺序,将办理土地使用权变更登记手续的时间,约定在收到全部或者大部分土地转让款之后,转让方在没有为他人办理土地使用权变更登记手续的情况下主张合同无效,如果得到支持,会使合同履行过程中,特别是对方支付价款阶段,始终处于一种无效状态,换句话说就是合同是否有效,完全掌握在转让人一方的手中。这对合同的另一方是极其不公平的。在土地使用权转让合同的受让人一方,主张合同无效,往往是因为无力交纳土地使用权转让款而欲摆脱违约责任,也可能是因为"地价"暴跌或建材涨价、政府紧缩银根等原因造成开发成本提高而无力负担,故不愿再接受该地块的土地使用权。由于当事人往往在合同中将办理土地使用权变更登记手续约定在受让人支付全部或者大部分转让款之后,如果其主张得到支持,等于说合同是否生效的权利可以由土地使用权受让人控制,只要其不按时交纳转让款,转让人就不会为其办理土地使用权变更登记手续,合同就无法有效,这样,对转让人一方也是不公平的。可见,如果人民法院认定土地使用权转让合同的效力以办理土地使用权变更登记为准,就会出现纵容当事人不讲诚信,签订合同后任意反悔或者违约的现象。

四、名为合作实为土地使用权转让的处理

司法解释第 24 条规定:合作开发房地产合同约定提供土地使用权的当事人不承担经营风险,只收取固定利益的,应当认定为土地使用权转让合同。如果双方权利义务内容表明合作风险并非当事人共同承担,则其法律关系实质上已非合作开发房地产。在此逻辑前提下,产生了转性认定的基础和必要。转性认定的理论基础—意思表示理论的采纳与无效行为转换理论的排除,司法解释用了四个条文做出转性规定,主要是基于司法实践经验的总结。在理解本解释所有转性规定条文的民法理论依据时,应当从意思表示理论方面着手,而不是无效行为转换理论。

(一)意思表示的学理分析

意思表示,是指表意人将欲成立法律行为的意思,表示于外部的行为。作为法律行为核心构成要件之一,意思表示是否健全,对法律行为的效力有重要影响。

合同在本质上是当事人之间的合意。当事人意思表示的一致是否能够对双方产生约束力,其标准之一就是该意思表示是否真实。意思表示真实是指表示行为真实地反映表意人内心的效果意思。根据《民法通则》第54条及第55条规定,旨在并可以于当事人间引发设立、变更、终止民事权利和民事义务的民事法律行为,要求当事人意思表示具有真实性。意思表示如果不真实,当事人之民事行为就不能构成民事法律行为。也就是说,该民事行为不能引发当事人间设立、变更、终止相应民事权利和民事义务的效果。意思表示不真实是指当事人意思与表示的不一致(非真意的意思表示、意思之缺乏)。通常情况下,意思与表示是一致的,但往往也会存在两者不一致的情形,这就是意思表示不一致。意思表示不一致者,系表意人内部之意思与外部之表示,不合致之谓。[①] 具体情形有二:无真意的不一致;有真意(故意)的不一致。前者如错误或者误传,后者如真意保留或者虚伪表示。对于意思与表示不一致时的法律效果,亦即法律行为是否依据表意人表示行为之内容发生效力,学界有意思主义、表示主义、折中主义三种见解。意思主义认为,表示不过是探究意思的方法和工具,法律之所以对法律行为赋予相应效力,根源在于当事人之意思,而非表示。表示主义认为,意思只有通过表示方可知之,离开表示探求表示人之真意既不必要,有时也是不可能。出于交易安全保护的目的,应以表示为标准决定法律行为之效力。折中主义认为,片面坚持意思主义或者表示主义均有不当,应以前者为原则,以后者为例外。在私法自治与交易安全之调和角度看,折中主义的立场较为适当。

如果意思与表示系出于无真意的不一致,则属于撤销权调整的范围。合作开发房地产合同中若有"提供土地使用权的当事人不承担经营风险,只收取固定利益"之约定,实难谓为无真意之意思表示不一致,而应归为有真意(故意)的意思表示不一致。

1. 真意保留

有真意(有意识)的意思表示不一致可以分为单独和通谋两种情形。单独的意思表示不一致又被称为真意保留或者心中保留。真意保留是指表意人隐匿心中真意,而做与其真实意思不一致的意思表示。至于表意人之动机为何,在所不问。通说认为,真意保留的构成要件有三个:须有意思表示;须表示与意思不一致;须表意人明知其意思与表示不一致。各国民法通例均认为,意思表示并不因

---

① 郑玉波:《民法总则》,中国政法大学出版社2003年版,第336页。

真意保留而无效,①只不过在相对人知道表意人之真意或者可得而知之的情形除外。② 合作开发房地产合同中有关"提供土地使用权的当事人不承担经营风险,只收取固定利益"之约定,系双方当事人协商订立,双方对此约定已与"合作"之特征相悖,显已明知并一致追求这种意思与表示不一致的效果,因此并不属于真意保留。

2. 虚伪表示

虚伪表示,是指通谋的有真意的意思表示不一致,即表意人与相对人通谋所为的不一致的意思表示。在构成要件上,除须有真意保留的三个要件之外,尚需具备表意人与相对人的通谋。在虚伪表示情形,当事人间通谋的本意是不成立相应的法律关系,因而对虚伪表示之效力,在当事人之间为无效。③ 由前述可知,本解释将合作开发房地产行为的法律特征(或者说要件)界定为共同投资、共享利润、共担风险之上。如果合作开发房地产合同约定提供土地使用权的当事人不承担经营风险,只收取固定利益,则与合作双方应当共担风险的"合作"特征相悖。由是以观,当事人虽签订的是合作开发房地产合同,但其约定内容又悖于合作关系的应有之义,此即表明当事人之行为意旨绝非欲行合作之实,而合作开发房地产仅属当事人的虚伪表示。因此,该虚伪表示在当事人之间不发生法律效力。

3. 隐藏行为

"合作合同"有关提供土地使用权的一方不承担经营风险,只收取固定利益的约定表明,当事人欲成立他种法律行为。换言之,在"合作"之下,尚有隐藏行为存在。隐藏行为亦称为隐匿行为,是指虚伪意思表示之当事人,有于其里面另欲为其他法律行为者。④ 例如表示为买卖,而实质在于赠与(如价款为零),则此赠与就属于隐藏行为。隐藏行为之效力,取决于法律关于该隐藏行为的规定。隐藏行为的前提是当事人之间存在虚伪表示,对于虚伪表示在当事人间之效力(内部效力),一如前述,当事人皆得主张其不生效力。至于该虚伪表示及于第三人的效力

---

① 有关意思表示不真实(真意保留或者虚伪表示)在当事人(之间)之"无效"的表述,除非具有立法明定的情形,一般是指"相对无效"而非"绝对无效"。其含义是指在特定当事人(之间)不生效力。
② 如《德国民法典》第116条,《日本民法典》第93条,《韩国民法典》第107条,《瑞士债务法》第18条。
③ 相关立法例如《德国民法典》第117条第(1)项,《日本民法典》第94条第(1)项,《韩国民法典》第108条,《瑞士债务法》第18条,我国台湾地区"民法"第87条第1项亦同。
④ 史尚宽:《民法总论》,中国政法大学出版社2000年版,第391页。

(外部效力)问题,则区分该第三人是否为善意而有所不同:如果第三人明知当事人间存在虚伪表示,那么该虚伪表示仍归于无效;若第三人为善意,则不得以虚伪表示之无效对抗该第三人。① 如为保障公众信用及交易之安全,而有牺牲当事人之利益的必要时,即应采用表示主义之立场。例如在有高度对公众性质的认股行为以及那些要求高度交易安全之行为(如票据行为),当事人不得以虚伪表示之理由,主张无效。日本商法典第191条即为此例,②虽然其规定系对错误(无真意)所做,但本着举轻明重之义,虚伪表示情形亦应适用。至于该第三人须于何时为善意,应当以其与虚伪表示之效力发生利害关系时为准。各国民法基本上采纳虚伪表示人不得以其无效对抗善意第三人立场的理由,存乎交易安全之保护以及善意第三人利益的保护。此立场之制度价值,在本条规定情形同样存在。本条规定情形涉及外部效力的情形主要是,双方当事人所为之合作开发房地产的虚伪表示为外部所信赖,第三人信其真实而与其发生交易关系。于此情形下,第三人系基于"合作"双方的资力和信誉而为交易,任何一方对虚伪表示无效的主张以及对"合作"关系的脱离都将危及第三人为交易之决断。在该交易产生纠纷之时,为保护该第三人的利益,同样有必要使虚伪表示不生对抗效力。

在当事人间存在"合作开发房地产"的虚伪表示以及它种隐藏行为的情况下,合作开发房地产法律关系(虚伪表示)对其应无约束力,他们之间的权利义务关系应以隐藏行为来确定。但在涉及外部关系时,双方当事人不得以"合作关系"为虚伪表示对抗善意第三人。亦即,双方当事人基于隐藏行为所主张之权利在与善意第三人之利益产生冲突的时候,应当让位于后者。

(二)无效行为转换理论的排除

无效行为之转换是指,无效之行为具备他种法律行为之要件,并按之情形可认为当事人若知其无效即欲为他种法律行为的,该他种法律行为仍为有效。有观点认为,本解释有关"转性"的条文规定应以无效行为转换为理论基础。我们认为,该意见值得商榷。无效行为转换是在意思自治原则基础上,肯定无效行为在一定条件下转换为其他行为,并使之生效的民法制度。其要件有三:须有原行为的无效;该无效行为须具备他种法律行为(替代行为)的要件;须符合当事人的意

---

① 相关立法例如《日本民法典》第94条第(2)项,《韩国民法典》第108条第2项,我国台湾地区"民法"第87条第1项但书亦采此例。
② 该条内容为:认股人于公司成立后,不得以错误或欠缺认股书要件为理由主张其认股行为无效,也不得以受欺诈或胁迫为理由,撤销其认股。

思,即若知其无效,即欲为他种法律行为。无效行为之转换有法律上及解释上两种,法律上之转换如《合同法》第28条规定的情形,而狭义上的无效行为转换只是指解释上的转换。无效行为转换的前提是原行为质的(全部的以及部分的)无效,而法律并无有关不共担风险的合作开发房地产合同或者条款为无效的规定,无效行为转换的目的在于依据私法自治原则确保替换行为的有效。

土地使用权转让,是指土地使用权人作为转让方将其依法享有的土地使用权转让于受让方,受让方支付价款的法律行为。若合作开发房地产合同约定提供土地使用权的当事人不承担经营风险,只收取固定利益,则表明该当事人之真意仅在于收取土地使用权转让的对价,这和土地使用权转让合同法律关系的特征完全符合,故此类"合作开发房地产合同"应当认定为土地使用权转让合同。

第三章

房产买卖和租赁问题

在欧美各国的法律制度中,土地和建筑物是合为一体的,即建筑物是附合在土地上的不动产。为了使建筑物从土地上分离出来,必须采用作为限制物权的地上权制度。也就是说,建筑物是附合在地上权之上的。在日韩两国的不动产法律制度中,土地和建筑物是两个各自独立的不动产,中国民法学者也提出"将土地和建筑物作为一个不动产来交易的制度已经落后于时代,而且有可能对经济活动带来不利影响"的观点。①

在欧美的法律制度中,因为建筑物是附合于土地之上的,因此当地上权消灭时,借地人没有必要拆除建筑,将空地返还给所有人。此外,依德国法的规定,借地人还可在借地期间结束后以借家人的身份继续居住在原来的建筑物内。

与此相对,由于在日本的借地关系中,土地所有权和建筑物所有权分属于不同的主体,因此原则上,在借地契约终止时,借地人必须拆除建筑物,将空地返还给土地所有人。因此藤井俊二先生认为日本法中的规定是有缺陷的。②

如果将土地和建筑物分别作为两个独立的不动产时,土地所有人和借地人之间的法律关系会变得异常的复杂,并会产生许多现实的问题。为了解决这些问题,日本采用制定特别法的方式做了许多努力,但问题并没有彻底解决。也许日本学者认为应该进一步研究,是否应同欧美各国一样,导入将土地和建筑物视为一体的法律制度。

---

① 孙宪忠:"中国物权法制定过程中的若干理论问题(1)"载[日]《民商法杂志》2004年130卷4、5合并号,第757页以下。
② [日]藤井俊二著、申政武译:"土地与建筑物的法律关系——两者是一个物还是两个独立的物",载于渠涛主编:《中日民商法研究(第四卷)》,法律出版社2006年2月版,第118~122页。

土地和建筑物的法律关系是民法不动产法律制度的基础。如果采用什么样的原则必须由法律明确规定,那么就应该在深入研究后再做出决断。日本的民法学家曾尖锐地指出,"我国将建筑物和土地视为两个独立的不动产是土地制度设计中最大的败笔①",至少中国不应再留下这样的遗憾。

第一节 房屋、房产和商品房辨析

一、房屋与房产

关于房屋的概念,《中华人民共和国城市房地产管理法》(以下简称《城市房地产管理法》)第二条第二款规定:"本法所称房屋,是指土地上的房屋等建筑物及构筑物。"而建设部建住房〔2002〕66号《房地产统计指标解释(试行)》第一章则规定:"(房屋)一般指上有屋顶,周围有墙,能防风避雨,御寒保温,供人们在其中工作、生活、学习、娱乐和储藏物资,并具有固定基础,层高一般在2.2米以上的永久性场所。但根据某些地方的生活习惯,可供人们常年居住的窑洞、竹楼等也应包括在内。"②我国在实行房地产体制改革前,就城市居民的住房而言,除了少量的私有住房外,机关、企事业单位职工的住房统一由国家财政拨款建设、维修,住房是作为一种福利待遇进行分配的,职工享有的基本上是永久性的、长期的房屋承租权。实行住房制度改革后,福利性分房逐步被取消,国家通过一系列配套措施出售公有住房,并且允许这些房屋在符合一定条件情况下可上市买卖,住房的

---

① [日]清水诚:"我国登记制度的回顾——素描和试论"收录于日本司法书士联合会编《不动产登记制度的历史和展望》第125页(有斐阁,1986年)。
② 按照各类房屋不同的属性,可将房屋分成不同的类别:从房屋的用途看,房屋一般分为住宅与非住宅。相关概念可参见建设部建住房〔2002〕66号《房地产统计指标解释(试行)》第一章。低层住宅、多层住宅、中高层住宅、高层住宅。按房屋建筑楼层多寡分类,可将房屋分为低层住宅(一层至三层的住宅)、多层住宅(四层至六层的住宅)、中高层住宅(七层至九层的住宅)、高层住宅(十层及十层以上的住宅)。商品房与非商品房。根据最高人民法院《商品房买卖合同纠纷解释》第一条的规定,商品房是指房地产开发企业开发建设的房屋。其房屋所有权人为房地产开发企业,其取得所有权的方式为新建,系一种事实行为。商品房的建造、销售系房地产开发企业的开发经营行为。原则上,商品房在由其建造的房地产开发企业销售时,可称其为商品房,在所有权经过转移后,便在属性上成为非商品房。非商品房,是指除了商品房以外的房屋。

商品化、市场化、社会化特征日益突出。

房屋不同于房产。房产是指在法律上有明确所有权权属关系的房屋财产,它具有商品属性。房产只是房屋中的特定部分,有些房屋不具备房产的商品属性,法律上禁止其进入房地产市场,不能成为房产。比如,一些文化遗产的建筑、军事建筑等。① 值得讨论的是违章建筑的性质。违章建筑,是指未经主管部门许可而擅自动工兴建的各种建筑物。违章建筑包括各种违章建造的建筑物,但主要是指房屋。② 尽管在事实上建造人、使用人可以对之进行利用,有时该利用也能得到政府有关部门的确认③,但该利用还只停留在利益的层面上,尚不能成为权利。房地产的"产"是一种权利,有了权利才能称之为房地产。故违章建筑不能成为房屋买卖合同的标的物。违章建筑与新建也是有区别的。在新建的情况下,权利人在取得土地使用权后,利用该土地进行建房,依法享有该新建房屋的所有权。新建作为一种取得方式,不是指简单的房屋生产。由房屋所有权的本质和特征所决定,新建是一种综合的、持续的生产活动,建房人必须遵循国家法律、法规和政策的规定,履行完整的法律手续,方可取得新建房屋的所有权。④ 违章建筑,其建造没有履行完整的法律手续,故房主不享有新建的建筑物的所有权。

房屋买卖在我国属于房地产买卖,是房地产转让行为的一种。商品房买卖属于房地产买卖最常见的形式。随着我国房地产市场的建立,商品房买卖也有较大的发展。商品房买卖可分为现房买卖和期房买卖两种形式。其中,商品房预售也称期房买卖,是指预售方(一般指房地产经营企业)将正在建设、尚未竣工的房屋预先出售给承购方,承购方交付定金或者购房款,并在未来确定的日期将预售房屋交付给承购方的一种法律行为。《商品房买卖合同纠纷解释》第一条规定:"本解释所称的商品房买卖合同,是指房地产开发企业(以下统称为出卖人)将尚未建成或者已竣工的房屋向社会销售并转移房屋所有权于买受人,买受人支付价款的合同。"它是商品房交易中最为重要的凭证,是确定开发商和消费者权利义务的依据,一旦产生商品房买卖方面的纠纷,法院将依此来判断各自应承担的责任。因此,消费者在选购商品房的时候,就应给予商品房买卖合同特别的关注。

---

① 赵勇山主编:《房地产法论》,法律出版社2002年版,第37页。
② 房绍坤、王莉萍主编:《房地产法典型判例研究》,人民法院出版社2003年版,第141页。
③ 如政府有关部门发《房屋暂保使用证》,确认一定时间内利用该房屋的合法性。
④ 赵勇山主编:《房地产法论》,法律出版社2002年版,第241页。

二、房屋的分类

由房地产开发企业开发建造的通常被称为商品房。非商品房,是指除了商品房以外的房屋。但属于本书讨论范围内的非商品房,均是从可以作为买卖合同标的物角度来讲的。

作为住宅用途的非商品房,包括:

1. 城镇私房。私房的概念应当与公房相对,公民享有完全产权的房屋,称之为私房①。1983 年国务院《城市私有房屋管理条例》第二条第二款规定:"前款私有房屋是指个人所有、数人共有的自用或出租的住宅和非住宅用房。"

2. 公房。在计划体制下,国家单方斥巨资负责住房的建设、分配,职工是房屋的租赁者,只需缴付微乎其微的房租便可终身享受其分得的房屋的居住权,而房屋的所有权、土地使用权完全归国家。这种房屋被称为公房。

3. 集资房。20 世纪 80 年代初,为改变住房建设由国家和单位统包的局面,集资建房模式产生。集资建房,是指由单位和职工按一定比例投入土地、资金,从而使投资职工因出资而获得相应权利的一种建房形式。从实践中来看,集资房的形式概括起来有三种:第一种,从征地费用到建房投资的一切费用均由职工负担的形式,即全部出资;第二种形式,职工所在单位投资土地,或职工所在单位投入土地并支付部分费用,由职工负担部分费用合建的房屋,即部分出资;第三种形式,土地和建筑费用主要由单位投资,职工和个人只投入少部分款项,且该款由单位逐年归还,职工只获取优先居住权。这种形式完全属公房性质,房屋产权明确。

4. 经济适用房。经济适用房是由政府组织建设的适应中低收入家庭购买能力的保障性住房。其出售价格实行政府指导价,按保本微利原则确定。经济适用房的用地实行无偿划拨,其成本只包括征地和拆迁补偿费、勘察设计和前期工程费、住宅小区基础设施建设费(含小区非营业性配套公建费)、管理费、贷款利息和税金等 7 项因素,其利润控制在 3% 以下。对经济适用房的购买,国家实行申请、审批手续。

上述分类,主要从约定俗成的角度对其概念做一些揭示,其中有些内容有交

---

① 私房的含义在严格意义上说,是指新中国成立前后历史形成的私有房产。随着住房制度改革的深化,形成了大量现代意义上的私房,但现代意义上的私房与历史形成的私房在性质上是有很大区别的。

叉。如公房由单位职工按照房改政策购买,取得完全产权后自然属于私房的范畴;而通常所说的二手房,是对进入二级市场的房屋的统称,大致包含了城市私房、房改房、集资房、经济适用房这几种类型。

我国目前存在着多种类型的房屋,有房地产开发企业建造的商品房、政府组织建设的经济适用房、公房改制出售的房改房、单位集资房、个人所有的私有房等。从房地产交易市场的实际情况来看,房屋买卖的主流为商品房买卖,而且人民法院受理的房屋买卖纠纷主要也是商品房买卖纠纷。同时,由于此类纠纷不仅关系到国家住房制度改革措施的推进,而且涉及广大人民群众的切身利益,因此,新公布的司法解释将其调整的范围明确限定为商品房买卖行为,包括商品房预售和商品房现售。

商品房买卖合同中所涉及标的特殊决定了其合同的特殊性,正因为如此,国家才制定了专门的法律、法规予以规定。

首先,商品房买卖合同中涉及的主体之一是房地产开发企业,说明了在我国能进行商品房买卖的经营主体只能是获得房地产开发资格的法人。而且,从事房地产开发和交易的主体资格是经有关部门的审核批准的,只有这样,企业才能从事相应的活动。

其次,商品房合同的标的是特定的,一类是已经竣工的房屋,以其为标的进行的销售就是商品房现售;另一类是指尚未竣工的房屋,以其为标的进行的销售是商品房预售,以还没有建成的房屋进行交易显然具有更大的风险。同时,经济适用房、房改房、集资房等房屋不能自由买卖,其交易要受到国家政策的调整。比如,需要补交土地出让金或者相当于土地出让金的价款或者居住一定年限后方可出售。而私有房屋的买卖与商品房买卖又有所不同。

合同毕竟是双方合意的体现,对于不违反法律规定的约定应予肯定和给予保护。不符合主体资格,即未取得《商品房预售许可证》而签订的商品房预售合同,应认定为无效;但是在起诉前取得《商品房预售许可证》的,可以认定有效。这一规定强化了当事人的自由意志,使合同的成立不拘于形式。

房地产开发企业将尚未建成的房屋向社会销售并转移房屋所有权于买受人,买受人支付价款的合同,称为商品房预售合同。

房地产开发企业将已竣工的房屋向社会销售并转移房屋所有权于买受人,买受人支付价款的合同,称为商品房现售合同。

三、房屋所有权的取得与变动

由于房屋属于不动产,故房屋所有权的取得或确认,必须遵循不动产物权确认与变动的规则。

1. 一般而言,经登记领取权属证书的房屋所有权才能进入流通

《城市房地产管理法》第六十二条规定:"经省、自治区、直辖市人民政府确定,县级以上地方人民政府由一个部门统一负责房产管理和土地管理工作的,可以制作、颁发统一的房地产权证书,依照本法第六十条的规定,将房屋的所有权和该房屋占用范围内的土地使用权的确认和变更,分别载入房地产权证书。"所谓房地产权证书,通常指房屋所有权证和土地使用权证。土地使用权证是最为基础的产权证书,该证不仅载明权利人的状况,而且还载明了土地使用权的性质(国有或集体,划拨或出让)、用途(住宅或非住宅)等内容。但值得注意的是,由于土地使用权与房屋所有权的取得时间有时并不一致,如土地使用权人不按土地的性质、用途以及规划进行利用,在该土地之上的房屋的存在就没有法律依据,就会发生不能取得房屋所有权的问题。房屋所有权证是房屋合法权利的证明。一般情况下,具备房屋所有权证,说明土地使用权证已经合法取得,并达到了其他法定的条件。但由于我国土地使用权的复杂形态以及以房屋预售出卖房屋形式的存在,在考察房屋转让时权利人应具备的房地产权证书情况适宜做以下区分:

转让房地产时房屋已经建成的,应当持有房地产权证书,其中,最重要的是房屋所有权证。通常情况下,房屋的所有权的存在,需要相关行政管理机关(房地产管理部门)颁发房屋产权证书予以确认。持有房地产权证书,也即说明该房屋所有权已经由负责房地产登记的行政主管机关确认,将该房屋所有权状况录入登记簿,已经发生不动产物权公示的效果。但有些情况下,房屋所有权的存在,并不需要录入登记簿或持有房屋所有权证书等证件。这主要是指以下情形:第一,依公权而取得。法院的判决、裁定生效时,房屋所有权的移转无须登记即可发生转移;政府的指令,如新中国成立以后进行的私房改造、公用征收。第二,依特定的私法上的权利取得房屋所有权,主要包括继承、遗赠。第三,依据事实行为而取得房屋所有权,如新建等。原则上,只要某人对某房屋享有所有权,即可充分行使其作为所有权人完整的权利,如处分权(出卖)。但是,从房地产买卖的角度看,可以作为交易对象的房屋所有权,应当是经过登记确权后才可以进入流通。许多国家的法律都规定,在非因法律行为取得不动产所有权的场合,在登记之前,权利人不得行

使处分权能。《城市房地产管理法》第三十七条第六项规定,未经登记领取权属证书的房地产,不得转让。第三十八条第二款规定,转让房地产时房屋已经建成的,还应当持有房屋所有权证书。

转让房产时,房屋在建的,亦即在商品房预售情况下,须持有商品房预售许可证明。就整幅开发地块中的在建房屋而言,有的已经建成,有的尚未建成,已经建成的,其性质为新建,新建人不必领取房屋所有权证即可取得新建房屋的所有权;没有建成的,新建人当然没有取得房屋所有权。但我国法律允许预售人在持有商品房预售许可证明的情况下,对在建房屋进行买卖。也就是说,在领取商品房预售许可证明后,不必等该房屋取得房屋所有权证,甚至不必取得所有权就可以进行交易。在此种情况,不应认为该种房屋买卖不符合《城市房地产管理法》第三十七条第六项"未经登记领取权属证书的房地产,不得转让"的规定。

2. 房屋所有权的移转以登记为要件

《城市房地产管理法》第五十九条规定:"国家实行土地使用权和房屋所有权登记发证制度。"第六十条第二款规定:"房地产转让或者变更时,应当向县级以上地方人民政府房产管理部门申请房产变更登记,并凭变更后的房屋所有权证书向同级人民政府土地管理部门申请土地使用权变更登记,经同级人民政府土地管理部门核实,由同级人民政府更换或者更改土地使用权证书。"房屋所有权的移转,必须履行登记程序,登记具有社会公信力,是一种公示手段,不进行登记,该所有权的移转不发生法律上的效力。《物权法》在《城市房地产管理法》规定的基础上,明确设立了不动产登记制度。该法第九条规定:不动产物权的设立、变更、转让和消灭,经依法登记,发生效力;未经登记,不发生效力,但法律另有规定的除外。依法属于国家所有的自然资源,所有权可以不登记。第十条规定:不动产登记,由不动产所在地的登记机构办理。国家对不动产实行统一登记制度。统一登记的范围、登记机构和登记办法,由法律、行政法规规定。

《物权法》第十六条规定:不动产登记簿是物权归属和内容的根据。登记作为房屋所有权移转的生效要件,具有权利正确性推定作用,即登记簿记载某人享有某项物权,便推定该人享有该项物权。物权法第十七条规定:不动产权属证书是权利人享有该不动产物权的证明。不动产权属证书记载的事项,应当与不动产登记簿一致;记载不一致的,除有证据证明不动产登记簿确有错误外,以不动产登记簿为准。登记作为房屋所有权的公示手段,具有"善意保护"的功能,根据登记所取得的房屋所有权,不受任何人的追夺,但是取得人在取得权利时知悉权利瑕疵或登记有异议抗辩的除外。《物权法》第十九条规定：权利人、利害关系人认为不动产登记簿记载的事项错误的，可以申请更正登记。不动产登记簿记载的权利人书面同意更正或者有证据证明登记确有错误的，登记机构应当予以更正。不动产登记簿记载的权利人不同意更正的，利害关系人可以申请异议登记。登记机构予以异议登记的，申请人在异议登记之日起十五日内不起诉，异议登记失效。异议登记不当，造成权利人损害的，权利人可以向申请人请求损害赔偿。这些规定比较好地处理了不动产权利取得或转移中的矛盾或纠纷，有利于构建和谐的社会秩序。

第二节 房屋买卖与房屋买卖合同

一、房屋买卖的概念与法律特征

房屋买卖是指房屋所有权人将其房屋转让给买受人，买受人支付价款并取得该房屋的所有权。

房屋买卖是房屋转让的一种形式，是买卖双方转移房屋所有权的民事法律行为。房屋买卖合同是有偿合同、双务合同、诺成合同、要式合同。另外，由于房屋具有稀缺性，并且关系到国计民生，故房屋买卖受法律和行政的干预也较多。

由此形成的房屋买卖合同是民事买卖合同的一种，它既具有买卖合同的一般特点，也具有自身的特点：

1. 卖方向买方出卖房屋的所有权

这是房屋买卖合同的基本法律特征，这一点与房屋租赁合同不同——房屋租赁合同，一方当事人向另一方当事人转移的不是房屋的所有权，而是房屋的占有权、使用权。

2. 买方向卖方支付约定的价款

取得财物所有权的同时要支付约定的价款，这是买卖合同共有的特性，房屋买卖合同也是如此。房屋的买方必须向卖方支付一定的价款，这与换房合同不同。换房合同的一方当事人取得房屋所有权无须向另一方支付一定数量的价款，而是提供价值相当的房屋。虽然其中会有找差价的问题，但主要还是以房换房。它属于民事合同的互易合同。

3. 房屋买卖合同的买卖双方是等价有偿的

房屋买卖双方中取得房屋的一方要向相对方支付一定的对价,如取得房屋所有权的一方要向另一方支付货币,这与房屋赠与合同不同。房屋赠与合同中赠与方对受赠方的赠与行为是无偿的,受赠方取得房屋的所有权无须向赠与方支付等价的货币或其他财物。

4. 房屋与宅基地具有不可分离性

作为合同标的物的房屋总是要建筑在一定的土地上,房屋与宅基地具有不可分离性。在中国,土地是被禁止买卖的,房屋所有权人只对房屋享有所有权,而对宅基地则没有所有权。因此,在房屋的买卖合同中,只转移房屋的所有权而不转移宅基地的所有权。但由于房屋与宅基地不可分离,宅基地的使用权随房屋所有权的转移而转移。

5. 合同生效的时间以登记时间为准

房屋买卖合同的生效不是在房屋交付之时,而是在房产管理机构办理登记手续之后。房屋买卖需要双方当事人向主管部门提交有关证件,如身份证明、购房证明等,并要在房屋所在地的房屋管理机关办理登记手续;这与普通商品的买卖不同,普通商品的买卖只要交付财物,就意味着该财物所有权的转移。

6. 房屋买卖合同应当采用书面形式

合同的形式有多种,如口头形式、书面形式和其他形式。口头合同的达成很简便,但一旦发生纠纷举证困难;书面合同的签订手续繁杂,但它对稳定和证明当事人的权利义务关系具有重要的作用。房屋买卖合同涉及双方重大的利益关系,且只有在登记后才能生效,而登记时需要房屋买卖的书面合同文本。因此,房屋买卖合同应当采用书面形式。其他类型的买卖合同不一定要书面形式,如商店购物。至于在商店购物的收据并不是合同,而是双方买卖合同关系的证明。

二、房屋出卖人和房屋买受人

(一)房屋出卖人

1. 房屋出卖人

有资格出卖房屋的人一般是房屋所有权人。在我国现阶段,房屋出卖人有以下几种情况:

第一,既具有《房屋所有权证》又有房屋占用范围内的《土地使用权证》的出卖人。我国房屋权属登记遵循房屋的所有权和该房屋占用范围内的土地使用权房地一体原则。故房屋所有权和土地使用权归同一人应为房屋产权的常态。我国自2015年起开始进行改革,把两证合为一证,统一为《不动产权证书》。

第二,拥有房屋占用范围内的《土地使用权证》但没有《房屋所有权证》的出卖人。这主要是指房地产开发经营企业预售商品房的情形。对于房地产开发经营企业来讲,在房屋尚未建成前,只要符合法定条件,经批准可以预售商品房,因此不需要有房屋产权证书。

第三,拥有《房屋所有权证》但没有房屋占用范围内的《土地使用权证》的出卖人。如在承租的他人土地上建筑房屋,则建房人只拥有房屋所有权而不具有房屋占用范围内的《土地使用权证》。

第四,有限产权人。对于职工以标准价购买的公房,只拥有有限产权。产权比例按当年售房标准价占成本价的比重确定。卖房收入在补交土地使用权出让金或所含土地收益并按规定缴纳有关税费后,单位和个人按各自的产权比例进行分配。

另外,在民事诉讼执行程序中,人民法院可以作为房屋出卖人拍卖或变卖被查封、扣押的财产。

2. 房屋出卖人的交付义务

房屋出卖人在签订了房屋买卖合同以后,依据合同的约定和法律的规定,负有向买受人交付房屋占有的义务。对房屋的转移占有,视为房屋的交付使用,但当事人另有约定的除外。对于买受人来讲,不论其购买房屋是用于自住或用于出租,取得房屋的占有是至关重要的。这种占有的交付不限于现实交付,简易交付、占有改定、指示交付均无不可。

实践过程中,应当注意以下问题:

(1)房屋毁损、灭失的风险,在交付使用前由出卖人承担,交付使用后由买受人承担;买受人接到出卖人的书面交房通知,无正当理由拒绝接收的,房屋毁损、灭失的风险自书面交房通知确定的交付使用之日起由买受人承担,但法律另有规定或者当事人另有约定的除外。

(2)交付的期限、地点。房屋交付的期限、地点和方式均依合同约定,出卖人应当将房屋按期交付买受人,否则应承担违约责任。如果当事人就以上问题没有约定或约定不明确的,可以协议补充,如果不能达成补充协议,则按照合同有关条款或依交易习惯确定。

(3)孳息的归属。如果房屋在转让过程中处于出租状态、由于"买卖不破租赁",则存在房屋所生孳息即租金的归属问题。一般来讲,当事人应在合同中对此予以约定。如果未约定,则在交付之前产生的孳息,归出卖人所有,在交付之后产生的孳息,归房屋买受人所有。

(4)出卖人迟延交付房屋或者买受人迟延支付购房款经催告后在3个月的合理期限内仍未履行,当事人一方请求解除合同的,应予支持,但当事人另有约定的除外。法律没有规定或者当事人没有约定,经对方当事人催告后,解除权行使的合理期限为3个月。对方当事人没有催告的,解除权应当在解除权发生之日起一年内行使;逾期不行使的,解除权消灭。①

3. 房屋出卖人的登记义务

房屋是不动产,不动产的所有权移转须以登记为要件。房屋买卖合同中约定的所有权移转也是出卖人的合同义务之一。因此,出卖人有义务协助买受人办理房屋产权过户手续以转移所有权。

实践过程中,应当注意以下问题:

第一,办理房屋所有权转移的程序。应当向县级以上地方人民政府房产管理部门申请房产变更登记,并凭变更后的房屋所有权证书向同级人民政府土地管理部门申请土地使用权变更登记,经同级人民政府土地管理部门核实,由同级人民

---

① 《最高人民法院关于审理商品房买卖合同纠纷案件适用法律若干问题的解释》(2003年4月28日)

第十八条 由于出卖人的原因,买受人在下列期限届满未能取得房屋权属证书的,除当事人有特殊约定外,出卖人应当承担违约责任:

(一)商品房买卖合同约定的办理房屋所有权登记的期限;

(二)商品房买卖合同的标的物为尚未建成房屋的,自房屋交付使用之日起90日;

(三)商品房买卖合同的标的物为已竣工房屋的,自合同订立之日起90日。

合同没有约定违约金或者损失数额难以确定的,可以按照已付购房款总额,参照中国人民银行规定的金融机构计收逾期贷款利息的标准计算。

第十一条 对房屋的转移占有,视为房屋的交付使用,但当事人另有约定的除外。

房屋毁损、灭失的风险,在交付使用前由出卖人承担,交付使用后由买受人承担;买受人接到出卖人的书面交房通知,无正当理由拒绝接收的,房屋毁损、灭失的风险自书面交房通知确定的交付使用之日起由买受人承担,但法律另有规定或者当事人另有约定的除外。

第十五条 根据《合同法》第九十四条的规定,出卖人迟延交付房屋或者买受人迟延支付购房款,经催告后在三个月的合理期限内仍未履行,当事人一方请求解除合同的,应予支持,但当事人另有约定的除外。

法律没有规定或者当事人没有约定,经对方当事人催告后,解除权行使的合理期限为三个月。对方当事人没有催告的,解除权应当在解除权发生之日起一年内行使;逾期不行使的,解除权消灭。

政府更换土地使用权证书。

第二,办理房屋所有权转移的期限。由于出卖人的原因,买受人在下列期限届满未能取得房屋权属证书的,除当事人有特殊约定外,出卖人应当承担违约责任:

(1)商品房买卖合同约定的办理房屋所有权登记的期限;

(2)商品房买卖合同的标的物为尚未建成房屋的,自房屋交付使用之日起90日内;

(3)商品房买卖合同的标的物为已竣工房屋的,自合同订立之日起90日内。

如果商品房买卖合同没有约定违约金或者损失数额难以确定的,违约金数额可以按照已付购房款总额,参照中国人民银行规定的金融机构计收逾期贷款利息的标准计算。

第三,商品房买卖合同约定或者《城市房地产开发经营管理条例》第33条规定的办理房屋所有权登记的期限届满后超过一年,由于出卖人的原因,导致买受人无法办理房屋所有权登记,买受人有权请求解除合同和赔偿损失。[1]

(二)房屋买受人

1. 在我国,房屋买受人有以下几种:

第一,中国公民。对于中国公民购买房屋,法律没有做出特别限制。无行为能力人和限制行为能力人经法定代理人代理也可以作为房屋的买受人。

第二,法人或其他组织。法人或其他组织可以购买房屋自用或作为福利分给本单位职工使用。虽然法律规定,机关、团体、部队、企事业单位不得购买或变相购买城市私有房屋,如因特殊需要必须购买,则须经县以上人民政府批准。不过这一计划经济时代的立法已与现实格格不入,在市场经济条件下,团体、企事业单位均是独立自主的平等主体,享有独立自主参与民事经济交往的权利能力和行为能力,购买房屋实无审批的必要。[2]

第三,外国人。外国人包括外国的自然人、法人和其他组织,也可以在我国购

---

[1] 第十九条 商品房买卖合同约定或者《城市房地产开发经营管理条例》第三十三条规定的办理房屋所有权登记的期限届满后超过一年,由于出卖人的原因,导致买受人无法办理房屋所有权登记,买受人请求解除合同和赔偿损失的,应予支持。

[2] 《城市私有房屋管理条例》(1983年12月17日国务院发布)第十三条 机关、团体、部队、企业事业单位不得购买或变相购买城市私有房屋。如因特殊需要必须购买。须经县以上人民政府批准。

买房屋,目前外国人购房还受到一定的限制(如实行外销许可证制度等)。但随着我国因加入了世界贸易组织后,内外销商品房法律制度并轨,实行统一的内外销房屋市场势在必行。

2. 房屋买受人的义务

房屋买受人在签订房屋买卖合同以后对房屋出卖人主要承担下列义务:

(1)给付价金的义务。当事人对价金的计算方式有两种:既可以按照建筑面积计算房价,也可以按照套内建筑面积或按套计算房价。买受人应当在约定的时间按照约定的地点支付约定数额的价金。买受人迟延支付购房款,经催告后在三个月的合理期限内仍未履行,除当事人另有约定的以外,出卖人一方有权请求解除合同。法律没有规定或者当事人没有约定,经对方当事人催告后,解除权行使的合理期限为三个月。对方当事人没有催告的,解除权应当在解除权发生之日起一年内行使;逾期不行使的,解除权消灭。

(2)受领房屋及其有关权利凭证的义务。对于出卖人交付的房屋及其有关权利凭证,买受人有受领的义务。在交付房屋时,出卖人应当出示有关证明文件,否则买受人有权拒绝受领房屋的交付。

(3)确定瑕疵和通知的义务与房屋临时保管义务。买受人受领房屋后,应当以通常程序及时检查。如发现有瑕疵,应当按合同约定的时间或在合理的时间内通知出卖人。并且,出卖人对房屋有临时保管的义务,以避免损失的扩大,所花合理保管费用由出卖人承担。

三、房屋买卖的程序

房屋买卖的程序又分为公房买卖的程序、私房买卖的程序、商品房买卖的特殊程序。

(一)公房买卖的程序

1. 申请。公房单位向房地产管理局提出申请。

2. 审查批准。房地产管理部门受理申请后进行审查,如果房屋产权清楚,并无产权纠纷和他项权利纠纷,证件齐全,应当批准出售。

3. 进行价格评估。在对所售房屋进行了现场调查,包括对房屋客观情况的调查和房屋权属调查后,价格评估机构的专业估价人员便对房屋进行勘估,并填写房产勘估表。

4. 双方签订房屋买卖合同。购买方向出售方提出购房申请,经售房单位审定后,双方签订房屋买卖的书面合同。

5. 登记过户。购房户须在规定期限内把房屋买卖协议书、房价评估表以及有关资料送房产交易所,经审查后办理房屋交易手续,并到房地产登记机构申请领取房屋所有权证和国有土地使用权证。

(二)私房买卖的程序

1. 申请登记。房屋买卖双方须向房屋交易所提出申请,出售方须填写《出售房屋登记表》《房屋财产移转情况表》,买受方须填写《购买房屋登记表》。

2. 受理审查。房屋买卖双方在达成协议后,共同填写《房屋产权移转申请书》并提交房屋买卖合同和有关证件。房屋交易所对房屋的产权来源等有关情况进行审查,主要审查产权证件,包括《房屋所有权证》和《土地使用权证》。尚未获得这两个产权证的则应按产权来源提供有关证明。如系自建的房屋,则要查验建房许可证、身份证件等。出售新建的商品房,要查验出售方房屋开发经营资格证件。代理他人申请办理房产买卖立契审核手续的,要查验委托证书、有关部门的审批证件。单位买卖房屋,要查验其上级主管部门的审批证件。单位购买私有房屋,要查验房屋所在地的市、区人民政府或房地产主管部门的审批证件、其他有关证件。出售已出租的房屋,需要查验承租人放弃优先购买权的书面协议或证明,出售中奖房产,要查验中奖通知单及相应证件。

房屋进行买卖时,房地产管理机关应对其产权进行认真审查。审查的内容包括:房屋的产权是否清楚,有无产权纠纷,是否存在他项权利等内容。

3. 进行价格评估。房地产管理部门在办理房屋买卖手续时,还应到房屋现场进行必要的调查,核实有关情况,避免将来发生纠纷。这种调查既包括对房屋客观情况的调查,也包括对房屋买卖有利害关系的权属调查。房地产管理部门应当委派房地产估价人员按照房产估价的有关规定到现场进行勘估,并填写房产勘估表。房地产交易管理部门对房地产估价人员的勘估结果应予以复核。

4. 申报审批。经办人在完成上述程序后,应当根据产权性质和购买对象按审批权限进行申报,由有关负责人审核批准。

5. 登记发证。已经核准的房屋买卖,买卖双方应办理合同鉴证手续,即由双方订立买卖合同并进行鉴证。房屋买卖合同应当使用统一的合同文本。买卖双方签订合同并对此进行鉴证后,房屋产权便转移,房地产管理部门应退还双方的证件和证明。买卖双方随后到辖区产权管理机关办理房屋产权、土地使用权转移登记,换取新证。

(三)商品房买卖的程序

1. 签署认购书。购房人在选中一处房产后,应在房产开发商处签订认购书,并向开发商交付定金。认购书简要地叙述所购房屋的价款、面积、房号和正式签署房产买卖合同的时间。

2. 签署正式的买卖合同。按照认购书规定的时间,买卖双方签署正式的房产买卖合同。在签署正式的房产买卖合同时,双方可以请求公证机关予以公证。

3. 办理预售登记手续。根据房地产管理部门的有关规定,在房产预售合同签订后30日内,买卖双方到房管部门办理预售预购登记手续。办完手续后,买卖合同方能产生法律效力。

4. 办理抵押登记手续。办理完预售合同登记后,如果有银行按揭贷款,购房者须与银行签署房地产抵押贷款合同。购房人与银行须持抵押贷款合同和买卖合同及有关文件到房管部门办理抵押登记手续。

5. 预售转让。商品房预售合同在有效期限内,如果购房人想转让其购买的商品房,转让方与受让方应在预售合同上背书,并在背书签字起15日内到房管部门办理预售合同转让手续。

6. 立契过户并办理产权证。房屋竣工,经检验合格后,从房屋交用之日起30日内,开发商和购房人应持买卖合同到房管部门办理立契过户手续。立契过户手续办妥之后,买卖双方须持上述手续到房管部门办理登记手续,领取产权证。

产权证办理的基本程序

(1)买卖房屋双方当事人在房屋买卖合同签订后的30日内持房屋权属证书(卖方提供)、当事人合法证明向房地产管理部门提出申请并申报成交价格。

(2)房地产管理部门对有关文件审查,在接到申请之日起30日内做出准予登记、暂缓登记、不予登记的决定并书面通知当事人。

(3)房地产管理部门核实申报的成交价格并根据需要对买卖的房地产进行现场查看评估。

(4)房地产买卖双方当事人按规定交纳有关税费。

(5)由房地产管理部门核发过户单。

(6)买方凭过户单,依照《中华人民共和国房地产管理法》领取产权证。

办理产权证的必备文件:

(1)购房合同;(2)身份证明文件、图章;(3)营业执照(单位购房);(4)当事人如不能亲自来办理,可以出具书面委托书委托他人代办。如当事人在外地的还需出具公证委托书,同时受委托人需带身份证明文件及图章。

(四)办理产权登记时应交纳的费用

主要包括登记费、不动产证书工本费和印花税。2016年12月国家发展改革委和财政部联合发布的关于《不动产登记收费标准等有关问题的通知》发改价格规〔2016〕2559规定:县级以上不动产登记机构依法办理不动产权利登记时,根据不同情形,收取不动产登记费。住宅类不动产登记收费标准。落实不动产统一登记制度,实行房屋所有权及其建设用地使用权一体登记。原有住房及其建设用地分别办理各类登记时收取的登记费,统一整合调整为不动产登记收费,即住宅所有权及其建设用地使用权一并登记,收取一次登记费。规划用途为住宅的房屋(以下简称住宅)及其建设用地使用权申请办理下列不动产登记事项,提供具体服务内容,据实收取不动产登记费,收费标准为每件80元。适用范围包括:1.房地产开发企业等法人、其他组织、自然人合法建设的住宅,申请办理房屋所有权及其建设用地使用权首次登记;2.居民等自然人、法人、其他组织购买住宅,以及互换、赠与、继承、受遗赠等情形,住宅所有权及其建设用地使用权发生转移,申请办理不动产转移登记;3.住宅及其建设用地用途、面积、权利期限、来源等状况发生变化,以及共有性质发生变更等,申请办理不动产变更登记;4.当事人以住宅及其建设用地设定抵押,办理抵押权登记(包括抵押权首次登记、变更登记、转移登记);5.当事人按照约定在住宅及其建设用地上设定地役权,申请办理地役权登记(包括地役权首次登记、变更登记、转移登记)。

不动产登记费按件收取,不得按照不动产的面积、体积或者价款的比例收取。申请人以一个不动产单元提出一项不动产权利的登记申请,并完成一个登记类型登记的为一件。申请人以同一宗土地上多个抵押物办理一笔贷款,申请办理抵押权登记的,按一件收费;非同宗土地上多个抵押物办理一笔贷款,申请办理抵押权登记的,按多件收费。①

登记费缴纳。不动产登记费由登记申请人缴纳。按规定需由当事各方共同申请不动产登记的,不动产登记费由登记为不动产权利人的一方缴纳;不动产抵

---

① 不动产单元,是指权属界线封闭且具有独立使用价值的空间。有房屋等建筑物、构筑物以及森林、林木定着物的,以该房屋等建筑物、构筑物以及森林、林木定着物与土地权属界线封闭的空间为不动产单元。房屋包括独立成幢、权属界线封闭的空间,以及区分套、层、间等可以独立使用、权属界线封闭的空间。没有房屋等建筑物、构筑物以及森林、林木定着物的,以土地权属界线封闭的空间为不动产单元。

押权登记,登记费由登记为抵押权人的一方缴纳;不动产为多个权利人共有(用)的,不动产登记费由共有(用)人共同缴纳,具体分摊份额由共有(用)人自行协商。

房地产开发企业不得把新建商品房办理首次登记的登记费,以及因提供测绘资料所产生的测绘费等其他费用转嫁给购房人承担;向购房人提供抵押贷款的商业银行,不得把办理抵押权登记的费用转嫁给购房人承担。

为推进保障性安居工程建设,减轻登记申请人负担,廉租住房、公共租赁住房、经济适用住房和棚户区改造安置住房所有权及其建设用地使用权办理不动产登记,登记收费标准为零。

不动产登记机构依法办理不动产查封登记、注销登记、预告登记和因不动产登记机构错误导致的更正登记,不得收取不动产登记费。

非住宅类不动产登记收费标准。办理下列非住宅类不动产权利的首次登记、转移登记、变更登记,收取不动产登记费,收费标准为每件 550 元。

证书工本费标准。不动产登记机构按本通知第一条规定收取不动产登记费,核发一本不动产权属证书的不收取证书工本费。向一个以上不动产权利人核发权属证书的,每增加一本证书加收证书工本费 10 元。

不动产登记机构依法核发不动产登记证明,不得收取登记证明工本费。

四、房屋出卖人之瑕疵担保责任

在买卖合同中,为了使买受人的合同履行利益得以实现,出卖人应全面履行自己的义务,其中一项重要义务就是出卖人须承担标的物的瑕疵担保义务。物的瑕疵担保与权利瑕疵担保并列为出卖人的两大基本义务。如果出卖人违反或未履行这种担保义务,则应承担相应的瑕疵责任,这种责任就是瑕疵担保责任。瑕疵担保责任存在于除劳动合同以外的一切有偿合同中,但在买卖合同中表现得最为明显。[①]

(一)商品房物的瑕疵担保责任

所谓物的瑕疵,是指出卖人交付的标的物品质不符合买卖合同的约定或法律的规定,致使该标的物的用途和价值降低或消失。物的瑕疵担保责任,则是指出卖人就其出卖的标的物因在质量上存在瑕疵而承担的担保责任,这种担保包括:

---

① 崔建远主编:《新合同法原理与案例评释》,吉林大学出版社 1999 年版,第 937~938 页。

价值瑕疵担保、效用瑕疵担保及品质瑕疵担保。价值瑕疵担保是指出卖人担保其所出卖的标的物不存在灭失或减少其价值的瑕疵,这里的价值特指物的交换价值,不包括物的使用价值,因为物的使用价值属于物的效用问题。物的价值是否减少或灭失应依客观标准而定,不能仅以当事人的主观认识为标准。效用瑕疵担保是指出卖人应担保的标的物具备应有的使用价值,标的物无灭失或减少效用的瑕疵,这种效用包括通常的效用和合同约定的特殊效用。品质瑕疵担保是指出卖人应担保标的物具有其所保证的品质,例如,出卖人关于标的物的规格、型号、性能、有效期的保证、关于标的物特殊性能的保证等。[①]

商品房物的瑕疵担保责任,主要是针对商品房的物理属性而言的,即出卖人就其所交付的商品房应确保符合法定的或者约定的品质,不得出现法定的或者约定的质量问题,也就是说,出卖人要确保该房屋适合居住、办公或其他约定的使用用途。同样,出卖人需承担商品房的价值瑕疵担保、效用瑕疵担保和品质瑕疵担保。该商品房在转移于购买人之后,不存在品质或价值的降低(如建筑材料的缺陷),也不应出现通常效用或约定效用的减弱(如商品房面积的短少)。

商品房物的瑕疵依照该瑕疵被发现的难易程度,或者是否需要鉴定才能发现该瑕疵,可以分为表面瑕疵和隐蔽瑕疵。商品房的表面瑕疵存在于商品房的墙体、门窗等物本身的表面,通常仅凭购买人的直观感觉或一般生活经验、生活常识就能发现所存在的缺陷,无须专门的检测机关进行检测,如门窗不整、墙身酥碱或倾斜、屋顶有裂缝或渗漏等。隐蔽瑕疵存在于商品房的内部或地基,仅凭购房人的一般知识和生活经验难以发现其中的瑕疵,该瑕疵需要专业检测机构的专门检测人员,运用专业检测手段进行鉴定,或者房屋经过一段时间的使用过程才能发现,如地基不坚固、墙体内部建筑材料不合格等。

由于商品房等不动产买卖中物的瑕疵责任要比一般动产买卖中物的瑕疵责任更显重要,问题也更复杂,出现瑕疵后不容易排除,对买受人造成的损失也比较严重,所以,很多国家的民法对不动产买卖中瑕疵担保责任的规定比一般动产买卖的规定更有利于买受人。比如德国法规定:(1)赋予不动产买受人明确的撤销权,当出现物的瑕疵时,买受人享有不容置疑的撤销权。(2)不动产买受人享有比动产买受人更长的诉讼时效优惠待遇。[②] 商品房物的瑕疵担保责任的规定散见

[①] 石静遐著:《买卖合同》,中国法制出版社1999年版,第99~100页。
[②] 孙宪忠著:《德国当代物权法》,法律出版社1997年版,第169页。

于我国的法律法规及部门规章中,我们认为以下问题需要进一步理解与探讨。

(1)区分质量保证期与质量保修期

商品房作为一种特殊商品,房地产开发企业或其他责任主体对房屋质量缺陷应承担一定期限的质量担保责任。所谓"质量缺陷",是指房屋建筑工程的质量不符合工程建设强制性标准以及合同的约定。关于质量的内涵,法律无明确规定,参照《建设工程质量管理办法》第3条第2款之规定,建设工程质量"是指在国家现行的有关法律、法规、技术标准、设计文件和合同中,对工程的安全、适用、经济、美观特性的综合要求"。所谓质量担保责任,是房地产开发企业或者其他责任主体因销售的商品房在法律规定或合同约定的期限内,出现一定的质量缺陷,不符合国家或行业现行的有关强制性技术标准、设计文件以及合同对质量的要求,所应承担的保修或损害赔偿的责任。

应说明的是,商品房交付后,房地产开发企业对商品房承担质量担保责任的保证期限有两个:一个是质量保证期;另一个是质量保修期。质量保证期,又称损害赔偿责任期,是指房地产开发企业或者其他责任主体对销售的商品房向最终用户承担质量担保责任的最长期限。在该期限内,如因房屋质量不合格而造成购房者或其他使用人财产和人身损害的,房地产开发企业应承担赔偿责任;超过这一期限,房地产开发企业不承担责任。可以说,商品房质量保证期属于产品质量责任的范畴。对于质量保证期的期限,现行法律没有明确规定。我国《建筑法》第60条规定:建筑物在合理使用寿命内,必须确保地基基础工程和主体结构的质量。第80条规定:在建筑物的合理使用寿命内,因建筑工程质量不合格受到损害的,有权向责任者要求赔偿。根据上述规定,房屋的"合理使用寿命"为房地产开发企业对所售商品房的质量保证期。在商品房的合理使用寿命内,如因质量不合格而造成购房者财产和人身损害的,房地产开发企业应承担赔偿责任。房屋的"合理使用寿命"应该是多少年,建筑技术、材料、水平以及建筑物用途不同,决定了"合理使用寿命"的不同,所以,法律难以规定。按照建设部的解释,"合理使用寿命"传统上是指设计单位设计的建筑物或设施可以合理使用的期限。

质量保修期,是指建筑企业保障交付的商品房在该期限内符合国家或行业标准或者符合开发商房屋质量保证书等材料中所承诺的质量标准,若在该期限内出现质量问题,建筑企业负责免费维修。建筑企业的质量保修期也是开发商向最终用户承担的房屋质量保修期。①《建筑法》第62条规定:"建筑工程实行质量保修制度。建筑工程的保修范围应当包括地基基础工程、主体结构工程、屋面防水工程和其他土建工程,以及电气管线、上下水管线的安装工程,供热、供冷系统工程等项目;保修的期限应当按照保证建筑物合理寿命年限内正常使用,维护使用者合法权益的原则确定。"该条是关于质量保修期的规定,同时确定了建筑工程的保修范围和保修期限,即根据"保证建筑物合理寿命年限内正常使用,维护使用者合法权益"这一原则来确定。

尽管商品房的质量保证期和质量保修期均是房地产开发企业对销售的商品房质量承担的责任期限,但是,在这两个不同期限内,开发企业承担的责任形式不同。在质量保修期内,只要发现任何属于保修范围内的房屋质量瑕疵,不管是否给购房者造成损害,开发企业均应承担免费维修房屋的责任。如果开发企业拒绝修复或者在合理期限内拖延修复,购房人可以自行或者委托他人修复,但修复费用和修复期间造成的其他损失由开发企业承担。如果因房屋质量缺陷给购房者造成财产损害和人身伤害的,开发商还须承担赔偿责任。而在质量保证期内,开发企业承担的是确保质量符合设计标准和国家质量标准,如果因不符合标准而导致购房者人身和财产损失的,开发企业才承担损害赔偿责任。换言之,开发企业在质量保证期内承担责任是以造成购房者人身和财产损害为前提的,如果在这一期限内仅发生房屋质量问题而需要维修的,维修费用原则上由房屋使用者负担,开发企业不再负责免费维修。因此,在期限上质量保证期比质量保修期要长,但适用的保障范围则窄于保修期。

(2)关于商品房的质量保修期限

我国合同法对瑕疵担保责任的期限做了限制性规定,该法第157条规定:"买受人收到标的物时应当在约定的检验期间内检验。没有约定检验期间的,应当及时检验。"第158条规定:"当事人约定检验期间的,买受人应当在检验期间内将标的物的数量或者质量不符合约定的情形通知出卖人。买受人怠于通知的,视为标的物的数量或者质量符合约定。当事人没有约定检验期间的,买受人应当在发现或者应当发现标的物的数量或者质量不符合约定的合理期间内通知出卖人。买受人在合理期间内未通知或者自标的物收到之日起两年内未通知出卖人的,视为标的物的数量或者质量符合约定,但对标的物有质量保证期的,适用质量保证期,

---

① 高富平、黄武双著:《房地产法新论》,中国法制出版社2000年版,第187页。

不适用该两年的规定。"如果国家的法律法规规定了商品房质量的最低保修期,就应适用特别法规定的期限,不再适用合同法限定的两年期限。

对于商品房的保修责任期限建筑法只有原则性而无具体性规定,在对商品房最低保修期限的具体规定方面,国务院制定了《建设工程质量管理条例》;建设部颁布了《建设工程质量管理办法》《商品房住宅实行住宅质量保证书和住宅使用说明书制度的规定》和《房屋建筑质量保修办法》。上述规定根据正常使用的建筑物的主要部位和非主要部位的不同,对保修期做出了不同规定,并且各分部、分项工程的具体保修年限由发包方和承包方双方在订立合同时约定。按照《城市房地产开发经营管理条例》第31条和《商品房销售管理办法》第32条的规定,房地产开发企业在向购房者交付销售的新建商品住宅时,必须提供《住宅质量保证书》和《住宅使用说明书》,这两个文书可以作为商品房买卖合同的补充约定,《住宅质量保证书》是房地产开发企业向购房者出具的关于商品房质量瑕疵的明示担保的书面说明书。房地产开发企业向购房者交付的商品住宅如果没有达到该保证书中约定的要求,房屋出现质量缺陷,房地产开发企业须承担法律责任。但是,因购房人使用不当或者第三方造成的质量缺陷;或者因不可抗力造成质量缺陷,房地产开发企业不承担责任。

《房屋建筑质量保修办法》和《住宅质量保证书》规定的最低保修期限为:第一,地基基础和主体结构工程为设计文件规定的该工程的合理使用年限。第二,正常使用情况下各部位、部件保修内容与保修期分别为:屋面防水工程、有防水要求的卫生间、房间和外墙面的防渗漏为5年;墙面、顶棚抹灰层脱落1年;地面空鼓开裂、大面积起砂1年;门窗翘裂、五金件损坏1年;供热与供冷系统,为2个采暖期、供冷期;电气系统、给排水管道、设备安装为2年;装修工程为2年;卫生洁具1年;灯具、电器开关6个月;其他项目的保修期另行约定。而1993年11月16日建设部颁布的《建设工程质量管理办法》规定的质量保修期限与《办法》规定的期限不尽相同。《建设工程质量管理办法》规定,建设工程保修期限是指从竣工验收交付使用日期起到以下规定的期限:(一)民用与公共建筑、一般工业建筑、构筑物的土建工程为一年,其中屋面防水工程为三年。(二)建筑物的电气管线、上下水管线安装工程为六个月。(三)建筑物的供热与供冷为一个采暖期及供冷期。(四)室外的上下水和小区道路等市政公用工程为一年。(五)其他特殊要求的工程,其保修期限由建设单位和施工单位在合同中规定。那么,如果产生质量保修的问题,应该以哪个规定为依据?我认为,由于这两个规定皆为建设部的部门规章,效力层次相同,按"新法优于旧法"的原则确定保修期限。此外,还要注意它们各自适用对象的不同,《房屋建筑质量保修办法》适用新建、扩建、改建各类房屋建筑工程(包括装修工程)的质量保修;而《建设工程质量管理办法》适用的建设工程乃指房屋建筑、土木工程、设备安装、管线敷设等工程,《房屋建筑质量保修办法》的适用范围要窄于《建设工程质量管理办法》。因此,除房屋建筑以外的土木工程、设备安装、管线敷设等工程的质量保修不适用《房屋建筑质量保修办法》规定的保修期限。

按照《建设工程质量管理条例》第40条第1款规定,基础设施工程房屋建筑的地基基础和主体结构工程为设计文件规定的该工程的合理使用年限,这一规定似乎混淆了质量保证期与质量保修期。尽管建筑法强调维护使用者合法权益的原则,但在规定具体保修期时,也应考虑生产者的合法权益。如果强加给建筑企业对建设工程的地基基础和主体结构工程在其合理使用寿命内承担质量保修的责任,会使建筑企业负担过重,有失公平,也缺乏实际操作的可行性。因此,有学者建议最好是改为一定的年限或改为质量保证期,①我们同意这种观点,并认为应该也将《住宅质量保证书》中的"合理使用年限"改为一定的年限或质量保证期更为合理、可行。一定的年限具体是多少年,有待于从建筑技术角度做出科学的算定。②

另外,关于《住宅质量保证书》中对商品住宅各分部工程的最低保修期限的规定,我们认为也不尽合理。其中有的分部工程的最低保修期限过短,不利于维护购房者的利益。日本的住宅质量保证制度中规定住宅质量保证期(这里的质量保证期相当于我国的质量保修期)为10年,在保证期内,住房的墙壁、地面等基础结构部分出现质量问题或是发生漏雨、漏水等情况的,原建筑单位必须无偿进行维修。③ 近年来,我国的商品房质量纠纷与日俱增,房屋的质量问题越来越受关注,

---

① 高富平、黄武双著:《房地产法新论》,中国法制出版社2000年版,第188页。
② 参照《民用建筑设计通则(试行)》,主体结构确定的建筑耐久年限分为四级:一级耐久年限为100年以上,适用于重要的建筑和高层建筑(指10层以上住宅建筑、总高度超过24米的公共建筑及综合性建筑);二级耐久年限为50~100年,适用于一般建筑;三级耐久年限为25~50年,适用于次要建筑;四级耐久年限为15年,适用于临时建筑。而商品房的所附土地的使用年限为70年,因此,商品房的主体结构年限至少应在70年以上,结合上述指标,一般多层住宅的主体结构工程的寿命应为70~100年;而10层以上的住宅的使用年限应超过100年。
③ 江帆:《住宅保修期不能仅一年》,《中国房地产金融》1999年第5期。

为保护购房者的居住、使用安全,保护公共安全和公共利益,并能使房屋保值、增值,建议在现有规定的基础上将房屋的最低质量保修期进行适当延长,这无疑更有利于确保住宅质量,维护购房消费者的利益。

(3)关于质量保修期限的起算点

我国法律规定,建筑工程经竣工验收并满足法律规定以及合同约定的条件即可交付。《建筑法》第61条规定:"交付竣工验收的工程,必须符合规定的建筑工程质量标准,有完整的工程技术经济资料和经签署的工程保修书,并具备国家规定的其他竣工条件。"根据《办法》第6条的规定,工程质量保修书应当明确约定建设工程的保修范围、保修期限和保修责任等,并符合国家有关规定。工程交付即意味着工程施工阶段的结束和房屋使用阶段的开始,同时也意味着保修责任的开始,故保修期的起算点对商品房具有特别重要的意义。《办法》第8条规定:"房屋建筑工程保修期从工程竣工验收合格之日起计算。"也就是说,工程承包人向房地产开发企业承担工程质量保修期的起算点是工程竣工验收合格之日。但是,房地产开发企业向购房者承担商品房质量保修期不能以商品房竣工验收合格之日为起算点。因为,商品房竣工验收合格后,房屋可能马上售出,也可能过一段时间后才售出,从商品房竣工验收合格至商品房交付使用之间就存在一个可长可短、无法确定的期间。如果对商品房质量保修期的起算点适用于建筑工程质量保修期的起算点,显然不利于维护购房者的合法权益。因此,《建筑工程质量管理办法》第41条、《规定》第6条和建设部2001年颁布的《商品房销售管理办法》第33条规定,住宅的保修期应从房地产开发企业将竣工验收合格的住宅交付用户使用之日起计算。而且,住宅的质量保修书中约定的保修期不得低于建设工程质量保修书约定保修期的存续期,当存续期少于《规定》中确定的最低保修期限时,保修期不得低于《规定》中确定的最低保修期限。简言之,从竣工验收合格后的商品住宅交付给购房者使用之日起,对该商品房在住宅质量保证书中约定的保修期限内出现的质量瑕疵,房地产开发企业即应开始承担免费维修的责任。超过了保修期限,开发企业不承担免费维修责任。

(4)未经验收,提前交付使用发生的房屋质量瑕疵和损失如何确定

此处的交付既包括承包商(建筑企业)将商品房实际交付给发包商(开发商或其他建设单位),也包括没有验收或者验收不合格发包商就将房屋交付给购房者。

我国《建筑法》第61条规定:"建筑工程经验收合格后,方可交付使用;未经验收合格或者验收不合格的,不得交付使用。"《合同法》第279条第2款和《城市房

地产管理法》第26条也做了相同的规定。但是,未经验收或者验收不合格,承包商就将建筑工程交付给发包商,之后发包商又交付给购房者,如果出现了房屋质量问题,应该由谁承担责任?《建筑法》和《合同法》都没有明确规定。在敦煌国际大酒店有限公司、中国建筑西北设计研究院与甘肃省第四建筑工程公司、原审第三人甘肃省地矿局第三水文地质工程地质队拖欠工程款、工程质量纠纷上诉案中,发包人敦煌大酒店为了追求经济利益,未交纳工程验收的相关费用,致使工程未经验收就投入使用。在使用过程中,因地面下陷,一楼非承重墙出现裂缝、倾斜等质量问题。根据原《经济合同法》(本案纠纷发生在新《合同法》生效之前,但最高人民法院的二审判决日是2001年1月15日)第34条第2款第4项规定:"工程未经验收,提前使用,发现质量问题,自己承担责任。"国务院《建筑安装工程承包合同条例》第13条规定"工程未验收,发包方提前使用或者擅自动用,由此而发生的质量或者其他问题,由发包商承担责任",故此,本案上诉法院最高人民法院判决敦煌大酒店工程出现的质量问题由发包方即使用方敦煌大酒店自行承担责任。本案判决发生在新《合同法》出台之前,法院做出这样的判决是有明确法律依据的。国务院颁布的《建设工程质量管理条例》第16条将竣工验收规定为发包人的一项义务,"建设单位收到建设工程竣工报告后,应当组织设计、施工、工程监理等有关单位进行竣工验收"。既然组织验收是发包人的义务,因其不履行义务而产生的责任,自应由其自己承担。但是,考虑到以往的法律对产生责任的原因缺乏准确的因果关系分析,完全由发包人承担责任有失公允,故新《合同法》避开了对责任承担主体的规定,而有些地方法院则对此做了修正,例如,2001年10月18日江苏省高级人民法院审判委员会第65次会议讨论通过的"全省民事审判工作座谈会纪要"第六之2规定:"未经竣工验收,发包人提前使用建筑物,使用后发现因地基基础工程和主体结构的质量存在缺陷影响建筑物安全使用的问题,施工人应当承担民事责任。发包人能够证明工程质量不符合规定的质量标准,是由施工人偷工减料,使用不合格材料,或者不按设计图纸、技术标准施工造成的,施工人应当承担民事责任。对于其他可整改或者外露的质量问题,施工人不承担民事责任,返工和修理费用由发包人承担。"显然,江苏省高级人民法院的会议纪要在考虑当事人过错的基础上倾向于由承包人承担责任。

没有验收或者验收不合格出现的质量问题由发包人承担责任,对发包人极不公平。因为,一个房地产项目的竣工完成是一项非常复杂的工程,要经历诸多环节,完全由承包方承担责任,也不符合公平原则。笔者认为,未经验收,提前交付使用的责任问题原则上应根据造成缺陷的原因以及相关主体的过失程度为标准确定责任的承担主体。如果质量缺陷是因承包人施工所致，或者建筑设计单位的设计瑕疵造成，应由承包人或者其他主体承担责任。发包人是否就可免责？我国《建筑法》和《合同法》都明确规定，"未经验收合格或者验收不合格的，不得交付使用"。由于发包人违反了法律的强行性规定，主观上存在过错，所以，即便发生的质量问题与发包人的使用无关，因发包人违反了法律规定，也应承担责任，但相对于承包人的责任，发包人承担的是次要责任。反之，即便发生的质量问题完全是由发包人的不当使用所致，也不能免除承包人的责任，但相对于发包人而言，承包人应承担次要责任。

不能交付使用或者交付使用后，房屋主体结构质量不合格，或者因房屋质量问题严重影响正常居住使用，开发商应承担瑕疵担保责任，购房者可以请求解除合同和赔偿损失。如果未经验收或验收不合格，开发商就将商品房交付给购房者使用，所购房屋出现质量问题和损失，责任由谁承担？现行法律也没有明确规定。笔者认为，如果开发商隐瞒未经验收的事实，或者提供虚假验收合格证明材料，将房屋提前交付购房者使用，除购房者使用不当致房屋损坏产生的质量问题以外，其他原因产生的一切质量问题和损失皆由开发商承担；如果损害是由施工单位或者其他检测、经营单位造成的，对购房者承担了法律责任的开发商，有权向这些单位追偿。有人主张如果购房者明知所购房屋未经验收，或者验收不合格而提前使用，在法律有明确规定不能交付使用的情况下，不能不说购房者主观上存在过于自信的过失，某种程度也表明购房者自愿承受房屋将来可能带来的质量缺陷以及财产损失、人身损害的风险。这种观点是不正确的，这样的话购房者就处在相当不利的法律地位。房屋本身的质量缺陷不能因购房者的过错而免除开发商或者承包商应承担的质量瑕疵担保责任，包括质量保修责任和质量保证责任。房屋本身的质量缺陷由开发商或者发包商承担是法律所明文规定的，这类责任不能因购房者的过错转由购房者承担。

出卖人交付的房屋存在瑕疵，不符合质量要求的出卖人应按照约定承担违约责任。对违约责任未规定的，买受人根据房屋的性质以及损失的大小，可以合理选择要求对方承担修理、更换、重作、退房、减少价款或报酬等违约责任。在保修期限内发生的属于保修范围的质量问题，房地产开发企业应当履行保修义务，并对造成的损失承担赔偿责任。因房屋主体结构质量不合格不能交付使用，或者房屋交付使用后，房屋主体结构质量经核验确属不合格，又或因房屋质量问题严重影响正常居住使用,买受人可以解除合同并请求赔偿损失。①

(二)商品房权利瑕疵担保责任

所谓权利瑕疵指的是标的物上所负担的第三人的合法权利。权利瑕疵担保责任,是指出卖人就买卖标的物对买受人负有保证对其出售的标的物享有合法的权利,承担任何第三人不能主张任何权利的义务,违反此项义务承担的责任,即权利瑕疵担保责任。权利瑕疵担保责任的实质功能在于确保买受人对其所购买的标的物拥有完全的不可被剥夺的权利,保证买受人不致因标的物出现权利障碍。

商品房权利瑕疵担保责任,是指出卖人就其所交付的商品房负有保证第三人不得向购房人主张任何权利的义务,如果出卖人违背此项义务,由此给购房人造成的损失,出卖人应负瑕疵担保的民事责任。

在商品房买卖中,出卖人的权利瑕疵担保责任主要有以下内容:第一,出卖人保证对其出售的商品房享有合法的权利。此处的合法权利,既包括因拥有合法的所有权(如商品房出卖人即是商品房的所有权人)而为的出售,也包括享有合法的处分权(如商品房包销中享有专有销售权的包销商,以及有销售资格的销售代理商等)而实施的处分行为。第二,出卖人保证其出售的商品房上不存在任何未向购房人披露的物权。例如,商品房在出售之前已经存在抵押权、留置权、先取特权等物权负担的事实,出卖人对此有披露的义务。否则,购房人有权行使权利瑕疵担保请求权,并请求除去商品房上存在的权利负担。第三,出卖人保证其所出售的商品房没有侵犯他人的知识产权。第四,出卖人还要保证其所出售的商品房没有存在租赁权等债权。

构成商品房买卖中权利瑕疵担保责任的要件有:第一,权利瑕疵须于商品房买卖合同成立时存在。合同成立后出现的权利瑕疵,为出卖人的违约行为,出卖人应承担违约责任,而不是权利瑕疵担保责任。第二,权利瑕疵须于商品房买卖

---

① 最高人民法院关于《审理商品房买卖合同纠纷案件适用法律若干问题的解释》(2003年4月28日)
第十二条因房屋主体结构质量不合格不能交付使用,或者房屋交付使用后,房屋主体结构质量经核验确属不合格,买受人请求解除合同和赔偿损失的,应予支持。
第十三条因房屋质量问题严重影响正常居住使用,买受人请求解除合同和赔偿损失的,应予支持。
交付使用的房屋存在质量问题,在保修期内,出卖人应当承担修复责任;出卖人拒绝修复或者在合理期限内拖延修复的,买受人可以自行或者委托他人修复。修复费用及修复期间造成的其他损失由出卖人承担。

合同成立后履行时仍然存在。合同成立时虽然存在权利瑕疵,但之后出卖人已经除去该瑕疵,则出卖人无须承担瑕疵担保责任。① 第三,须购房人主观上为善意,即购房人不知道或不应当知道权利瑕疵存在的事实。如果购房人明知或应当知道所购买的商品房存在权利瑕疵,则购房人不能主张权利瑕疵担保责任。在有些国家,即便买受人明知不动产上已经设定某些物权,出卖人也应当排除这些权利。② 这样规定的根据在于:买受人在支付买价后,应该获得一种"干净的"权利,至少其权利不应被最后彻底剥夺。③ 有人认为,买受人的知道不必是实际知道,若通过合理途径即可了解而不做了解的,视为知道。例如,不动产抵押权可以从抵押权登记上查得,未查阅而不知道的,视为知道。④ 实践中,判断购房人主观上知道商品房存在权利瑕疵的事实相对来说比较容易,而认定应当知道则实难把握。在我国的登记制度和登记机关的登记公示制度尚不健全的情况下,如果苛求每一个购房人在购房过程中都要去房地产登记机关查阅标的物的权利状况,似乎加重了购房人的义务。而且也不符合鼓励交易的原则,不利于对善意买受人的权益保护。更何况并非所有的权利设定都要进行登记,如果是在商品房上设定了那些无须登记即能生效的权利,如优先权、先取特权等,购房人又如何查阅所购商品房的权利状况?所以,判断购房人主观上应否知道该标的物上是否存在权利瑕疵,既不能过分加重购房人的义务,也不能随意降低其注意义务,应从当事人从事交易时的客观情况出发,结合交易习惯,具体情况、具体分析,不能一概而论。第四,须因权利瑕疵给购房人造成损失或损害。⑤

　　出现权利瑕疵,购房人有权行使如下救济措施:第一,拒绝给付购房款,或者请求返还已付购房款及利息。购房人可依同时履行抗辩权而在出卖人转移商品房所有权之前,拒绝支付购房款,或者要求解除合同的同时请求返还已付购房款

---

① 上海市某人民法院在审理房地产纠纷案件时认为"被上诉人(出卖人)在诉讼前已经注销了抵押登记,存于该房上的权利瑕疵已清除,他人行使抵押权的潜在风险已消除,已不影响上诉人(购房人)对该房行使权利,完全符合上诉人签订合同时的初衷,因此,上诉人此时的诉讼,从其购房本意和行使权利的角度来讲,已失去了意义,因此没有必要退房",人民法院这样处理是正确的。见于陈耀东著:《商品房买卖法律问题专论》,法律出版社2003年10月版,第277页。
② 如《德国民法典》第439条规定,即使买受人明知标的物上设有抵押权、土地债务、定期土地债务、船舶抵押权或质权,出卖人亦负有排除此类负担的义务。
③ 孙宪忠著:《德国当代物权法》,法律出版社1997年版,第168页。
④ 蔡育天主编:《房地产案例精选》,上海人民出版社2000年版,第67页。
⑤ 陈耀东著:《商品房买卖法律问题专论》,法律出版社2003年10月版,第277~278页。

及利息。第二,解除合同。第三,赔偿损失。购房人可以请求出卖人承担债务不履行的损害赔偿责任。此外,出现《解释》所列举的权利瑕疵事由,如故意隐瞒所售房屋已经抵押或者出卖给第三人的事实,购房人可以请求出卖人承担不超过已付购房款一倍的赔偿责任。第四,支付违约金。如果当事人在合同中约定了违约金,亦不妨碍购房人请求此种救济措施。①

从法律关系看,在房屋买卖法律关系中,如果售房人将房屋瑕疵告知了买受人,买受人仍愿以公平的价格买得该房屋,是双方公平交易的结果,在售房人未以明示的方式转让其债权时,房屋出售前的一切权利仍应属于房屋的原权利人;如果售房人未将房屋瑕疵告知买受人,而按合格房屋的价格出售房屋,买受人一旦知晓真相,便可向售房人主张买卖合同中的权利。②

五、受限制的房地产转让

房地产转让的前提是转让人须对供转让的房地产享有处分权。有如下情形不得转让房地产:

(一)共有房屋的买卖

共有房屋,指两个或两个以上的主体对于一幢在实物上未作区分的房屋拥有一个所有权。共有分为共有人可自由处分其份额的按份共有和共有人不可自由处分其份额的共同共有。不同的共有形式的房屋的处分条件有所不同。

对共有房屋买卖的理解应当包括以下几个方面:

1. 房屋共有人对共有房屋都享有权利、承担义务。

共同共有人在共有关系存续期间对共有房屋共同享有权利、承担义务,不能自由处分其应有部分,不得分割共有房屋。

但如果是按份共有,各共有人已经明确了共有的份额,则各共有人可在一定限制范围内处分其份额,当然,这里的份额不是实物上的份额,而应当理解为价值上的份额。

---

① 陈耀东著:《商品房买卖法律问题专论》,法律出版社2003年10月版,第278页。
② 参见最高人民法院二审案例"受损房屋于诉讼期间被买卖和转让,谁应是侵权损害赔偿的请求权人和受益人——远中房地产发展(上海)有限公司与上海益顺房地产 发展有限公司、北京华太三兴建筑设计工程有限公司上海分公司、张进隆等人房屋损害赔偿纠纷上诉案"。载于黄松有主编:《最高人民法院二审民事案件解释》(第4集),法律出版社2007年版,第81~91页。

2. 共有房屋的买卖,因按份共有和共同共有又有不同。

按份共有的房屋在大多数共有人同意的情况下就可以出卖,只是共有人相对于其他购买人享有优先买受权。

共同共有的房屋的出卖需经过全体共有人一致同意方可进行,部分共有人擅自处分共有房屋的,一般应认定无效。当然,第三人善意、有偿地取得该房屋的所有权的,则应当维护第三人的合法权益。由此给其他共有人造成损失的,由擅自处分共有房屋的人予以赔偿。①

(二)以市场价、成本价或标准价购买优惠住房者的权利限制

有限产权房屋是指享受了政府或者企事业单位补贴而导致房屋所有权的部分权能受到法定限制的房屋。

职工以市场价购买的住房,产权归个人所有,可以依法进入市场,按规定交纳有关税费后,收入归个人所有。

职工以成本价购买的住房,产权归个人所有,一般住用 5 年后可以依法进入市场。在补交土地使用权出让金或所含土地收益和按规定交纳有关税费后,收入归个人所有。

职工以标准价购买的住房,拥有部分产权,即占有权、使用权、有限的收益权和处分权,可以继承。产权比例按售房当年标准价占成本价的比重确定。职工以标准价购买的住房,一般住用 5 年后方可依法进入市场。在同等条件下,原售房单位有优先购买、租用权,原售房单位已撤销的,当地人民政府房产管理部门有优先购买、租用权。售、租房收入在补交土地使用权出让金或所含土地收益和按规定交纳有关税费后,单位和个人按各自的产权比例进行分配。

已购公有住房和经济适用住房所有权人要求将已购公有住房和经济适用住房上市出售的,应当向房屋所在地的县级以上人民政府房地产行政主管部门提出申请,并提交下列材料:

1. 职工已购公有住房和经济适用住房上市出售申请表;

---

① 《中华人民共和国民法通则》(1986 年 4 月 12 日)第七十八条财产可以由两个以上的公民、法人共有。
共有分为按份共有和共同共有。按份共有人按照各自的份额,对共有财产分享权利,分担义务。共同共有人对共有财产享有权利,承担义务。
按份共有财产的每个共有人有权要求将自己的份额分出或者转让。但在出售时,其他共有人在同等条件下,有优先购买的权利。

2. 房屋所有权证书、土地使用权证书或者房地产权证书;

3. 身份证及户籍证明或者其他有效身份证件;

4. 同住成年人同意上市出售的书面意见:

5. 个人拥有部分产权的住房,还应当提供原产权单位在同等条件下保留或者放弃优先购买权的书面意见。

(三)房屋所有权尚未确定者不得转让房产

对于权属有争议的房地产,其本身的权能处于不确定状态,为了避免纠纷复杂化,保护当事人的合法权益,此类房屋不允许转让。此外,对于未依法登记领取权属证书的房地产因为欠缺官方正式有效文件的认可,其归属不明,来源不清,也不能依法进行流通。

(四)转让人所有权行使受到限制者不得转让房地产

首先,为促进房地产开发和土地的有效利用,避免炒卖地皮,对以出让方式取得土地使用权但不符合房地产转让法律要件的房地产不能转让;其次,对司法机关和行政机关依法裁定,决定查封或以其他形式限制房地产权利的房地产也不能转让;此外,以成本价购房的房屋所有权人依据法律的规定对该房屋在5年内不允许上市买卖。

(五)转让人系无所有权者不得转让房地产

被依法收回土地使用权的土地使用者依据房地产权利主体一致的原则也就丧失了对土地的使用权和地上建筑物和附着物的所有权,因此也无权转让土地使用权及其建筑物。

另外,校园内不能分割以及封闭管理的住房不能出售,教师公寓等周转用房不能出售。对于已购公有住房和经济适用房上市出售的,应缴纳土地出让金或相当于土地出让金的价款。

六、房地产价格评估

(一)房地产价格评估的基本要求

房地产价格评估,是国家为了确保房地产价格的合理性和公平性,通过控制房地产估价来干预和管理房地产市场价格的一种监督和管理制度。

为使国家对于房地产交易的干预保持在合理限度内,价格评估中要求评估者遵循公正、公开、公平的原则,按照国家规定的技术标准和评估程序,以其基准地价、标定地价和各类房屋的重置价格为基础,参照当地的市场价格进行评估。具

体而言:

第一,以公正、公平、公开原则为指导。在房地产价格评估中,房地产价格评估机构应公正地对待每一个要求进行房地产价格评估的委托人;房地产价格评估各方享有平等的权利和承担平等的义务以及房地产价格评估的程序、标准等应向社会公开。

第二,评估以基准地价、标定地价和各类房屋的重置价格为基础。基准地价是指按照不同的土地级别、区域分别评估和测算的商业、工业、住宅等各类用地的使用权的平均价格;标定地价是指对需要进行土地使用权出让、转让、抵押的地块评定的具体价格,它以基准地价为依据,根据许多具体条件评定某一地块在某一时间的价格;房屋的重置价格指按照当前的建筑技术、工艺、建筑材料价格、人工、运输费用等,重新建造同类结构、式样、质量标准的房屋价格。

第三,评估以当地市场价格作为参考。房地产价格形成的因素复杂多变,必须依赖于客观的估价理论和方法,但又不能完全拘泥于现有的理论和方法,应当具体情况具体分析。以当地市场价格为房地产评估时的参考,可以使评估价格更加合理、科学、可信。

(二)不同价格评估机构的评估范围

我国的房地产评估机构分为两类,即由城市人民政府房地产行政主管部门设立的官办评估机构和经政府部门核准成立的民办房地产评估事务所。这两类评估机构性质是不同的。由城市人民政府房地产行政主管部门设立的官办评估机构,是房地产市场管理机构的组成部分,是房地产市场评估的职能机构。而经政府部门核准成立的民办房地产评估事务所是通过向房地产行政主管部门提出申请,经资审同意,并经工商行政主管部门核发营业执照方才成立的评估机构。

因为性质的不一样导致评估机构评估事务的范围不一样。官办评估机构主要承办本行政区域内涉及政府税费收入及由政府给予当事人补偿或赔偿费用的房地产估价业务以及受当事人委托的其他房地产评估业务。所以,官办的评估机构可以接受任何种类的房地产评估事务,而民办的房地产估价事务所评估范围有一定限制。对一般的房地产市场估价,当事人均可委托官办的房地产估价机构或是民办的房地产估价事务所进行。但涉及国家征收税费、由政府给予当事人补偿或赔偿费用的房地产买卖、租赁、赠与和拆迁补偿,其估价必须由当地人民政府房地产估价机构估价,否则,房地产交易管理部门不得为其办理交易立契手续,房地产产权管理部门不得为其办理产权转移变更手续。

七、房地产成交价格的申报与管理

（一）房地产成交价格的申报

房地产成交价格的申报，是指房地产权人转让房地产时，必须将买卖价格向国家指定机构申报，以利于掌握作为政府征税和交纳各项手续费用主要依据的房地产价格，保障国家税收，同时以利于国家了解房地产市场的行情，实施必要的宏观调控。

具体而言，房地产法规定的房地产成交价格申报制度要求房地产权利人必须向当地房地产管理部门或房地产交易所如实申报成交价，不得隐瞒和不实申报。

一方面，房地产权利人在转让房地产后，必须按照有关规定及时申报成交价格，而不能隐瞒不报。如果房地产权利人转让房地产后不及时申报或者隐瞒不报，将由有关部门依据有关规定处理。另一方面，如果房地产权利人转让房产后做不实的申报，也构成违法。

一般而言，只有在协议价格的情形下，才可能存在隐瞒或不实申报问题。在价格评估的情形下，当事人只能按照评估的价格进行申报，不易实现隐瞒或不实报价行为。

（二）房屋买卖的价格管理

出于加强宏观管理的需要，房地产买卖价格可以实行政府指导价或者政府定价。具体而言，我国目前的房屋买卖需要服从如下一些价格管理：

第一，基准地价、标定地价和房屋重置价格是主要的调控手段，房地产价格反映服从市场价格，以逐步形成土地使用权价格关系协调、房屋租售比价合理、市场服务收费有序的房地产价格体系。

第二，根据不同的情况分别实行政府定价和市场调节价。向居民出售的新建普通商品住宅价格、拆迁补偿房屋价格及房产交易市场的重要的经营性服务收费实行政府定价。其他各类房屋的买卖、租赁价格及房产交易市场的其他经营性服务收费实行市场调节。

第三，对于经济适用房，出售价格实行政府指导价，按保本微利原则确定。其中，经济适用房的成本包括征地和拆迁补偿费、勘察设施和前期工程费、建安工程费、住宅小区基础设施建设费、管理费、贷款利息和税金等因素，利润控制在3%以下。

此外，房地产交易还必须接受国家实行的房地产成交价格申报制度、房地产价格评估制度对房地产价格的规范管理。

第三节 买卖不破租赁分析

随着市场经济的深入发展,房屋租赁作为人们满足自身居住需求的一种重要方式,房屋租赁日益广泛,但由此而引发的纠纷也越来越多,并且呈现出复杂化的趋势。从世界各国立法来看,有关租赁的立法体例大致可分以为三种。[1] 第一种是以罗马法、法国法为代表,第二种立法例则是以德国法、瑞士法为代表。《德国民法典》没有遵循罗马法的规定,与《法国民法典》也有明显区别。第三种立法例是以日本法为代表。日本民法结合了前两种立法例的特点,自成一派。根据日本民法,租赁仅限于物的租赁,不包括劳动和技艺的租赁,在这一点上它与德国民法一致,而同时,日本民法未对租赁做使用租赁和用益租赁两种区分,而是将其总称为租赁或赁贷借,在这一点上它又与法国立法例相同。

一、买卖不破租赁制度

近代以降的"买卖不破租赁"制度之所以一反债权并无对抗物权效力的私法基本原理,限制出租人的私人自治,赋予承租人以对抗租赁物新买受人所有权的效力,一个基本的考量就是视承租人为经济上的弱者,[2]此种制度的合理性已得到多方论证并被各国民法普遍确立,其正当性不容置疑。

由各国关于"买卖不破租赁"的规定来看,大多将其限制在不动产范围之内,对于特殊的经登记的动产准其适用。《合同法》第229条规定,"不但不区分动产与不动产,而且完全混淆契约的效力、履行和移转问题",这种观点很有道理。租赁合同的效力不可能因为租赁物所有权的主体改变而受影响。《合同法》第52条、第54条规定了导致合同无效和可撤销的情形。就这一点看,第229条的规定莫名其妙。各国立法关于租赁权对抗力适用条件的规定至少都以不动产租赁为限,绝少有扩及于动产的。不仅如此,世界上多数国家或地区的民法还要求出租人交付租赁物于承租人、承租人继续占有租赁物,或者更进一步规定租赁权的设

---

[1] 乔燕主编:《租赁合同》,人民法院出版社2000年版,第8~10页。
[2] 陈春山:《契约法讲义》,瑞兴图书股份有限公司1995年版,第184页。

定必须践行登记的公示方法,甚至规定租赁权必须预告登记,才使承租人的租赁权发生对抗效力。这些措施都表明,这些立法在限制出租人的私人自治以体恤弱者、实践实质正义亦即偏离个人主义方法论的轨道时是极为保守与慎重的,而我国合同法仅以租赁物在租期内的所有权变动作为"不破租赁"的条件,而不明确将出租人已经交付租赁物以及承租人占有租赁物等作为赋予租赁权以对抗力的条件,这种构成要件上的不圆满性表明了立法在创设个人主义方法论的例外上是十分随意与轻率的。[1]"买卖不破租赁"只是对租赁物的所有权的移转不影响现存租赁关系的习惯称谓,未臻精确。构成租赁物所有权移转的原因行为,不限于买卖,还包括如互易、赠与、遗赠甚至合伙的出资,等等。严格而言,"买卖不破租赁"应当称为"所有权之让与不破租赁"。[2] 物权的变动不影响租赁权的存在,租赁权已有对抗物权的效力。民法理论认为只有物权可以对抗物权,债权不能对抗物权。可见,对于租赁权不能只以债权来解释,它已被赋予了一定的物权效力。

二、租赁权的物权效力

租赁权的物权性主要体现在法律赋予它的物权效力。随着商品经济的发展,物权理论逐渐从所有向利用转变。[3] 在民法中承认租赁权的物权效力,以巩固承租人的地位正是社会经济发展的要求。另外,从提高经济效率方面考虑,赋予承租人以物权性的权利,可以为承租人创造合理的内在激励机制,使其能更为有效地利用财产,从而避免因权利边界模糊而带来的低效率。[4]

概括而言,租赁权的物权效力表现在以下方面。(1)承认租赁权对物权变动的对抗力。(2)承认承租人因租赁权受侵害而有直接对抗第三人的权利。依传统民法理论,租赁权为债权,仅得对出租人为主张,不得对抗第三人。(3)承认承租人享有有限的处分权。(4)对于出租人即源权人的限制。可见,租赁权物权效力来源于物的占有,即对租赁物的直接支配。这与耶林、基尔克、雷宁的理论是相一致的。租赁权在某种程度及某些方面具有物权的特性与效力,并在相关的法律中

---

[1] 易军:《个人主义方法论与私法》,《法学研究》2006年第1期,第101~102页。
[2] 王泽鉴:《民法学说与判例研究》第6册,中国政法大学出版社1998年版,第195页。
[3] 参见林刚:"物权理论:从所有向利用的转变",载《现代法学》1994年第1期,第23~27页。
[4] 刘言浩:"不动产租赁法律制度研究"载蔡耀忠主编:《中国房地产法研究》第1卷,法律出版社2002年版,第168页。

有具体的体现。

我国法律没有规定租赁权这一概念,但就法律规范内容来看,有关于租赁权之规定。《民法通则》对租赁及租赁权未做规定,但在其他法律规范中有租赁权的物权性效力的具体规定。其他国家和我国台湾地区民法对此也有规定。

1. 租赁物的所有权转移不影响现存的租赁关系——买卖不破租赁

1981年《经济合同法》第23条规定:"如果出租方将财产所有权转移给第三方时,租赁合同对财产新的所有方继续有效。"1988年最高人民法院《关于贯彻执行〈中华人民共和国民法通则〉若干问题的意见(试行)》第119条第2款规定:"私有房屋在租赁期内,因买卖、赠与或者继承发生房屋产权转移的,原租赁合同对承租人和新房主继续有效。"1999年《中华人民共和国合同法》第229条的规定向来被认为是民法"买卖不破租赁"原则在我国法律中的体现。

2. 出租人就租赁物设定物权不影响现存的租赁关系

现代民法不仅有"买卖不破租赁"之规定,同时还设有出租人就租赁物设定物权不影响现存的租赁关系之规定,更体现了租赁权的排他性的物权效力。

《德国民法典》第577条〔对使用租赁的土地设定负担〕规定:"使用出租的土地在交付使用承租人之后由使用出租人设定第三人的权利的,在因行使此项权利而剥夺使用承租人的依约使用时,准用第571条至第576条的规定。"并且从另一方面为第三人设定了义务,即"此项权利的行使只具有限制使用承租人依约使用的效果的,第三人对使用承租人负有不行使的义务,但以此项权利的行使将侵害使用承租人的依约使用为限"。就租赁物上设定物权之效力又因该物权是否具有"占有权利"而异,也就是因是否妨碍承租人对租赁物的使用收益而异。如出租人设定物权不具有占有权能,比如设定抵押权,因不转移占有,不致妨碍承租人之使用收益,自不存在破除租赁之情形,抵押权可与租赁权并存。唯在实现抵押权时,拍定人不得终止租赁契约,租赁契约对于拍定人仍然有效,此时为"买卖不破租赁"。而地上权、永佃权、典权等用益物权以及质权、留置权等担保物权必以占有租赁物为必要,故就租赁物设定此等物权必致妨碍承租人对租赁物的使用收益。在租赁权存续期间和存在范围,在租赁权消灭之前,上述以转移占有为必要的物权不得对抗租赁权,租赁契约对于物权人仍继续存在。此可视为物权的排他效力的要求,即于同一物上,不能同时存在内容相同的两个物权。租赁权虽非物权,但承租人实际占有租赁物而为使用收益已具物权效力,故须以一物一权原则加以保护。同一物上即已议定租赁权,而租赁权以对租赁物的占有为必要,若再于其物上设定以占有为内容之物权,则二者之内容相同,不能同时存在。此时上述物权虽可设定,但物权人不得行使其物权以影响承租人对租赁物的使用收益。因租赁权设定在先,后设之物权不得对抗之,不能影响现存之租赁关系。抵押权之设定不须移转抵押之占有,其内容不与租赁权之内容相冲突,故可以与租赁权同时存在于同一租赁物上,并不致妨碍承租人对租赁物之使用收益,不影响现存的租赁关系。

以上关于出租人就租赁物设定物权不影响现存的租赁关系之规定,正是物权的排他效力,即"一物一权"原则的要求,从中可以看出租赁权有对抗他物权的物权效力。

3. 出租人破产不影响现存租赁关系

《瑞士债法典》与《德国支付不能法》以及原《德国破产法》也有破产程序中关于租赁的特别规定。据此规定,在租赁物取得人代替出租人加入租赁关系后,方可在法定期间通知承租人终止租赁关系;若未代替出租人加入租赁关系或未通知或未在法定期间通知,均不得终止租赁关系。

依破产法,在债务人不能清偿债务时,债权人和债务人可向法院申请宣告债务人破产。若此前债务人某项财产已出租且不违法,承租人已依法占有租赁物为使用收益,则虽出租人被宣告破产,租赁关系也不得解除。破产之宣告,目的为清偿债务人的债务,即通过破产程序将债务人之财产所有权或其他财产权移转于债权人以清偿债务。已出租之财产在破产宣告后及租赁物清偿时,其所有权从出租人即债务人移转于债权人或第三人,此实则为出租人租赁物所有权之让与。据"所有权让与不破租赁"原则,出租人虽经宣告破产,其租赁物所有权虽移转于债权人,原租赁关系不因此而解除。

第四节　买卖不破租赁制度的要件

通说认为买卖不破租赁有三个构成要件,即租赁关系有效存在、租赁物已交付于承租人、出租人将租赁物所有权让与第三人①,结合我国合同法第229条之规定来分析这三个要件的具体内容。

---

① 王泽鉴:《民法学说与判例研究》(第6册),中国政法大学出版社1998年版,第188页;史尚宽著:《债法各论》,中国政法大学出版社2000年版,第222~224页。

一、租赁关系有效存在

此系买卖不破租赁的基本构成要件,以租赁物所有权让与时为准据点。因为在所有权让与时,租赁合同内容已履行完毕或租赁期限已届满,承租人已将租赁物返还给出租人,丧失对租赁物的占有权,即便双方还存在租金请求权、损害赔偿请求权等其他权利义务,但这都不影响受让人在所有权让与时对租赁物的占有、使用、收益和处分,即承租人和出租人之间的权利义务纠纷对受让人没有影响。

衡量租赁关系是否有效存在常以承租人和出租人之间的租赁合同是否存在为依据,然而现实生活中,不乏有租赁之争而无合同凭据的情况,这些我们可将之称为事实上的租赁,应具体情况具体分析。例如,房屋租赁期限已届满,而承租人没有搬出房屋,继续向出租人交纳租金,而出租人继续收取租金也未要求承租人搬出房屋,这种没有租赁合同凭证而存在租赁之实的情况,我们仍应认其为一种租赁合意的实现,当出现纠纷时,应将其作为一种不定期租赁关系来处理。还有,我国广大农村批地建宅时都有一定大小,这样规划出来时并不一定方方正正、规规矩矩,而各家各户都意在将院落填得整齐划一,将院墙打成直线而非歪七扭八,这样不免邻里之间会互相占用非自己的土地,台湾曾有此类判例,认为关于土地之交互使用并非无偿,不能认为使用借贷,既不为土地所有权之移转,亦不能认为互易,其性质应属互为租赁之关系。① 我国农村情况与此相类似,邻里互相占用但并未将其使用权移转登记,因而也不能认为互易,倘若一方将其土地使用权出让,受让方应根据第 229 条承认这种关系的存在。

因此,租赁关系是否有效存在,除应以所有权转让时为依据,还应正确认识出租方和承租方之间的租赁合意,记载于书面上的合意内容固然重要,然而对未形成书面文书的合意也要认真分析,正确对待,以使第 229 条充分发挥应有的作用、目的和价值。

二、租赁物已交付于承租人

1. 租赁物的含义

我国合同法第 229 条规定"租赁物在租赁期间发生所有权变动的,不影响租

---

① 王泽鉴:《民法学说与判例研究》(第 5 册),中国政法大学出版社 1998 年版,第 298~299 页。

赁合同的效力"。对租赁物的范围并未明确规定,显然是将动产和不动产都包括在内。一方面是顺应时势而定,另一方面讨论仍在进行。多数学者都认为,租赁物既可以是不动产也可以是动产,但该动产应为不可代替的非消耗物。① 当然也有学者提到,以可消耗物为租赁物的,只能用于为特定目的的使用,例如用于展览。②

然而不同意动产作为"买卖不破租赁"适用对象的也比比皆是,他们以动产的稀缺性不高,价格也不如不动产高昂,在市场上不难买到,而且通常并非生活之必需,且动产承租人的弱势地位并不明显,赋予其一定的物权效力的理由不够充分为由,认为应遵循大多数国家的观点将动产做除外适用,仅适用于不动产,同时认为将动产包括在内不利于财产的流通,有悖于现代民法的宗旨。动产之租赁并不违背现代民法的宗旨,然而是否所有动产之租赁均适用"买卖不破租赁",应具体分析,不可一概而论。将消耗物排除是合理的,因为买的目的在于消耗,若租赁物已消耗完,则于买受人便会无益。将非消耗物仍包括在内,是因为即便并不稀缺,价值也并不昂贵,但承租人考虑到其经济条件,或负担不起或购买高于成本,而选择适合自己情况的租赁,若买受人意在现买现用,则在并不稀缺的市场上可任意购得,并非必须购此有租赁负担的动产,若购买有负担的动产只能承担买卖不破租赁的后果。这样规定一是有利于财产的利用和流通,二是仍能对处于弱势地位的承租人进行保护。因此,租赁物包括不动产和非消耗物的动产并无不当,应能适应经济发展的需要。

2. 交付的含义

买卖不破租赁的又一前提条件是所有权转让时出租人已将租赁物交给承租人,也即出租人不直接占有租赁物,多数学者认为此举主要理由在于:(1)租赁物交付承租人之前,承租人尚无保护的必要。因为在租赁物交付之前,承租人对租赁物的使用收益依赖性还不是很强,并且另行租赁还有可能。(2)可以使物权化之租赁权具有公示性。但由于各国实际情况不尽相同,各国民法就公示方法也规定不一。我国合同法第229条规定"租赁物在租赁期间发生所有权变动的,不影响租赁合同的效力",既未强调交付,也未要求登记,然而我国对物权变动时动产要求采用交付的公示方法,不动产采用登记的公示方法,既然租赁权物权化,要产

---

① 江平主编:《中华人民共和国合同法精解》,中国政法大学出版社1999年版,第166页。
② 奚晓明主编:《合同法讲座》,中国政法大学出版社2001年版,第334页。

生公示的效果,当然要与我国规定的"交付"、"登记"的公示方法相链接。台湾民法承认"买卖不破租赁"适用于动产和不动产,但对其公示方法一律规定交付。各国实际国情并不一致,规定不一在所难免。我国合同法也承认买卖不破租赁是应适用于动产和不动产,但对于不动产,如房屋租赁、土地使用权出让都要求登记,动产如轮船等也要求登记,其余动产租赁公示方法采用交付便可与我国动产物权变动的公示方法相链接,因此,将租赁权物权化的公示方法定为交付并不与我国公示制度的内容相冲突。不论是交付还是公证或登记都旨在强调租赁物现由承租人占有和使用,旨在使租赁合同订立后所形成的租赁关系产生人尽皆知的公示效果,使受让人在购买时可从表象上易于查证。然而交付的公示效力不如公证或登记的公示效果明确,租赁权的公示性也不像以登记为公示方法的地上权和抵押权的效力明显,受让人仅能从买卖标的物已被第三人占有来推知租赁关系存在的可能性,再进一步查证,才能保障其利益。因此,如何认定租赁物是否已交付,对当事人有重大意义。

交付即占有的移转,然而关于占有的移转有四种情形:现实交付、简单交付、占有改定及指示交付[1]。史尚宽先生认为这里讲的占有应严格解释以承租人现实占有为必要。[2] 现实交付作为此处的占有移转并未产生异议,而对占有改定,例如出租人又由承租人那里转租租赁物或出租人将自己现住的房屋出租,但订于数月后才腾出交屋,因为现实的情况仍是由出租人占有使用着租赁物,受让人从表象上对于租赁合同是否存在难以产生怀疑,这样就达不到以交付作为租赁权物权化公示方式的目的,因此占有改定不能作为此处交付的一种方法。但是否指示交付也排除在外,颇值研究。王泽鉴先生认为,在指示交付的情形中,出租物由让与人以外的第三人占有,让与人本身未占有要出让的标的物,但由于该第三人与让与人并无租赁关系,受让人难以查证租赁关系存在,所以应解释为不构成租赁物之交付。[3]

然而在指示交付中,受让人查证困难要分情况而定,因为指示交付只是出租人把请求交付的权利让与给了承租人,承租人于指示交付后不一定能立即对租赁物使用收益,但若所有权移转时,承租人已自第三人手中实现请求权,正对租赁物

---

[1] 彭万林主编:《民法学》,中国政法大学出版社1999年版,第276页。
[2] 史尚宽:《债法各论》,中国政法大学出版社2000年版,第223~224页。
[3] 王泽鉴:《民法学说与判例研究》(第6册)"买卖不破租赁:第425条规定之适用、准用及类推适用"。

进行使用和收益,此时查证租赁关系是否存在并无困难,因此指示交付中承租人请求交付的权利实现后,此种交付方式仍可作为此处交付的一种。对简单交付来说,承租人可实现原来的他主占有变为现在的自主占有,例如原来作为保管人保管,现在又承租了该财产,租赁财产自始至终不在出让人支配下,公示效果也很明显,因而简单交付亦可作为此处交付的一种。所以从交付的几种情形看,现实交付和简单交付可作为租赁物移转的公示方法,指示交付后承租人于所有权移转前实际占有使用租赁物,亦可作为一种公示方法。

交付作为租赁权物权化的公示方法已毋庸置疑,然而关于交付后承租人对租赁物的占有状态,学者多有争论。史尚宽先生认为有一次之交付就足够了,于租赁物所有权让与时,承租人占有之继续并非必要。承租人为暑假旅行一时离去房屋,自不待论,于第三人居住,亦无妨碍,此时有间接占有之继续。占有被他人侵夺而回复之者,其占有视为继续。如为修缮之目的,纵一时交还于出租人,亦无影响。然如可认为租赁之抛弃或有租赁合同之解消,自当别论。① 而王泽鉴先生认为,为贯彻租赁权物权化的公示原则,一租赁物让与时必须租赁物尚在承租人占有中,始行适用"买卖不破租赁",然而又列举了几项承租人没有现实占有却被视为占有继续的情况,如因旅行、修缮房屋等事由离开,其占有并未中止;承租人转租或出借租赁物,由他人直接占有,自己居于间接占有之地位,其占有仍继续存在;承租人抛弃占有者,其中止基于自己之意思,且有丧失占有的事实,承租人无保护的必要,应认为此时占有中止,即不得适用"买卖不破租赁"。②

综观史尚宽、王泽鉴两种观点,史先生强调租赁物以一次交付足够,至于交付后,所有权让与时,承租人是否实际占有、正在使用则在所不问,但若承租人被认为有抛弃占有的意思时,则"买卖破除租赁";王先生强调所有权让与时,租赁物需处于承租人实际控制、支配和占有状态下,但又列举几项特殊情形作为例外。我国合同法第229条未明确交付的公示性,更不用说关于交付后占有的状态,台湾现行民法亦无关于占有中止的规定,但1946年曾有解释:第425条系基于承租人于交付后,必占有租赁物之普通情形而为规定,若出租人于承租人中止租赁物之占有后,将其所有权让与第三人,则第三人无从知道有租赁关系之存在,自应解为

---

① 史尚宽:《债法各论》,中国政法大学出版社2000年版,第224页。
② 王泽鉴:《民法学说与判例研究》(第6册)"买卖不破租赁:第425条规定之适用、准用及类推适用"。

不能适用。①

综上所述,各国关于买卖不破租赁适用对象规定不一,但我国合同法将其适用于动产和不动产也是合理的,有其存在根据,能促进经济发展,但要适用买卖不破租赁,必须突出租赁权物权化的公示性,因而对交付的几种情形要严格把握,目的在于使受让人在所有权转移时,通过承租人对租赁物的占有和使用知悉此物上所存在的负担,从而对其产生公示公信力,但有几种承租人对租赁物的占有状态发生中断情形也发生适用买卖不破租赁的效果,在立法或司法解释上应有明确规定或说明。

三、出租人将租赁物所有权让与第三人

适用买卖不破租赁的另一必备要件是所有权有效移转于受让人,对不动产来说,必须办理所有权移转登记手续,土地使用权转让应到土地管理部门,房屋出卖应到房产管理部门登记;对动产来说,除双方让与合意外,应以交付为所有权移转生效的标志,这样做在于发生公示效果,使公众产生公信力。而所有权转移这一物权变动的原因行为,不只有买卖这种债权行为,还有互易、遗赠、赠与甚至合伙人出资。因此,严格说来,"买卖不破租赁"应为"所有权让与不破租赁"。但是,如果买受人受让标的物的所有权后,将该物出租给第三人,事后,其原因行为被认为无效、撤销或一方行使解除权,使债权合同丧失法律效力,此时,自买受人处承租的第三人与原所有权人之间能否适用第229条关于"买卖不破租赁"的规定?这涉及到我们对物权行为无因性的理解。在我国,物权行为无因性尚未被法律正式认可,例如关于抵押合同,抵押物登记后抵押合同才生效,但就世界各国法的规定来看,物权行为不因其原因行为无效、解除或撤销而受影响,已达成普通共识。我国学术界对此看法也趋于一致,基本承认物权行为有其独立性。② 承认物权行为无因性那么债权行为的变化不会对物权行为产生影响,只要租赁物的让与行为

---

① 王泽鉴:《民法学说与判例研究》(第6册)"买卖不破租赁:第425条规定之适用、准用及类推适用"。
② 孙宪忠:《论物权法》,法律出版社2001年版,第39~41页。

有效,就能适用合同法第229条的规定。①

出租人将租赁物的所有权让与第三人,此句话包含了让与人须为出租人的条件,因此,在无权出租他人的物的情形下,所有人将租赁物让与第三人,受让人不承受租赁负担,承租人不能依合同法第229条的规定对抗受让人,受让人可依所有权请求租赁物的承租人返还其物。出租人须为让与人,即租赁物的所有者,倘若其对租赁物的取得是自他人继受取得,则必须是合法继受,符合法律所要求的一切手续,即不动产需办理了移转登记,动产需由出让人交付标的物而为实际占有,如果仅发生事实上移转,例如出租人占有、使用着不动产,但与原所有人还未办理移转登记手续,那么不动产原所有人财产被查封拍卖时,因出租人对自原所有人处继受过来的不动产未办理登记手续,该不动产应被作为原所有人的财产被拍卖掉,此时,拍定人的所有权与出租人的所有权发生冲突,若拍定人有所有权,是否承受出租人所订立的租赁合同?由于拍定人所取得的所有权是自拍卖会场通过拍卖程序合法取得,而出租人虽事实上占有使用,享有事实上的处分权,但所有权的取得毕竟不符合法定程序,以其所有权对抗拍卖人的所有权难以自圆其说。因此,出租人在虽有出租权限但非让与人情形下,所订立的租赁合同当系无权出租,承租人自不能依买卖不破租赁对抗拍定人。但是,不妨设定原所有人将其财产出租后,该财产又被拍卖,拍定人是否应承受该租赁负担?此与拍卖的法律性质有关,各国规定不同,德国采公法说,认为拍定人原始取得拍定物所有权,故不继受租赁关系。

我国拍卖情况比较复杂,将拍卖分为任意拍卖和强制拍卖。任意拍卖又有私物拍卖和公物拍卖两种,私物拍卖相对明确,属于买卖的一种,拍卖之买受人取得拍卖物自然属于继受取得,其间发生所有权的让与,当然应适用买卖不破租赁。

---

① 例如,甲将其一幢房屋出售给乙,并办理了移转登记手续,乙又将其购得的房屋出租一间给丙,后承认物权行为无因性,那么债权行为的变化不会对物权行为产生影响,只要租赁物的让与行为有效,就能适用合同法第229条的规定。试举一例:甲将其一幢房屋出售给乙,并办理了移转登记手续,乙又将其购得的房屋出租一间给丙,后来甲乙之间买卖合同存在可撤销原因,有撤销权的一方行使撤销权后,甲乙之间的买卖合同丧失法律效力。但是,乙在出租房屋给丙时,是因办理了移转登记而取得所有权,也就是说,乙出租时房屋是属于自己的,尽管买卖合同因撤销而丧失法律效力,但对于房屋所有权变动不生影响,其变动是合法有效的,乙在返还房屋给甲时,是租赁物所有权的转移再转移问题,不是对第一次转移的否定,因此又涉及所有权的转移,甲不能基于所有权而向丙请求返还房屋,丙可依据我国合同法第229条的规定对抗甲的请求,买卖不破租赁在这里正适用之。

但论及公物拍卖时,受让人取得拍卖物的性质究竟是原始取得还是继受取得,观点相异。一种观点认为,公物拍卖与私物拍卖一样属于买卖的一种,只不过形式比较特殊而已,所以受让人取得拍卖物是继受取得。另一种观点认为,区分原始取得和继受取得的标准是是否以原所有人的所有权与意思为根据。①

在公物拍卖中,受让人取得所有权并非基于原所有人的意思表示,因此属于原始取得。笔者较为赞同前者。但若基于公共利益或公益目的而征收,则另当别论,不能适用买卖不破租赁,以免因小失大;若一般公物拍卖,则与私物拍卖无本质区别,都应受私法限制,理应适用买卖不破租赁。强制拍卖中,有人认为,由于原所有人也能作为买受人参加拍卖,如果把其归入买卖的话,就构成了自己买卖,于理不通,不存在任何所有权的转让,因此强制拍卖属于公法行为,买受人取得拍卖物的性质属于原始取得,不适用"买卖不破租赁"。笔者并不赞同此种观点,强制拍卖系司法机关强制执行出租人的实际财产以还清债务,并非基于公益目的,与任意拍卖并无两样。出租人财产上存有负担合同是实际情况,在拍卖时需详细说明,若由原所有人承买,也是一次所有权的移转,其租赁合同仍然存在;若由他人承买,是明知有租赁负担而购买,应有买卖不破租赁的适用余地。因此强制拍卖中拍定人也应继承出租人的地位,而行使或负担租赁合同中的权利或义务。

由上述可知,适用买卖不破租赁必须具备三个要件,即租赁关系的有效存在、租赁物已交付于承租人使用、出租人将租赁物的所有权让与第三人,这三个要件同时也必须正确理解和把握。可见,尽管租赁权被赋予了物权效力,但其并不等同于物权,适用时有严格的规定,此系基于物权优于债权的基本原理。租赁权在本质上仍为债权,为处于社会弱势地位的大批承租人利益,赋予其一定的物权特征,同时为了保护作为物权真正享有者的受让人,必须严格限制其滥用。由于买卖不破租赁使通常之买卖关系、租赁关系的双方当事人关系发生变化,适用此原则后,涉及三方当事人的权利义务关系,较之单纯的买卖或租赁关系复杂。

---

① 王利明主编:《民法》,中国人民大学出版社2000年版,第160页。

第五节 承租人的优先购买权

一、承租人优先购买权的含义

房屋承租人的优先购买权,又称先买权,是指房屋租赁关系中,承租人按照法律规定所享有的,房屋的所有权人在出卖房屋时,承租人享有优先购买权。出卖人应在出卖房屋前的合理期限内通知承租人,在同等条件下,承租人可以优先购买。在租赁合同并未到期情况下,出租人将房屋卖给第三人的,承租人也对该房屋享有租赁权,该租赁权可以对抗新的房屋所有人。目前,关于承租人优先购买权的规定,主要是《合同法》的规定,最高人民法院《民法通则若干意见》第118条。《民法通则若干意见》第118条规定:"出租人出卖出租房屋,应提前三个月通知承租人,承租人在同等条件下,享有优先购买权。"

二、优先购买权的性质

正确界定优先购买权的性质,是审判实践中正确适用优先购买权制度的关键。研究优先购买权的法律性质在实践中的意义主要表现在:享有优先购买权的承租人能否在请求宣告出租人与第三人的买卖合同无效的同时,请求法院判决其与出租人之间的买卖合同成立?有的法院认为,可以直接判决承租人与出租人之间的买卖合同成立,否则优先购买权制度就没有意义;有的法院认为,合同的订立必须尊重当事人的意思自治,法院不能主动在当事人之间设立一种新的民事关系,因此,只能判决撤销出租人与第三人之间的买卖合同。

目前,在理论界,对优先购买权的性质仍存在争议。有学者认为是物权,有学者认为是债权,债权说认为优先购买权只是承租人请求出租人按与第三人的同等条件订立买卖合同的权利,在出租人不履行其义务时,承租人仅得请求损害赔偿,因此法院不能判决承租人与出租人之间的买卖合同成立。有学者认为是形成权,形成权说认为仅凭承租人的单方意思表示即可使承租人与出租人之间形成房屋买卖法律关系,承租人起诉至法院要求行使优先购买权的,法院应当判决确认双方之间的买卖关系成立。也有的学者认为是具有物权效力的债权。多数学者认为优先购买权是一种附条件的形成权,即在出租人出卖租赁房屋给第三人时,在同等条件下,依承租人一方的购买意思表示即可使承租人与出租人之间成立买卖关系。

所谓形成权,指权利人依自己的行为,使自己与他人间的法律关系发生变动的权利,其主要功能在于权利人得依其单方之意思表示,使已成立之法律关系之效力发生、变更或消灭。① 因此,一项权利要成为形成权,首先必须有某种法律关系的存在,如合同解除权,首先必须有合同关系的存在。反观承租人的优先购买权,其只是在一定条件下优先购买的权利,而不是使已成立的法律关系发生变动的权利,因此,不符合形成权的成立条件。另外,形成权的特点决定了其没有被侵害的可能。在现代民法中,凡是权利,都有被侵害的可能,但形成权却不可能成为侵权行为的对象。因为,在形成权未行使前,对原法律关系不产生任何影响,但一经行使,具体权利义务关系即因此而发生、变更、消灭,他人没有干预的机会,而且形成权的行使行为是一种单方法律行为,权利人只要将其意思送达于对方即可产生法律效果,无须他人行为的介入,因而也无侵害的可能。② 如追认权、撤销权,法律关系的变动仅依权利人单方意思表示,不存在被侵害的问题。但是,在房屋租赁关系中,承租人的优先购买权被侵害的现象却屡屡发生,因此,将优先购买权理解为形成权,在法理上似有不通。③ 从承租人优先购买权的立法目的来看,是为了减少买卖纠纷,减少交易风险,减少交易社会成本,便于房屋的占有、管理和使用,发挥其最大的使用价值。但是,在现实生活中,大量的优先购买权纠纷产生的原因是房屋的交换价值而非其使用价值,尤其是近年来随着房地产市场的急剧升温,一些承租人想通过行使优先购买权而使自己获得经济上的收益,这就与优先购买权制度的本意相去甚远了,这种情况下,对所有权的保护意义更大。从另外一个角度看,一般情况下,由于承租人行使优先购买权而使竞买者增加,往往会使出卖人获得更大的利益,而如果出卖人宁可放弃该利益甚至不惜以侵权为代价也不愿将房屋卖给承租人,定当有其原因,此时法院强迫双方缔约可能会进一步加深双方的矛盾,造成社会不安定因素。

综上,承租人的优先购买权并非形成权,在其受到侵害时,承租人仅得请求法院确认出租人与第三人签订的买卖合同无效,而不能直接主张依据第三人购买房

---

① 梁慧星:《民法总论》,法律出版社 1996 年版,第 66 页。
② 汪渊智:"形成权理论初探"。载《中国法学》2003 年第 3 期。
③ 江苏省高级人民法院民一庭:《房屋租赁合同纠纷中若干法律问题的研究报告》,载于黄松有主编之《民事审判指导与参考》总第 26 期,第 143~144 页。

屋的条件取得房屋。本书对租赁权的性质持债权说立场。

三、承租人优先购买权的几个法律问题①

(一)出租人"出卖"行为的判断标准问题

承租人的优先购买权,自租赁合同生效时同时成立。但是,按照前述法律和司法解释的规定,承租人的优先购买权只能在出租人出卖房屋时才能行使。那么,如何界定"出卖"的含义,就成为可否行使优先购买权的前提之一。②

所谓"出卖",其本身的含意是相对清晰的,即所有权人以转让所有权为目的,有偿地将物之所有权移转于他人的行为。那么,赠与、遗赠、继承等无偿转让所有权的情形,因不符合买卖的特征,所以,承租人不得主张行使优先购买权。同样,在因公共利益或其他原因而导致的房屋被征收、征用等情况下,由于房屋的转让与否,所有权人完全不能决定,因此,也不存在承租人行使优先购买权的问题。但在一些特殊的买卖中承租人能否行使优先购买权应作具体分析。互易是指特定物与特定物之间的交换。互易的情况下,如果交换的标的物为可替换物,或者承租人也能够提供的,则承租人仍然可以行使其优先购买权。在招标和强制执行情况下,无优先购买权的适用。但在拍卖中是否适用优先购买权,通说认为拍卖时无优先购买权的适用。第一,拍卖方式具有较强的公示性,第三人无须知道以此方式出卖的标的物上的权利或负担,按此程序即可获得合法所有权,并排除相关权利人的追索。第二,拍卖以"价高者得"为原则,无"同等条件"可言。第三,拍卖中允许优先购买权行使,则"应买之人势必锐减,卖价难免偏低,一方面不利于债权人及拍卖物之所有人,他方面亦不免造成偏惠优先承买人之结果"。③ 第四,拍卖中虽排除优先购买权,但只要出卖人通知承租人参加竞买,承租人仍可与他人共同竞买,其购买的机会等同于优先购买权的行使,自身并未受损害。因此,在租赁房屋拍卖时,只要出卖人及时通知承租人参加竞拍即可。但也有观点认为,拍卖虽然是一种比较特殊的、法律设有特别规则的交易方式,但其本质仍是一种买卖。因此,并不能将拍卖排除在外,也就是说,在房屋拍卖的情况下,承租人仍

---

① 本部分内容主要借鉴了吴庆宝主编之《民事裁判标准规范》,人民法院出版社2006年版,第557~563页。
② 王利明主编:《中国物权法草案建议稿及说明》,中国法制出版社2001年版,第330页。
③ 王泽鉴:《优先承买权之法律性质》,载王泽鉴:《民法学说与判例研究》(第1册),中国政法大学出版社1998年版,第511页。

然有权行使优先购买权。① 对此有关司法解释已经做出了明确规定。最高人民法院《关于人民法院民事执行中拍卖、变卖财产的规定》第 14 条、第 16 条规定,人民法院应当在拍卖 5 日前以书面或者其他能够确认收悉的适当方式,通知当事人和已知的担保物权人、优先购买权人或者其他优先权人于拍卖日到场。拍卖过程中,有最高应价时,优先购买权人可以表示以该最高价买受,如无更高应价,则拍归优先购买权人;如有更高应价,而优先购买权人不做表示的,则拍归该应价最高的竞买人。按该解释的规定,拍卖情况下,承租人是可以行使其优先购买权的。该司法解释虽然只是规定了人民法院组织拍卖情况下的优先购买权问题,但是按类推适用的原则,应当能够得出出卖人组织拍卖时,承租人也可以行使其优先购买权的结论。只不过在出卖人组织拍卖的情形下,通知有关优先购买权人的义务应由出卖人承担。②

(二)对"同等条件"理解和适用

承租人在"同等条件"下有权购买出租人出卖的租赁物,此处所称的"同等条件",是指承租人与第三人购买出租房屋时的购买条件(如价格、数量、质量、履行方式等)相同或大体相同。在具备"同等条件"的情况下,承租人可以优先购买,这是承租人优先购买权的核心内容,也是权利行使的实质要件。

同等条件是承租人行使优先购买权的实质条件,法律规定同等条件是为了保证出卖人的利益不致因优先购买权的行使而受到损害,从而使出卖物能以合理的价格成交。对此,各国立法大多有明确规定,如《法国民法典》第 815 条规定,先买权人应当以出卖人与第三人协商的价格和条件为购买。《德国民法典》第 505 条规定,行使先买权时,先买权人和义务人之间的买卖,按照义务人与第三人约定的相同条款而成立。

审判实践中对"同等条件"的理解形成了两种不同的观点。一是绝对同等说,即认为承租人认购的条件应与其他买受人绝对相同和完全一致。二是相对同等说,即认为承租人购买条件与其他买受人条件大致相等,便为有同等条件。前一观点在适用中过于严格,尤其在其他买受人所提供的条件(如提供某种机会)承租人无法做到,但可以多付金钱的办法弥补这些附加条件的不足时,则不能苛求承

---

① 参见江苏省高级人民法院民一庭:《房屋租赁合同纠纷中若干法律问题的研究报告》,载于黄松有主编之《民事审判指导与实践》总第 26 期,第 147 页。
② 吴庆宝主编:《民事裁判标准规范》,人民法院出版社 2006 年版,第 558~559 页。

租人提出的条件须与其他买受人的条件完全一致。后一观点在适用中浓缩性过大，不利于操作。① 审判实践中对"同等条件"可依如下原则和内容予以理解与适用。

1. 对于出租人与第三人一般意义上的买卖行为，应以绝对同等说理解，即承租人的购买条件须与第三人所为的承诺完全一致。所谓一般意义上的买卖系指出租人与第三人间合同条款未做特别约定，可适用于一般任何人的买卖。"同等条件"的内容包括价格支付方式、交易时间等合同主要条款，其中价格条件是首位且最主要的考量因素。

2. 对于出租人与第三人间有特别约定的特殊情况下的买卖行为，应以相对同等说理解，即在此类特殊情况下，对承租人所提条件与第三人所为承诺应做具体比较分析，如两者均能给出卖人以大致相等的对待给付，即可视为同等条件。归纳起来，所谓的特殊情况及其具体处理主要有：

(1) 租赁物与其他标的物作为一个整体出卖的。当出租人将租赁物与其他标的物同时出卖，而第三人以总价金整体受让时，若标的物可分割的，则承租人可就其优先购买权部分按比例支付价金；若标的物不可分割或分割将使出租人显受损失的，出租人可请求承租人就全体标的物行使优先购买权，否则视为条件不等同，无优先购买权的适用。因为，就房屋的部分与整体而言，法律规定承租人仅对其承租的部分有优先购买权，而对其他部分则没有，承租人不能当然地以其部分之权利对抗出租人对房屋整体的处分权。比如，出卖人出卖其所有房屋，而出租房屋仅为其中一间。如果将此间房屋单独分割，则第三人将不愿购买，或者将大幅降低价格的，承租人即不能行使优先购买权。

(2) 出租人基于特殊信任、亲属等关系，而对第三人提供特殊买卖条件的，承租人也不得主张享有这些特殊条件。如出租人基于对第三人信用的信赖，允许第三人延期付款的，由于承租人与第三人信用未必一样，因此，该条件就不能视为同等条件。承租人不得主张以此方式行使优先购买权。但是，如果在此情况下，承租人如果提供了优于第三人的条件的，如承租人主张按期付款的，其支付方式显然优于第三人的延期付款，应当可以优先购买。审判实践中常常碰到的另一个问题是，出租人与第三人基于亲属关系或其他特殊亲密关系，以低于市价出卖房屋，而离开此种关系，出租人则不愿出售，这种亲属关系或其他特殊亲密关系是否属

---

① 王利明：《物权法论》，中国政法大学出版社1998年版，第788页。

于同等条件的范围,承租人能否要求行使优先购买权。对此问题,我们认为,出租人基于亲属关系或其他特殊亲密关系而转让房屋的,在性质上具有浓厚的人身色彩,其转让对象也具有特殊性,不同于一般的市场交易行为——对象为不特定的第三人,因此与纯粹的买卖关系有所不同。另外,这种亲属关系或其他特殊亲密关系也非金钱所能衡量,承租人也不得要求以价金代替,此时,承租人不得主张行使优先购买权。①

(三)其他权利人在同等条件下可以优先于承租人优先购买权的判断标准

一般来说,在以下几种情况,承租人的优先购买权居于较次要的地位:1. 按份共有人主张优先购买权的。2. 出租人基于与第三人的亲属关系或其他亲密关系,以低于市价出卖房屋,而离开该关系,出租人则不愿出售房屋的。3. 如果是部分房屋承租,而整体房屋出售,则承租人不具有优先购买权。之所以如此,是因为在赋予承租人优先购买权的同时,也要保障出租人的所有权。承租人的优先购买权也不是绝对的和无条件的。当不同主体针对同一特定物建立的不同权利发生冲突,而相冲突的权益无法同时得到同等保护时,只能根据"两利相权取其重"的价值取向进行平衡。

(四)出租人是否"提前三个月通知"的理解②

出于保护义务人及督促权利人尽快行使权利,稳定交易秩序的目的,规定有优先购买权制度的国家大都规定优先购买权应在一定期限内行使,逾期不行使,视为放弃。传统民法中将此行使期限称为"优先购买权时效期限"。我国法律对此亦有规定,《民法通则若干意见》第118条规定"须提前三个月通知"。但是,这个规定本身还是存在重大缺陷的。《合同法》则规定出租人只需在合理期限内通知即可。但在司法实践中,基于目前的审判体制等原因,审理案件的法官仍然倾向于利用较为明确、操作性强的规定,而不是更多地运用弹性条款。因此,还有必要就《民法通则若干意见》第118条规定的"须提前三个月通知"来进行分析。

1. 对"提前三个月"的把握标准

设定优先购买权行使期限的目的既然在于约束承租人,督促其尽早行使权利,则出租人所负义务仅为"通知"而已。然而《民法通则若干意见》中出租人"须

---

① 江苏省高级人民法院民一庭:《房屋租赁合同纠纷中若干法律问题的研究报告》,载于黄松有主编之《民事审判指导与实践》总第26期,第145页。

② 吴庆宝主编:《民事裁判标准规范》,人民法院出版社2006年版,第561~562页。

提前三个月通知"的规定,却为出租人设定了期限义务,反而忽视了对承租人的约束,不利于正确反映和充分贯彻立法目的。因此,以符合立法目的的语言来解释和表述,应当理解为:出租人出卖租赁物的,应当将出卖的条件通知承租人。承租人在接到通知后,应当在3个月或合理期限(按照《合同法》的规定,3个月的期限也不是确定不变的)内决定是否购买。

因此,不能把出租人的通知义务当然的确定为"提前"3个月。如果是这样的话,出租人就不能先和第三人商议买卖的条件,而必须提前3个月想好买卖的条件并通知承租人后,再去寻找买方了。如果先和第三人商议好了买卖条件,再通知出租人,就不是"提前"通知,而是"事后"通知,又不符合规定的要求了。由此可见,对出租人的通知义务如此表述,显然是不符合逻辑的。

2. 应当"通知"的事项分析

出租人在通知承租人时,应当通知自己有出卖的意思,还是通知准备出卖的条件,实践中也有不同的看法。我们认为,应当是对出卖条件的通知更为恰当。因为优先购买权的行使必须以"同等条件"为之,如果通知的内容仅为出卖意图,没有具体的买卖条件,承租人也根本就无法行使优先购买权。以出卖意思为准,将使出租人以完成了通知义务为借口损害承租人利益。其次,出租人若仅以出卖意图为通知,承租人也只能以是否购买的意图做回复,此后当出租人再以具体出卖条件通知承租人时,又涉及"3个月"的行使期限是否应当重新计算,如何计算的问题;而以出卖条件为内容,就不存在这些适用上的麻烦。从大陆法各国的规定来看,出卖人通知的内容也都是具体的出卖条件。

3. 出租人未尽通知义务的处理标准

出租人应当通知承租人而未通知的,承租人在知道或者应当知道出租人出卖房屋的情事后3个月内,或者合理期限内,仍然可以行使优先购买权。

为了维护市场交易的稳定和安全,对承租人的前述权利行使期间可以加以限制。即优先购买权的行使,自出租人出卖时起超过一年的,优先购买权归于消灭。该期限在性质上为除斥期间。

鉴于《民法通则若干意见》第118条规定本身存在缺陷。对承租人优先购买权的行使及其期限问题,应改作如下表述:出租人出卖租赁房屋的,应当将出卖的具体条件通知承租人;承租人应当自收到通知之日起的三个月内行使优先购买权。出租人未履行通知义务的,承租人应当从知道或者应当知道出租人出卖租赁房屋时起的三个月内行使优先购买权;但从出租人出卖租赁房屋时起一年内不行使的,该优先购买权消灭。①

四、解除租赁合同纠纷的处理

合同必须严守,是合同法上的一项基本原则。但是,当事人可依合同约定或者法律规定而享有解除权,以便从合同的束缚中解脱出来。

在房屋租赁合同关系中,除当事人约定外,根据《合同法》的有关规定,双方在以下情形下享有合同解除权:

1. 承租人的解除权。在租赁房屋具有瑕疵(包括物的瑕疵和权利瑕疵),致使承租人无法使用,或者利益受到重要影响,或者在相当期间内不能进行使用收益的,或者租赁房屋毁损致使不能实现合同目的的,承租人可以解除合同。《合同法》第二百三十一条规定:"因不可归责于承租人的事由,致使租赁物部分或者全部毁损、灭失的,承租人可以要求减少租金或者不支付租金;因租赁物部分或者全部毁损、灭失,致使不能实现合同目的的,承租人可以解除合同。"《合同法》第二百三十三条规定:"租赁物危及承租人的安全或者健康的,即使承租人订立合同时明知该租赁物质量不合格,承租人仍然可以随时解除合同。"

《合同法》第二百三十三条规定仅限于物的瑕疵,而且限于物的瑕疵达到"危及承租人的安全或者健康"的程度。我们认为,对于租赁房屋的瑕疵,不论是物的瑕疵还是权利瑕疵,只要符合《合同法》第九十四条第(四)项规定,②承租人可以主张解除合同。对于承租人因租赁房屋存在瑕疵而主张解除合同的,应满足以下要件:(1)承租人的使用收益受到的障碍必须达到严重程度。但是,如果租赁房屋对于承租人有特别利害关系的,则该障碍即使未达到严重程度,也应允许承租人解除合同。(2)出租人不于催告的期限内进行修缮。但在修缮为不可能或者虽有可能但于承租人已无利益的,则无须催告即可主张解除合同。③《合同法》第二百三十三条规定的用语是"可以随时解除"。但应注意的是,其前提是租赁房屋的瑕疵已达到"危及承租人(包括同住人)的安全或者健康"的程度。在此种情形下,

---

① 吴庆宝主编:《民事裁判标准规范》,人民法院出版社 2006 年版,第 563 页。
② 《合同法》第九十四条规定:有下列情形之一的,当事人可以解除合同:(一)因不可抗力致使不能实现合同目的;(二)在履行期限届满之前,当事人一方明确表示或者以自己的行为表明不履行主要债务;(三)当事人一方迟延履行主要债务,经催告后在合理期限内仍未履行;(四)当事人一方迟延履行债务或者有其他违约行为致使不能实现合同目的;(五)法律规定的其他情形。
③ 梅仲协:《民法要义》,中国政法大学出版社 1998 年版,第 377~378 页。

即使承租人订立合同时明知该租赁房屋存在瑕疵,也不影响其解除合同。这一点与一般的合同解除规则不同,其立法理由在于要绝对保护人的生命与健康。对此条做相反解释,就是,如果租赁房屋的瑕疵不会导致"危及承租人的安全或者健康"的,而该瑕疵在订立合同时即为承租人所知悉的,承租人将不得主张解除合同。

2. 出租人的解除权。包括:(1)承租人违反约定方式,或者不依租赁房屋的性质而对租赁房屋进行使用收益的。《合同法》第二百一十九条规定:"承租人未按照约定的方法或者租赁物的性质使用租赁物,致使租赁物受到损失的,出租人可以解除合同并要求赔偿损失。"(2)承租人迟延支付租金,经出租人催告,①仍不于催告期限内支付租金的。《合同法》第二百二十七条规定:"承租人无正当理由未支付或者迟延支付租金的,出租人可以要求承租人在合理期限内支付。承租人逾期不支付的,出租人可以解除合同。"(3)承租人未经出租人同意,将租赁房屋转租于第三人的。《合同法》第二百二十四条第二款规定:"承租人未经出租人同意转租的,出租人可以解除合同。"

3. 双方均有的解除权。不定期的房屋租赁合同,双方均可以随时解除合同。《合同法》第二百三十二条规定:"当事人对租赁期限没有约定或者约定不明确,依照本法第六十一条的规定仍不能确定的,视为不定期租赁。当事人可以随时解除合同,但出租人解除合同应当在合理期限之前通知承租人。"

第六节　承租人的优先承租权与不动产的转租问题

一、承租人的优先承租权

在司法实践中,原承租人诉至法院要求肯定其对原租赁物有优先承租的权利,即使法院已经认识到如果在处理案件中否认原承租人的优先租赁权利有失公

---

① 《合同法》第九十四条规定:有下列情形之一的,当事人可以解除合同:(一)因不可抗力致使不能实现合同目的;(二)在履行期限届满之前,当事人一方明确表示或者以自己的行为表明不履行主要债务;(三)当事人一方迟延履行主要债务,经催告后在合理期限内仍未履行;(四)当事人一方迟延履行债务或者有其他违约行为致使不能实现合同目的;(五)法律规定的其他情形。

平,但是由于目前没有明确的法律依据,在适用时往往只能依据《民法通则》中的公平原则来处理,公平原则给予法官一定的自由裁量权,赋予法官以公平观念作为价值判断标准来处理案件,但是客观因素千差万别,难免会出现主观上认为是公平的而客观上又是不公平的现象,况且由于法官对事物的认识与理解,往往相似甚至相同的案件由不同的法官审理会得出不同的结果。

(一)优先承租权的含义和性质

优先承租权是指在租赁关系中,原承租人在合同到期要求续签租赁合同时,对原租赁物在同等条件下拥有优先权。

优先权类似现行法律中所规定的优先购买权,对优先购买权的性质有相通点:

1. 是一种形成权。承租人以同样条件声明承租者,出租人有出租之义务,即优先承租人得依一方之意思,形成以义务出租人同样条件为内容之契约,无须义务人(出租人)之承诺。

2. 是一种附限制条件的物权。房屋的所有人出租其房屋,他是房屋的所有权人,其所有权的行使反受没有所有权人(承租人)的限制,这只能是一个附限制条件的物权,目的是为保护弱势群体承租方的利益。这种观点认为,房屋所有权人出售其房屋给第三人的这一民事法律行为更符合《民法通则》第62条,民事法律行为可以附条件,附条件的民事法律行为在符合所附条件时生效,所以承租人如果行使优先购买权,那么房屋所有权人出租房屋给第三人的这一民事法律行为根本就不生效,而不是无效。

否认优先承租权的主张认为,我国法律规定所有人对所有物有占有、使用、收益、处分的权利,而优先承租权对出租人行使处分权的一种限制,是对意思自治原则的干涉。若法院做出裁决,肯定原承租人有优先承租权时,出租人可以过一段时间后再对租赁物进行出租,那么这时原承租人是否还享有优先承租权,如果有,这段时间又是多长,目前法律也没有明确规定,缺乏法律依据及判决的难以执行,损害了法律的权威性。

肯定优先承租权的主张认为:

第一,优先承租权是保护特殊群体即原租赁人的权益,维护实质公平的需要。

第二,优先承租权是维护社会公益和体现特殊法政策的需要。

从浅层次的目的看,优先权制度是为了维护原租赁人的权益;但是,从深层次的目的看,则是为了谋求特定产业的成长,或特定领域的交易安全,具有较强的公益性,体现着某种特定社会政策的要求,是一项极具社会使命的法律制度。

由于我国法律没有明确规定优先承租权,而租赁关系在现实生活中又相当的复杂,对租赁纠纷中的哪些纠纷赋予承租人优先承租权,怎样赋予承租人优先承租权不好掌握,很容易侵犯出租人的权益。因为按照合同缔约自由的原则,出租人与承租人的租赁关系终结后,应当由双方平等协商自愿达成协议,法院不应过多地干预。过分地强调承租人的优先承租权容易侵犯出租人对租赁物的所有权,同时由此引发法院审理租赁纠纷时,对哪些租赁合同纠纷赋予承租人优先承租权,怎样赋予承租人优先承租权,做出裁决后,又如何执行、怎样实现的问题,也待于解决。

国内、外的立法对不动产租赁人的优先权都有肯定的规定,对与其接近的优先承租权也应予以肯定,理由如下:承租人的优先购买权不是无条件的,而是有条件的,必须在同等条件下行使。"同等条件"的内容,首先是指同一价值;其次,价款的支付方式与期限也应等同,分期付款方式也相同。出租人出租房屋,承租人行使优先承租权,有利于维护交易秩序的稳定,兼顾出租人和承租人利益,符合立法的精神和目的,立法精神和目的就是要赋予承租人在租赁房屋时的优先性,使出租人和承租人的租赁法律关系不因出租人的出租行为而受到影响,维护交易秩序的稳定,促进市场经济的发展,出租人出租租赁房屋,在同等条件下,租给第三人和租给承租人,其利益不受任何影响,出租人租给原承租人更有利于保护承租人的利益,基于承租人承租出租人房屋的事实前提,故法律应规定承租人的优先承租权。

(二)优先承租权的成立要件

1. 从主体来看,可以是公民、法人、国家。优先承租权的主体都是因法定事由的出现而产生,而且优先权人和债务人都是特定的。

2. 从内容看,有权利义务关系的存在。这种权利义务关系首先是优先承租权人和债务人在客观上具有请求与受偿关系,但这种关系不是按照平等原则来解决,而是优先承租权人得凭借法律赋予的特权,优先实现自己的权利。

3. 优先承租权的客体也是特定的,仅限于原租赁物。

4. 权利义务关系之间具有因果关系。优先承租权人权利的产生,必须是出租人的行为将给其造成一定的损害,对这种损害的救济在法律上给予优先考虑。

(三)优先承租权的消灭

1. 参照我国《合同法》第二百三十条中对优先购买权的规定,"出租人出卖租赁房屋的,应当在出卖之前的合理期限内通知承租人,承租人享有以同等条件优先购买的权利"。优先承租权体现在租赁合同期满后下一个租赁合同尚未签订的阶段,当出租人在一定期限内通知了原承租人新的租赁条件,原承租人必须在这段期间内主张自己的优先承租权,若原承租人在这段期间不主张自己的优先承租权,其此项权利即告消灭。

2. 法律保护承租人的权益,同时也须保护出租人的权利,出租人的利益与其自身生存、家庭生活往往紧密相关,也许承租人的加入使租赁物增值,但也有可能有其他的结果,若承租人在租赁期间对租赁物有损坏等行为,使租赁物的价值降低或灭失,给出租人的利益造成一定程度的损失,则原承租人即丧失其对原租赁物的优先承租权。

二、不动产的转租问题

所谓转租,是指承租人不退出租赁合同关系,而将租赁物出租给他人使用、收益。各国民法对转租行为都有一定的规定,大体分为三种基本立法模式:一是法国、奥地利等国民法采用自由主义,即除当事人有明确的相反约定外,承租人原则上可以转租。如《法国民法典》第1717条第1款规定,承租人有转租的权利,但租赁契约有禁止约定者,不在此限。二是德国、日本等国民法采限制主义立法模式,即未经出租人同意,承租人不得转租。如《德国民法典》第549条第1项规定:"承租人非经出租人允许,不得将该租赁物转让于第三人使用,特别是不得将该物转租于他人。"三是意大利采取区别主义的立法模式,即区别不同情况或放任转租或限制转租。如《意大利民法典》规定,除有相反的约定,承租人有将租赁物让渡给他人的转租权,但是未经出租人同意不得转卖契约;涉及动产物时,转租应当由出租人授权或者与惯例相符。而我国采用的是限制主义立法模式,《合同法》第224条规定:"承租人经出租人同意,可以将租赁物转租给第三人……承租人未经出租人同意转租的,出租人可以解除合同。"按该条规定,承租人将租赁物转租他人的,必须经出租人同意。

(一)"租赁权物权化"对于次承租人利益保护的意义

有学者认为,转租合同的标的,其表象为承租之物,其实质应当为租赁权,系承租人将其在一定期限内使用、收益租赁物的权利又租赁给了次承租人。① 主要表现为转租人合意转让租赁权于他人时,不影响次承租人的权利,另外,还包括对转租人在转租合同中权利的合理限制。但是,如果转租人的租赁权本身因为法定原因而无效、被撤销、终止,导致消亡,则次承租人的次租赁权也应当随之消亡。次租赁权的稳定性很大程度上是建立在转租人租赁权的稳定性的基础上的,而转租人租赁权的稳定性是建立在"租赁权物权化"以及现代民法限制出租人权利、保障承租人利益的基础上的。综上,如果转租人与出租人合意终止租赁契约,那么可以解释为转租人将租赁权合意转让给了出租人,次承租人次租赁权不受影响,次承租人可以继续按转租合同的约定占有、使用租赁物,只不过由出租人承担原转租人的地位。但是,如果出租人行使终止、撤销合同的形成权,那么,次承租人次租赁权本身的物权化并不能得出次承租权可以对抗出租人的结论。

就转租合同而言,出租人虽然同意,但不受其约束,次租赁权不能对抗出租人。这是否违背近代民法之租赁权物权化的趋势呢?

为保护作为弱者的承租人,大陆法系国家大多承认买卖不破租赁。这使得租赁权不因租赁物所有人的变更而受影响,成立在先的租赁权可以对抗新所有人,从而具有物权性,这也就是所谓的租赁权物权化。物权之于债权最大的区别在于物权为对世权,具有排他性,可以对抗不特定的第三人,这一特性使租赁权具有很强的稳定性,有利于承租人获得持续、安全的保障。但是,租赁权毕竟是基于租赁合同而生的债权,其基于立法者政策性考虑的物权化只能是有限的。比如与用益物权相比较,用益物权人对物的利用方法在法律规定的范围内一般不受限制,并且用益物权可以自由转让,即便在设定该物权时有特别约定也仅具有合同法上的效力而不能对抗善意第三人;而承租人不经出租人同意不得对租赁物进行改变或者增设他物,并且承租人转租、转让租赁权依法需要得到出租人同意,否则出租人可以行使法定解除权。最为重要的是,承租人依然要受到租赁合同的严格约束,其租赁权可因为租赁合同的终止、撤销、解除、无效而丧失,租赁权只能对抗第三人而不能在合同的范畴外对抗出租人。要使租赁权具有更强的对抗性,必须进一步加强承租人在租赁合同中的地位。

---

① 王秋良、蔡东辉:"合法转租之次承租人利益保护的若干问题"《政治与法律》2003年第6期,第141~143页。

（二）次承租人代位清偿权对出租人解除权的限制

出租人行使形成权终止租赁合同主要为行使法定解除权和撤销权，其中，又以行使法定解除权最为主要。出租人法定解除权的设置主要在于维护出租人在租赁合同中的重大利益，这些利益如果不能得到保障，那么出租人的合同目的便不能实现。我国《合同法》第227条规定承租人无正当理由未支付或者迟延支付租金，经出租人催告合理期限，仍未按期支付时，出租人可以解除合同；第219条规定承租人未按照约定方法或者租赁物的性质使用租赁物，致使租赁物受到损失时出租人可以解除租赁合同。只在经出租人同意的合法转租情形下，租赁物的实际占有使用人为次承租人，由次承租人向承租人支付租金，如果出租人认为催收租金无着影响租赁合同目的实现而依据合同法第227条要求解除租赁合同，而次承租人完全具备支付租金的能力，那么，由次承租人代承租人为支付，丝毫不影响出租人的租金收取利益，同时，次承租人的权益也可得到保障。问题在于，次承租人代偿租金的依据何在，其通过代偿租金维护自身权益的行为应当得到何种程度的保障？

根据我国学者对《合同法》转租条款的权威解释，出租人与承租人间的租赁合同不受转租的影响，出租人只能向承租人主张收取租金，次承租人并不承担向出租人支付租金的义务。[①] 这种理解较为严格地遵循了合同相对性原则，有学者认为：次承租人，因承租人不能支付租金出租人得终止契约之点，不能不谓其有利害关系，故应解释于此范围内，次承租人有代偿请求权。[②] 按民法理论，除根据债之性质，必须债务人亲自为履行，或者债权人与债务人事先约定必须由债务人亲自履行外，第三人可以为清偿人。盖第三人依债务之本旨，提出给付者，债务人既未因此而受不利益，债权人亦可借此满足其希望。故第三人为清偿时，无须得债务人或债权人之同意。唯在债务人有异议时，债权人得拒绝清偿。但第三人就债之履行，有利害关系者，债权人不得拒绝。在租赁合同中，次承租人代位向出租人偿付租金，以维护自己承租利益的稳定性，对出租人和转租人均无不利影响，而且完全符合民法保护作为弱者的承租人利益之价值取向，并且可以防止出租人与转租人间的恶意串通。因此，对于次承租人的代偿请求权出租人无权拒绝，同时，次承租人一旦提出代为清偿，就可暂时阻滞出租人解约，次承租人实际为清偿后，出租

---

① 李国光主编：《合同法释解与适用》，新华出版社1999年4月版，第1080页。
② 史尚宽：《债法各论》，中国政法大学出版社2000年版，第186页。

人此项解除权消灭。因此,次承租人之代偿请求权应当被赋予某种形成权的效力。对于代偿请求权的行使,应当赋予程序保障和期间规制,以平衡出租人和次承租人的利益。一方面,出租人在行使解除权之前,必须对次承租人履行告知义务;另一方面,次承租人必须在合理期间内决定是否行使代偿权,超出该合理期间,则代偿权丧失。另外,次承租人向出租人偿付租金后,在该数额内对于转租人享有代位求偿权,此代位求偿权可以抵销相应的对转租人的租金债务。从比较法解释的角度而言,第三人清偿在主要大陆法系国家都得到承认。从目的解释的角度而言,第三人清偿并无损害他人利益之处,相反还有利于债权人实现债权。因此,可以认为,我国合同法中包含了第三人代位履行合同义务的制度。由次承租人代承租人履行租赁合同义务,有利于保护次承租人的利益,于我国合同法中的合同履行原则也不悖。

(三)次承租人异议权的保障对出租人解除权的限制

如果出租人认为次承租人构成了对租赁物的不当使用,致使租赁物受到损失,而转租人应当对此负责,故根据我国《合同法》第219条的规定,要求解除租赁合同,那么次承租人的合法利益应当如何保障?次承租人是实际占有使用租赁物的主体,其是否构成不当使用租赁物,并且达到一定的程度,致使物之所有人的利益受到较为严重损害,其应当有异议的权利。然而,次承租人又并非租赁合同的主体,在租赁合同之违约诉讼中,其并无当然的诉讼主体地位。

在传统民法理论的框架内,次承租人异议权的保障是有限的,出租人只需单方意思表示便可解除租赁合同。在出租人解除租赁合同的情况下,如果其要求承租人归还租赁物,那么还得行使请求权。如果通过诉讼的方式,首先必须对出租人是否满足了行使解除权的法定条件进行考察。对此,转租人可以行使形成抗辩权,以次承租人的使用系在租赁合同约定的合理使用范围内,对出租人不构成不当侵害等理由进行抗辩。转租人也可以在出租人起诉之前,主动以诉讼的方式行使这种形成抗辩权,此种情形,这种权利可称之为形成抗辩诉权。问题的关键在于,如果转租人行使此项抗辩权不力,以致法院认定出租人解除权的行使合法有据,那么对次承租人的利益大为不利。到时,出租人以所有物返还请求权要求次承租人返还租赁物,次承租人的占有已成为无权占有,即便其举出证据对自己的合法使用加以证明,也不能对抗出租人。因此,妥当的做法是在出租人与转租人的诉讼中保障次承租人的诉讼主体资格,使其直接行使异议权以对抗出租人的解除权。

可以针对出租人诉讼请求的不同区别对待。如果出租人请求解除租赁合同，由次承租人直接归还租赁物，那么可以将转租人和次承租人作为共同被告。如果出租人请求解除合同，由转租人归还租赁物，那么法院应当依据当事人的申请，或者依据职权，从诉讼经济和次承租人利益的合理保障角度，将次承租人追加为第三人，确保其异议权得到充分地行使。

由于我国采限制主义立法模式，在限制主义的模式下，经出租人同意后，承租人将租赁物转租他人的，转租合同有效当无异议。而如果承租人未经出租人同意，将租赁物转租第三人，其与第三人之间的租赁合同的效力究竟为何，法律却没有明确规定，学理上也有不同见解。一种意见认为，未经出租人同意将租赁物转租他人的行为是一种无权处分行为，如果出租人事后不追认转租合同的效力，该转租合同就是无效的。另一种意见认为，未经出租人同意将租赁物转租他人的行为并非是无权处分行为，而是承租人依法使用、收益租赁物的行为，因此，出租人是否同意不影响转租合同的效力。我们认为，第二种意见可资赞同。

1. 未经出租人同意的转租行为是否为无权处分行为。对于这个问题，首先要弄清处分的含义。"处分"包括事实上的处分和法律上的处分，事实上的处分是指对原物体加以物质的变形、改造或毁损的行为，法律上的处分是指使物体的权利状态发生变化。按第一种意见，转租被认为是法律上的处分。但仔细分析租赁这一法律行为的性质可以发现，租赁只是将租赁物的占有、使用、收益的权利交由承租人享有，对出租人的所有权产生一定的限制，但并没有使其权利状态发生变化，转租的情况下，也只是租赁物的占有、使用、收益的进一步转移，对出租人的所有权并不产生任何影响，因此，转租并不是对租赁物的处分。王泽鉴先生也认为，租赁合同属于债权行为（又称负担行为），其与处分行为是两个不同的概念，不以负担义务者对标的物有处分权为必要。只要当事人具有行为能力、意思表示真实、标的确定、可能、适法及正当，租赁合同即可生效。出租人是否同意所影响的是其与承租人之间的权利义务关系，与转租合同的效力无关。

2.《合同法》规定，承租人未经出租人同意转租的，出租人可以解除合同。从该条规定看，并没有无效的立法意旨，而是授予出租人选择权，其可以不行使解除权而不收回房屋，也可以解除与承租人之间的租赁合同，同时行使物权请求权要求收回房屋。

（四）转租中的优先购买权

在房屋租赁关系中，出租人出卖房屋的，承租人享有以同等条件优先购买的权利,这一点法律有明确规定,但在转租的情况下,次承租人是否享有优先购买权,法律却没有明确规定,实践中也容易产生争议。有学者认为,在合法转租的情况下,次承租人对于所有权人并不能主张优先购买权。理由在于:一方面,转租合同的当事人是承租人和次承租人。次承租人与出租人之间并无租赁合同关系,次承租人也没有从出租人处取得租赁权。另一方面,出租人并不能从转租合同中获益,若允许次承租人也享有优先购买权,将会增加出租人的负担,有失公平。因此,在房屋转租的情况下,能够享有优先购买权的仍然是承租人,而非次承租人。我们认为,上述观点值得商榷。对于未经出租人同意的转租而言,优先购买权毕竟是对所有权人行使处分权的一种负担,而次承租人的租赁权也是从承租人处取得,此时如仍认为次承租人享有优先购买权,对出租人而言确实有失公平。但是,对于经出租人同意的转租而言,既然其同意转租,事后就不得以此为由否定次承租人的优先购买权。除此之外,我们认为应赋予合法转租关系中次承租人以优先购买权主要出于以下原因:一方面,从优先购买权制度的立法目的看,法律规定承租人的优先购买权主要是为了减少纠纷,降低交易成本,同时也便于房屋的占有、管理和使用,以发挥其最大效用。在出租人出卖租赁房屋时,只有实际占有租赁房屋的人才能有效地将所有权与使用权结合在一起,充分发挥房屋的最大效用。在转租情况下,承租人虽然仍存在于租赁关系中,但其已与租赁房屋相脱离,而是由次承租人实际占有租赁房屋并使用、收益,因此,由次承租人行使优先购买权是比较符合立法目的的。另一方面,法律之所以赋予承租人优先购买权,也是基于社会公平、照顾弱者,使无房的人有房居住等立法政策的考虑。现承租人将其承租的房屋出租,说明其并不需要该房屋居住而另有他处居住,而次承租人才是真正需要该房屋的,所以,基于立法政策的判断,也应当由次承租人享有优先购买权。

三、关于土地使用权和房屋所有权能否分别出租问题

我国有关的不动产法规允许土地使用权可以出租,但在出租时应当将土地使用权随同地上建筑物、其他附着物租赁给承租人使用,而承租人应向出租人支付租金。例如《土地使用权条例》第28条规定:"土地使用权租赁是指土地使用者作为出租人将土地使用权随同地上建筑物、其他附着物租赁给承租人使用,由承租人向出租人支付租金的行为。"这一规定是否合理,值得探讨。王利明先生认为,房屋的所有权和土地使用权必须归同一个自然人或法人享有,并不意味着土地使

用权和房屋所有权也应当共同出租。租赁毕竟只是一种债权关系,租赁关系的生效,只是使承租人享有了对租赁物的占有使用权,并未因此发生租赁的房屋所有权或租赁的土地使用权的移转。在出租之后,无论是房屋所有权还是土地使用权仍然都由出租人享有,不可能发生权利归属的改变,也就不会导致房地权利的分离。即使允许土地使用权和房屋所有权分别出租,也不会导致房地主体分离的现象。事实上,我国《合同法》在第13章中规定了租赁合同,该章完全适用于房屋租赁,但在该章中并没有要求房屋出租时土地使用权必须一同出租,分别出租也并不违反合同法的规定。更何况,在某些情况下,允许当事人将房屋的所有权和土地使用权分别出租,有利于对物的有效利用。例如,房屋在出租以后,如果房屋所占的土地面积并不大,而该块土地面积远远超过房屋所占的面积,如果要求结合出租,则必将极大地浪费土地的价值。毕竟现代社会土地资源十分稀缺,法律应当促使更多的土地进入流转,得到有效率的利用。当然,应当看到土地使用权和房屋所有权分别出租也可能会给土地和房屋的承租人造成不便,这就提出一个问题:如果当事人通过特别约定而对建筑物所有权和土地使用权分别出租以后,土地使用权的承租人或房屋的承租人是否可以主张另一个租赁合同无效?既然租赁本身不同于转让,因此不应当在分别出租的情况下使任何一项租赁关系被宣告无效。但由于租赁权作为债权,具有物权的某些效力,租赁权的物权化也是现代民法的一项发展趋势,为了防止分别出租可能给承租人造成的不便或损害,法律上应当要求在分别出租的情况下,必须通过一种公示方法使承租人知道分别出租的情况。这就是说如果采用分别出租的办法,则原则上必须要办理登记手续。在完成了这一公示方法之后,任何一个租赁关系中的承租人都不得主张另一个租赁合同无效。

如果承租人租用土地使用权以后,在土地之上兴建房屋和其他附着物,出租人仍然可能是登记所记载的土地使用权人,而承租人则对这些建筑物在租赁期限内享有权利,由于租赁的期限一般较短,在土地使用权的租赁期限届满以后,对地上建筑物的归属应当由当事人协商解决,协商不成的,土地使用权人有权要求承租人拆除其地上建筑物,恢复土地的原状。如果不予拆除或拆除在经济上不合理,该房屋应当归属于土地使用权人。如果房屋对土地使用权人有一定的利用价值,土地使用权人应当予以适当补偿,补偿的比例可以由法律做出规定。当然,如果在租赁合同未到期以前,承租人要转让其地上的建筑物,出租人也可以基于其土地使用权而享有对该房屋的优先购买权。

第七节　对租赁房屋进行添附(包括装修)纠纷的处理

承租人在租赁房屋后,为了满足其生活或经营的需要,往往会对房屋进行装修、改造,如粉刷门窗、增设他物等,合同终止后,如何处理出租人与承租人之间因装修而产生的权利义务关系是司法实践中不可回避的一个问题,其中主要包括两个方面的问题:一是财产的归属问题,二是不当得利及损失赔偿问题。实践中对因承租人装修房屋所引起的财产归属问题一般采用民法中的添附制度加以解决。民法中所谓之添附,是指将不同所有人之物结合成为一物或者非所有人将原物加工成为一新物,即附合、混合和加工。其中混合、加工主要指动产,而附合则可分为动产附合和不动产附合两种,不动产附合是指动产与他人不动产密切地结合在一起,成为不动产的重要组成部分,非经毁损或变更其性质而不能分离。承租人对租赁房屋进行装修的,形式上只可能构成附合,而是否构成附合,则要视具体情况而定。如果装潢物已与房屋结合在一起,成为房屋不可分离的组成部分,则可认为构成附合;而如果装潢物与房屋的结合尚未达到不可分离的程度,就不能认定为构成附合。如添置家具一般不能认为是附合,而粉刷油漆则可以认为构成附合。

一、基本原则

在处理房屋租赁中的装修纠纷时,不能笼统地适用民法关于添附的规定,而应当区分不同情况加以处理。

(一)对于承租人在租赁房屋中添置的那些能够拆除又不影响其自身价值的设施,因其与房屋的结合不符合添附的构成要件,故不能产生物权变动的法律后果,其所有权仍属于承租人。在房屋租赁合同终止时,承租人有权取回这些设施,出租人主张留用的,应当支付相应的对价。

(二)对于那些不经毁损或变更其性质而不能分离的装修物的归属,则应当适用民法关于添附的规定加以解决。添附属于物权法的范畴,添附理论的目的,在于解决一物分属不同所有人不利于所有权稳定的情况,并保证充分地实现物的使用价值和经济价值。因而,法律通常规定由一人取得添附物的所有权。最高人民法院《关于贯彻执行〈中华人民共和国民法通则〉若干问题的意见(试行)》第86

条规定:"非产权人在使用他人的财产上增添附属物,财产所有人同意增添,并就财产返还时附属物如何处理有约定的,按约定处理;没有约定又协商不成,能够拆除的,可以责令拆除;不能拆除的,也可以折价归财产所有人;造成财产所有人损失的,应当负赔偿责任。"依照此条司法解释的规定,对于装修物的归属,可分三种情况分别加以处理:首先,当事人对物的归属及补偿等问题有约定的,可以依照当事人的约定来处理;其次,在当事人对装修物的归属事先没有约定,事后又未能达成协议的,如果装修物能够拆除,可以要求拆除装修物(上述第一点所述情况)。在装修物构成附合时,法院可以直接裁判装修物所有权归房屋所有权人所有。

二、善意添附与恶意添附

解决房屋租赁装修纠纷中的不当得利与赔偿损失问题首先必须就承租人所为之添附为善意或是恶意做出认定。《合同法》第223条规定:"承租人经出租人同意,可以对租赁物进行改善或者增设他物。承租人未经出租人同意,对租赁物进行改善或者增设他物的,出租人可要求承租人恢复原状或者赔偿损失。"依据该条规定,经出租人明确同意或虽未经出租人明示同意,但出租人知道后不表示反对,且符合租赁合同约定用途而为的添附为善意添附,而未经出租人同意擅自所为添附为恶意添附。对房屋进行装修、改造是对房屋所进行的一种事实上的处分行为,租赁权作为一种债权,其并未赋予承租人以这种对租赁物进行事实上的处分的权利。因此,无论出于何种目的,承租人对房屋进行装修、改造的,都必须征得房屋所有人的同意,否则即为恶意。区分善意添附与恶意添附的意义主要在于:一般情况下,不当得利发生于善意添附的场合,而损失赔偿发生在恶意添附的场合。

三、善意添附的处理

在承租人经出租人同意而对房屋进行善意添附的场合,房屋租赁合同终止后,承租人将其所承租房屋返还给出租人,出租人也就享有了因承租人的添附行为而增加的租赁物的价值,该受益行为由于缺少法律或合同依据,因而符合不当得利的构成,出租人应当对承租人进行相应的经济补偿。在添附的情形下,一方之所以能取得添附物的所有权是法律基于社会利益而做出的一种选择,并不能因此而认为取得所有权人不构成不当得利。为了消除因物权的变动所造成的当事人之间利益的不平衡,应当赋予添附人以不当得利请求权,从债权的角度来维系双方的利益平衡。实践中往往会有一些出租人借口承租人所为之装修对其并无获益可言而拒绝不当得利的返还,对此,在承租人经出租人同意而装修的情况下,出租人对承租人装修的后果应当是可以预见的,其事后不得以其未获益为借口拒绝承租人不当得利的返还请求。

四、恶意添附的处理

承租人在未经出租人同意的情况下,擅自对房屋进行装修,此为恶意装修,又因其所为之添附在房屋上产生了新的财产,造成了他人财产形态的改变,从而构成对房屋所有人所有权的侵害,应当承担侵权责任。有人认为,侵权责任以过错和损害后果为必要要件,在承租人未经出租人同意而为装修之情形,虽然其主观上具有过错,然如果其装修客观上使房屋增值,则对出租人而言是为获益,能否构成侵权?我们认为,此时仍可构成侵权。盖装修通常是与个人审美情趣和偏好相关的,具有很强的主观性,因而客观上导致房屋增值的装修,也可能不合业主的审美情趣而成为一种损害,未经他人同意的,仍可构成侵权。

在承租人构成侵权的情况下,出租人不仅不补偿承租人的装修投入损失,还有权基于房屋所有权主张排除妨害,并要求有过错的承租人拆除其装修材料,将其房屋恢复原状,也有权主张由承租人承担该恢复原状的拆除费用,并就装修中的其他损失请求损害赔偿。《合同法》第223条对此有明确规定。

法律是社会关系的调整器,法律从文本意义出发,是静态的,是对动态社会的静态把握,梅因就说:"社会的需要和社会的意见常常是或多或少走在'法律'的前面的。我们可能非常接近地达到它们之间的缺口的结合处,但永远存在的趋向是要把这缺口重新打开。"[1]为了解决纠纷,规则制定者不能不在法律中授予法官自由裁量权,让法官弥补法律的漏洞。

《瑞士民法典》在这个方面考虑的最为精细,该法第1条规定了法律的适用,其中第1款规定:"凡依本法文字或释义有相应规定的任何法律问题,一律适用本法。"第2款遂规定:"无法从本法得出相应规定时,法官应依据习惯法裁判;如无习惯法时,依据自己如作为立法者应提出的规则裁判。"第3款规定:"在前一款的情况下,法官应依据公认的学理和惯例。"《日本裁判事务须知》第3条也规定:"民事之裁判,有成文法者依成文法;无成文法者,依习惯;无习惯者,应推考条理裁

---

[1] [英]梅因,沈景一译:《古代法》,商务印书馆1959年版,第15页。

判。"我国台湾地区"民法"第1条仿照了瑞士法的上述规定:"民事,法律所未规定者,依习惯,无习惯者,依法理。"由此,法律、习惯和法理成了法官"造法"时寻找法源的先后次序。①

当法律缺失而习惯又难以确定的情况下,依据法理裁判就成为法官"造法"的主要表现。然而,"法理"也是极端抽象而难以准确界定的概念,正如苏永钦先生所言,法理的形成可能通过学院通行的学说,以反映社会的主流思潮、时代精神、既定的公共政策或最新的立法趋势;②或者如杨仁寿先生所言,法理是法理的原理,是从法理根本精神演绎而产生的法律一般原则。③ 这也导致法官如何通过法理"造法",在学说上有种种方式,不一而足。④

---

① 苏永钦:《民法第一条的规范意义——从比较法、立法史与方法论的角度解析》,载《跨越自治与管制》,五南图书出版公司1999年版,第285页。
② 苏永钦:《民法第一条的规范意义——从比较法、立法史与方法论的角度解析》,载《跨越自治与管制》,五南图书出版公司1999年版,第299页。
③ 杨仁寿:《法学方法论》,中国政法大学出版社1999年版,第143页。
④ 苏永钦:《民法第一条的规范意义——从比较法、立法史与方法论的角度解析》,载《跨越自治与管制》,五南图书出版公司1999年版,第299页。

第四章

不动产交易安全中的第三人利益保护

如何衡平不动产交易的安全与效率是制度设计的中心问题。物权法定主义对当事人的行为自由形成一定的限制,旨在关乎交易安定,对交易安全的维护功能不容忽视。但在现代市场经济社会中,交易方式不断创新,法律制度适应社会生活的变迁。

第一节 不动产交易安全简论

一、物权变动与交易安全

市场经济就是法治经济,在市场交易中物权变动制度作为物权法的重要组成部分,在确保财产流转过程中形成良性循环与利用秩序方面承担的重任。民法是"将经济关系直接翻译为法律规则"。[1] 商品交换关系内在地包含着民法物权的变动过程。在市场经济条件下,为了实现资源的优化配置,交易非常频繁,物权也经常处于变动之中。商品交换中,从事交换的双方往往并不知道对方财产的来源是否合法以及对方是否对财产具有合法的处分权。为了确保交易的安全,倘若要求受让人必须对对方财产的合法性以及出卖的处分权利逐一调查,这无疑会大大地增大市场交易的成本,影响交易的快捷。倘若受让人在交易时完全出于善意,对出卖人的权利瑕疵毫不知情,如果法律许可原所有人根据物权的排他性和追及效力而对受让方取得的财产予以追夺,这不仅要彻底推翻已经形成的交易关系,

---

[1] 佟柔:《中国民法》,法律出版社1990年版,第1页。

而且使当事人在进行商品交易时,随时担心买到的商品有可能被追夺而人财两空,这势必会使当事人在交易时丧失安全感,而当交易双方视市场交易为畏途之际,商品经济的发展也就走向了穷途末路。

作为民法重要组成部分的物权法,如何保护财产真正所有人的所有权,同时如何构建良好的市场交易秩序确保财产流转过程中形成良性循环与利用秩序便成为摆在物权法面前的现实问题。

物权的变动不仅对当事人的利益影响甚巨,而且与第三人的利益同样息息相关。从每个交易主体均有可能在物权的多次变动中因其他当事人之间的交易出现瑕疵而致自己利益受损的角度来讲,"第三人的利益实际上正是市场经济交易秩序的化身,社会整体的正常经济秩序就是由一个个第三人连接起来的。"①因此,如何平衡物权变动中当事人之间以及当事人与第三人之间的利益冲突,确保物权变动能够安全快捷地进行,便成为摆在物权法面前的现实问题。

物权变动中第三人利益保护的问题,是物权法研究的基本范畴之一,也是在民法由个人本位发展到社会本位的背景之下现代各国物权法所要着重解决的重要问题。在市场经济条件下,物权变动制度作为物权法的重要组成部分,担负着确保财产在流转过程中形成良性的流转与利用秩序的重任。

法律在平等保护各方当事人利益的前提下,总存在着某些优先保护的法益。物权法之所以应对第三人进行特别的保护源于第三人的利益实为市场经济交易秩序的化身,市场整体的正常秩序就是由一个个第三人连接起来的。② 在近现代经济中,作为不动产的物不再是作为单纯利用客体的静止的存在,而是交换价值的媒介,物权交易常动态地影响到交易当事人之外的第三人,因此与第三人关系的协调、交易安全的保护成为近代物权法的重要课题。物权变动中的第三人利益保护问题是市场经济条件下一个非常重要的问题,也是物权法研究的基本范畴之一。

不动产交易实为不动产权利的交易。财产权以财产利益为内容,通过财产权设定财产利益归属。现代社会中财产权交易的目的不仅在于维护个人自由,更在于促进资源的有效运用,以增进社会利益最大化。财产权不仅直接规定着利益的

---

① 孙宪忠:《物权法基本范畴及主要制度的反思》(下),《中国法学》1999年第6期,第54~63页。
② 孙宪忠:《物权法的基本范畴及主要制度的反思》,载《中国法学》,1999年6期。

得失,而且还通过规范本身影响着社会利益最大化的实现。制度经济学家科斯将市场交易成本理论用来解释法律制度在解决纠纷时所付出的代价。其核心内容为:假如交易成本为零,则不论法律规范如何界定财产权之内容及范围,资源性利用都会达到最有效率的境界。该定律的前提假设是交易主体为理性自利的,即经济人假设,而且在完全市场状态下。①

所谓交易安全,指的还是在权利变动后的基础上做成的"下"一个交易。比如甲将土地转让给乙,乙再为丙设定抵押权,此抵押权不致因乙的买卖而出问题,也不致因甲撤销买卖、请求乙回复所有权而受影响。② 交易安全乃在于使交易过程作为单个交易,亦即物权行为在时间上的连续得到保障,在后的物权行为若因在先的物权行为瑕疵而受影响,则交易过程的连续性即被破坏。因此,保护交易安全要求尽量将影响物权行为的因素减少。减少影响物权行为效力的因素,将原因排除在外,亦即将物权行为作为抽象法律行为,是一种可供选择的方案。③

交易安全泛指与交易有关的所有安全问题,分为动的安全和静的安全两方面。动的安全又被人们理解为行为安全或结果安全,其主要目的是保护债权,即财产取得的安全;而静的安全的主要目的则是保护所有权,即财产权享有的安全。动的安全与静的安全具有相互依存和相互转换的关系。一方面,动的安全须以静的安全为基础,只有依法保障了静的安全,人们才能正常从事交易,才可能有动的安全。另一方面,只要有交易存在,就不可能有绝对的静的安全,尤其是在市场经济条件下,人们必须通过连续不断、复杂多样的交易行为,才能满足其生存和发展的多种需求,通过动的安全,形成新的静的安全。如果没有动的安全,静的安全将从根本上受到损害和限制,有时甚至变得毫无意义。动的安全与静的安全在市场经济运行的过程中不仅具有相互依存的关系,而且具有相互转换的关系。人们在社会经济生活中,一般以静的安全为起点,并借助于交易从静的安全转化为动的安全,动的安全的归宿又是一个新的静的安全的形成。动静安全的相互转化是市场经济条件下财产运动的必然要求和客观表现。④

市场经济以交易为常态,交易风险往往根源于人性的弱点和法制观念的淡

---

① [美]科斯、阿而钦、诺思等:《财产权利与制度变迁——产权学派与新制度经济学派译文集》,上海三联书店·人民出版社1994年版,第205页。
② 苏永钦著《跨越自治与管制》,五南图书出版公司1999年版,第238页。
③ 田士永著《物权行为理论研究》,中国政法大学出版社2002年版,第356~357页。
④ 田土城主编:《担保制度比较研究》,河南大学出版社2001年6月版,第48~49页。

漠。从我国市场经济的实践看,人为风险主要表现为:因利益驱动而导致的风险;因投机心理而导致的风险;因丧失信用而导致的风险和因法治观念淡漠而导致的风险。① 防范市场交易风险保障交易安全就成为民商法律制度的重要价值取向,安全是法律的基本价值之一,保障交易安全就成为其健康运行的基本条件。就财产安全而言,在相当长的历史时期内,法律主要关注财产的静态安全,对财产的动态安全未予足够的重视。19 世纪末以来,随着市场经济的发展,财产的动态安全日益受到法律的关注,保障交易安全更是现代世界各国民商法的重要价值之一。

我国物权法保护第三人利益的传统做法是采用善意取得制度,但由于善意取得制度采用主观的善意标准,其在司法实践中存在着自身难以克服的缺陷,难以充分保护第三人的利益。更何况对于不动产交易第三人保护问题,我国的法学界仍存分歧。关于善意取得制度,各国的立法态度不一,尤其是对于不动产善意取得制度的确立更是聚讼纷纭。公示公信原则可以弥补善意取得制度的不足,为善意的确定提供便于客观查知的标准。物权行为理论为公示公信原则的确立提供了理论依据,并在保护第三人利益方面较善意取得制度具有明显的优越性。三种制度各有其优势和不足,各有其发挥作用的特定领域,单纯依赖任何一种制度都无法实现对第三人利益的妥善保护,在我国的民事法中,应当建以物权行为的独立性和无因性理论为核心的第三人利益保护机制,以物权合意及公示完成作为物权变动的判断标准,弥补单纯采纳公示公信原则的不足,并吸收善意取得制度的合理内核,用客观推断的办法来证明第三人主观上的善意或者恶意,以推定之善意为原则,以原权利人举证之恶意为例外,在物权变动制度中建立起三种制度协力共存的第三人利益保护机制。

虽然萨维尼提出物权行为理论的本意并不在于保护交易安全,只不过是其关于法律行为的见解在物权法领域的进一步适用而已,但是,通过学者不断的思考和分析,逐渐将物权行为解释为具有保护交易安全的作用。② 于是,《德国民法典立法理由书》即以保护交易安全为《德国民法典》承认物权行为抽象性的理由。③

---

① 田土诚:《交易安全的法律保障》,河南人民出版社 1998 年版,第 24~30 页。
② 田士永著《物权行为理论研究》中国政法大学出版社 2002 年版,第 355 页。
③ 王泽鉴著《民法学说与判例研究》(第 1 册)三民书局 1980 年第 5 版,第 284 页;田士永著《物权行为理论研究》中国政法大学出版社 2002 年版,第 355~356 页。

二、不动产交易中的第三人

交易第三人利益保护是对传统债法关于债的相对性的突破。民法上债权的相对性起源于罗马法,称为"法锁"。之所以说债是相对的就是因为债是相对人约束的状态,从开始就知道他可能受到与他发生关系的人的侵害,并如何行使诉权。当今交易的发展程度可以让很多个合同一起联系,一个环节的失利会直接影响到下一个合同的进行。所以第三人对于合同的影响甚至侵害变得很正常。同样因为交易的需要,对于债权人的保护也是很有必要的。于是出现了各种各样代位权的行使。而代位权所针对的就是债务人对于第三人的债权。

这样我们一步步把第三人这个并非直接关乎合同利益的人引入了债的框架内。第三人作为一个奇特的群体也对债法有了特殊的影响。虽然有形形色色的第三人,但是根本上来说都是通过债来起作用。因为只有确定一定的相对性的法则,才能确定一个民事法律关系的核心,也才有核心之外的第三人。

第三人的出现和合同是密切相关的,首先对于代理制度来说,代理人和本人订立委托合同,代理人经本人的授权与第三人为一定的民事行为,而后果由本人承受。这样一个简单的点点式的民事法律关系,因为第三人的出现扩展到了三角形,但遗憾的是这里的三角不是我们几何所说的最稳定的图形,所以我们必须通过一定制度的创设来保障这三边的稳固性和每个点的利益平衡。这样交易的风险就无形中扩大了很多,因为第三人在和代理人为民事行为的时候,就不得不考虑到这代理人的可信度——他背后是否是那个本人呢?所以为了降低这种疑虑,我们民法出现了表见代理制度。在第三人信任的基础上,把后果直接归于本人,这是债相对性的体现,因为第三人与代理人为一定的民事行为,其针对的就是本人。表见代理制度的创设,把代理人和本人的关系内化了,这个三角形的一边被暂时地隐藏起来,在本人承担了不利后果以后,再追究这代理人的责任。以保障第三人的利益,维护交易安全。

物权变动中的第三人,指的是没有参与该物权变动的法律行为,但是又与物权变动有密切利害关系的人。物权法上的第三人出现的情形非常复杂,但可以依照其与交易双方的利益牵涉关系分为两大类:与物权的出让人有法律关系的其他人及与物权受让人有法律关系的其他人。与物权的出让人有法律关系的其他人与物权的受让人可能产生利益上的牵涉及冲突,相对物权受让人而言为第三人;

与物权受让人有法律关系的其他人,可能与物权的出让人产生利益上的牵涉与冲突,相对物权出让人而言为第三人。

一种典型的第三人是与物权的出让方有直接法律关系的人,如一物二卖情况下的另一买受人,为买受人的第三人。另外一种典型的情况是,一个所有权人与他人订立合同出卖自己的物,但是该物上已经设定有他人的权利,比如设定有他人的抵押权等,这个对物拥有权利的人,对买受人而言就是第三人。这第三人的存在,决定着买受人能否安全地取得标的物的所有权这一根本问题。而买受人权利的存在,也会对第三人的正常权利秩序产生消极的影响。还有一种第三人是与物权的取得人一方有直接法律关系的人,如物权受让方将物再次出让后的物权取得人,为物权出让人的第三人。①

物权法中的第三人保护制度是物权法中的基本制度,但是在孙宪忠先生正式提出应正视物权法中的第三人保护制度之前,我国法学界对第三人保护制度鲜有论述者。

三、物权变动中第三人利益保护的理论基础之争

就物权变动中第三人利益的保护问题,民法学界在善意取得制度、公示公信原则和物权行为无因性理论等相关制度的选择上存在着较大的争论,主要观点归纳为如下三种:

第一种观点从主张以善意取得制度来构建第三人利益保护机制。主张此种观点的学者认为,物权行为理论的最大价值是保护交易中的第三人,但是善意取得制度也可以发挥同样的作用。② 可以替代物权行为无因性理论保护交易安全的功能。在现代民法确立了物权变动的善意取得制度和公示公信制度后,无因构成的生存空间几乎丧失殆尽,其所谓"交易保护机能"已被这项民法制度所抽空。③ 在德国普通法时代,因为没有承认善意取得制度,物权行为无因性理论确有必要,但自德国民法典对于善意取得设有明文以后,单凭善意取得制度即足以

---

① 孙宪忠:《物权变动的原因与结果的区分原则》,《法学研究》,1999年第5期,第28、35~36页。
② 梁慧星主编:《中国物权法研究(上)》,法律出版社1998年版,第73页以下;王利明:《物权法论》,中国政法大学出版社1998年版,第59页以下。
③ 陈华彬:《论基于法律行为的物权变动》,梁慧星主编:《民商法论丛》,第6卷,法律出版社1997年版,第154页。

保护第三人利益。

第二种观点从主张以公示公信原则来构建第三人利益保护机制。主张此种观点的学者认为,物权行为理论是以区分物权变动当事人内部的物权与债权关系,进而排除债权关系对物权关系的影响来保护第三人的,而公示公信原则却从物权变动当事人的外部入手,以赋予物权变动公示以公信力的方式直接保护第三人对公示的信赖利益,并不改变物权变动当事人内部法律关系的性质,因而更具有合理性。因此在现代市场经济条件下,应以公示公信原则为基本规则来构建物权变动理论,扬弃物权行为无因性原则。①

第三种观点主张以物权行为无因性理论来构建第三人利益保护利机制。主张此种观点的学者认为,物权行为无因性原则为物权行为理论的核心内容,第三人作为物权取得人时,所取得的物权不受其前手交易瑕疵的影响,直接受到法律的保护。物权行为无因性理论根据物权公示原则首先建立起第三人保护的客观标准,并以此为基础建立符合物权公示原则的权利正确性推定规则,然后根据该规则来确定第三人的善意与否,并提供对第三人的保护。② 物权行为理论在第三人利益保护方面除了具有自身的优越性之外,还吸收了善意取得制度和公示公信原则各自的优势,因而依靠物权行为理论能够对第三人提供更加全面的保护。

目前国内理论界反对物权行为理论者普遍认为,物权行为及其无因性立法的最大缺点在于严重损害出卖人的利益,违背交易活动中的公平正义,对卖方权益之保护极为不利。在交付标的物之后发现买卖合同未成立、无效或被撤销,因为物权行为的无因性,物权行为的效力不受债权行为的影响,买受人仍取得标的物的所有权,出卖人仅能依不当得利的规定请求返还。于是出卖人由所有人变为债权人,不能享受法律对物权的特殊保护,其地位十分不利。将可能产生五种法律后果。③

国内外均有学者认为,物权行为及其无因性理论系为维护交易安全而创设,

---

① 孙毅:《物权法公示与公信原则研究》,梁慧星主编:《民商法论丛》第7卷,法律出版社1997年,第462~510页。
② 孙宪忠:《物权法基本范畴及主要制度的反思(下)》《中国法学》,1999年第6期,第54~63页。
③ 梁慧星、陈华彬:《物权法》,法律出版社2003年1月第2版,第65页。梁慧星:《民法学说判例与立法研究》,中国政法大学出版社1993年5月版,第124页。王利明:《物权法论》,中国政法大学出版社1998年4月版,第55~57页。

而当代各国不动产物权登记制度臻于完善,此种理论在不动产交易领域已失却其意义。而对于动产,随着动产善意取得制度的广泛确立与实践,此种理论亦无适用之余地而尽失其存在之依据。① 甚至有人"把善意取得原则作为取代无因性原则的后起理论,把善意取得说成是人们发现物权行为理论的不足后专门为弥补无因性原则的缺陷而产生的"。②

无论是主张以善意取得制度构建第三人利益保护机制的观点,还是主张以公示公信原则来构建第三人利益保护机制的观点,都在坚持自己理论正确性的同时,对物权行为理论予以坚决否定;而主张以物权行为无因性理论来构建第三人利益保护机制的观点,在坚持自己理论合理性的同时,对公示公信原则和善意取得制度则予以包容并批判性地吸收。

第二节 物权变动模式与不动产交易安全

一、物权变动模式与交易安全概述

物权变动制度作为物权法的重要组成部分,在现代经济生活中担负着确保财产在生产流通中形成良性的归属与利用秩序的重任。物权变动法律设置的价值正是由于它满足了主体在支配财产过程中的某种需要,这很自然地将物权变动的制度构建问题引入价值领域中去寻求其定位。③ 物权变动不仅仅是物权变动当事人之间的事情,而且也经常会涉及第三人的利益。但是,并非所有的物权变动都会涉及第三人保护的问题。一般来说,物权变动中第三人的产生乃是基于连环交易或抵触交易而致。所以,一般仅有基于法律行为的物权变动方涉及第三人利益保护的问题。先占、时效取得等事实行为和强制执行、公用征收等国家公权力行使的行为所引起的物权变动不会产生第三人利益保护的问题。退一步说,即使

---

① 梁慧星:《民法学说判例与立法研究》,中国政法大学出版社1993年5月版,第123页。王利明:《物权法中的重大疑难问题探讨》,《民商法研究》,第2辑,法律出版社2001年12月版,第255~256页。
② 孙宪忠:《物权法基本范畴及主要制度的反思》,《中国法学》,1999年第6期,第61页。
③ 陈亚平:《我国物权变动制度理论构建之研究》,《华侨大学学报(哲社版)》,1999年第1期,第38页。

涉及第三人的利益,基于公权力的超越地位,第三人也无从通过预先设计防范可能遭致的风险及不利。因此,将主要就基于法律行为的物权变动所引起的第三人利益的保护机制设计的法理问题加以分析探讨。

交易中的财产变动是为实现一定的目的。现代法律往往先有一个诺成关系约束双方当事人,然后才有履行债务的行为,诺成的约束性是履行安全的保证。然而诺成的无效或可撤销是否也使履行行为归于无效,如果承认履行行为因此而无效,必然使交易活动产生震荡。割断基本行为与特殊行为的牵连关系,从而确保交易安全是无因性理论的依据。在罗马法中,原因是引起债务负担的缘由,是构成法律行为的要件。法国民法典承继了罗马法的观念,规定契约有效成立须有债的合法原因。至《德国民法典》,原因不再是合同成立的条件,并提出了物权行为无因性的理论。

一物数卖,是指出卖人就同一标的物订立数个买卖合同,分别出售给数个买受人的行为。王泽鉴先生尝言"买卖是人类最早、最基本之交易行为。一物数卖,自古有之,在物价波动之际,最为常见,而此实多出于出卖人罔顾信用,图谋私利"。[①] 在一物数卖情形下,数个买卖合同的效力、标的物所有权的最终归属及先订立买卖合同的买受人,作为特定物债权的债权人能否行使撤销权,以保全自己的合同债权等问题,最值得研究。

二、不动产物权登记对物权变动效力之比较法分析

物权变动的主要原因是法律行为,但是,对于法律行为的成立要件或有效要件是意思表示,还是还需要其他条件,如登记等做补充,对此问题,在立法上有两种立法例:一种是意思主义的立法例;一种是形式主义的立法例。

所谓不动产物权变动模式,是指不动产物权产生、变更、消灭的法定方式。由于不动产物权的公示方法是登记,而不同的登记制度其实是和物权登记效力的理解不同紧密相关。纵览大陆法系国家的物权立法,物权变动的立法模式与学说主要有法国式的"意思主义"、德国式的"物权形式主义"和以奥地利、瑞士为代表的"债权形式主义"。关于不动产登记对物权变动的效力,在国际上有两种立法体例。一种是登记要件主义模式,亦即形式主义变动模式下的实质主义的登记;另一种是登记对抗主义模式,亦即意思主义变动模式下的形式主义登记。所谓实质

[①] 王泽鉴:《民法学说与判例研究》(第4册),中国政法大学出版社1998年版,第162页。

主义登记,即登记有决定不动产物权的设立、移转、变更和消灭能否生效的立法体例,即不动产物权的各项变动都必须登记,不登记者不生效。形式主义登记,即不动产物权的设立、变更、移转、消灭的生效,仅仅以当事人的法律行为作为生效的必要充分条件,登记与否不决定物权变动的效力。但是为交易安全的考虑,不经登记的不动产物权不得对抗第三人。

例如 A、B 之间进行土地买卖,土地所有权从所有权人 A 转移给 B,对这个结论本身谁都会承认的。但牵涉如何来说明这一过程的问题时,包括判例在内有多种对立的观点。首先,来看一下 A、B 之间土地买卖合同的例子。从 A 到 B 的土地所有权的转移,是法律给予 A、B 之间的意思表示的效果。在这种情况下,产生了意思表示是否要有一定的形式(比方说登记),还是所有权的转移只要有意思表示就足够了的问题。主张按前一观点立法的,称为形式主义。主张按后一种观点立法的,称为意思主义。①

(一)意思主义的物权变动模式下的登记对抗主义

此种做法以法国为代表。② 法国法认为:所有权的设定和移转,依当事人的意思表示而产生效力。就不动产物权的取得、消灭和变更来说,也可依当事人的合意而产生法律效力。当事人在订立不动产买卖合同以后,出卖人交付了出卖不动产所有权的证书,买受人交付了价金,便可发生所有权的移转。尽管民法典中也有关于登记的规定,但登记只是起到对抗要件的作用,而不是其发生效力的必需程序。不经过登记,只能在当事人中产生效力,不能对抗第三人。日本民法也采纳了这一方式。此种方式具有简便易行的优点,并充分尊重了当事人的意思自治。但该制度也确实具有明显的弊端,即一旦原不动产所有人将其财产让与受让人以后尚未登记而又移转给第三人,容易形成在不动产之上的多重权利状态。以买卖合同为例,标的物所有权的移转,以当事人之间的买卖合同为根据,纯粹取决于当事人的自由意志,既不需要交付或登记行为,也不需要独立于买卖合同的物权行为。

债权意思主义的物权变动模式得以确立的法律理念基础,就是自然法思想所派生的所有权的观念性。近代以降,所有权的观念性将所有权归为一种纯粹的观念性构造,因而主张应当把占有与所有权严格区分开来。占有是一种事实,所以

---

① 田山辉明:《物权法》(增补本),法律出版社 2001 年版,第 32 页。
② 王利明:《物权法论》,中国政法大学出版社 1998 年版,第 138~139 页。

占有的移转就必须以交付这一物质的形式来完成。至于所有权就无须如此,只要有单纯的观念形态的合意就可以发生移转。因为"根据自然法,只要经过原所有人的同意就足以取得所有权,原所有人应当明确地表示他转让所有权的意思,另一方应当把这个意思当作已确定取得的权利接收下来,随即不再需要更多的条件就能得到所有权"。可见观念性所有权的强化,使交付要件受到了抑制,从而使得所有权的移转行为被观念的债权契约所吸收,使之成为债权行为的效果构成。但也应当看到,所有权的观念性在法国民法上,就不动产与动产而言,在前者身上表现的程度更高。① 《法国民法典》采用的就是债权意思主义的物权变动模式。除了所有权的变动外,就他物权的设定,也都仅以当事人的债权意思为根据,即使是不动产物权变动,登记也仅是对抗第三人的要件,并非不动产物权变动得以发生的要件。

《日本民法典》作为法律继受的产物,在物权变动模式的选择上与《法国民法典》近似。《日本民法典》第176条、第178条的规定,被学者认为是《日本民法典》就物权变动采债权意思主义的明证。② 《日本民法典》关于物权变动模式的规定,与《法国民法典》存在继受关系,即在所有权观念性的基础上,以所有权移转为目的的物权行为,被作为其原因的观念的债权契约所吸收,二者是一个契约中未分化的统一的存在。物权变动仅是债权契约效力的体现,因此,物权变动仍然是债权关系的一个方面。这意味着物权变动首先是当事人之间的内部关系,对于第三者的对外关系是这个对内关系的当然反射。③ 在《日本民法典》中,交易安全这个近代理想如同在《法国民法典》中一样,也处于次要地位。而且日本民法的债权意思主义原则比法国民法贯彻得更彻底,法国民法的债权意思主义对于不动产是完全的,对于动产所有权,观念性的构成则是不完全的,而日本民法对于动产和不动产一概适用债权意思主义。④

(二)形式主义的物权变动模式下的不动产物权登记

形式主义的立法例认为,债权合同仅发生以物权产生、变更、消灭为目的的债权和债务,而物权变动效力的发生,直接以交付或登记为条件,即在债权合同之外还有以直接发生物权变动为目的的物权合同(物权行为)。形式主义的物权变动

---

① 王轶:《物权变动论》,中国人民大学出版社2001年版,第36页。
② 王书江译:《日本民法典》,中国人民公安大学出版社1999年版。
③ 王轶:《物权变动论》,中国人民大学出版社2001年版,第20页。
④ [日]川岛武宜:《所有权法的理论》,日本岩波书店1987年版,第245~246页。

模式,是指物权变动除了当事人的意思表示以外,还必须具备一定的形式。在《德国民法典》之前的罗马法,采取的就是形式主义的物权变动模式。在罗马法,物权的变动以交付为必要条件。例如,所有权、地上权、质权等的设定,都以交付进行,以后逐渐发展为简易交付、假想交付等。简易交付,如租赁关系中当事人表示移转承租物所有权的意思表示。不管怎么说,在罗马法,交付之前物的所有人仍然保有物的所有权,可以将物再度让与别人,而当第三人真正接受物的交付时,才完全取得受让物的物权。因此,罗马法最先采取形式主义的物权变动模式,而在现代民法中,则以《德国民法典》为典型的代表。在大陆法系的诸国民法中,《德国民法典》率先采用物权形式主义的物权变动模式,该法典第873条、第929条就是这种立法例的体现。而《奥地利民法典》则是债权形式主义的物权变动模式的代表。形式主义的物权变动模式,在各个国家和地区的立法例上,有物权形式主义和债权形式主义之分,在此我们先探讨由《德国民法典》所确立的物权形式主义物权变动模式。

1. 物权形式主义的物权变动模式下的不动产物权登记

物权形式主义的物权变动模式,包括以下几个方面的内容:

首先,物权变动中的债权契约只能发生债权法上的权利义务关系,欲发生物权变动,还必须借助独立于债权契约而存在的物权契约。这即是所谓的物权行为的独立性。

其次,物权契约的核心是"物权的合意"。仅有独立于债权意思的物权合意尚不足以引起物权变动,还必须具备一定的形式,方可最终引起物权变动。其中,不动产须有登记,动产须有交付。如果没有登记或交付行为,即使有债权契约与权合意,也不能发生物权变动。[1] 作为物权形式主义物权变动模式的核心,"抽象的物权契约理论"被认为是德意志法系的特征。[2] 我国台湾地区民法第758条规定:"不动产物权,依法律行为而取得、设定、丧失及变更者,非经登记,不生效力。"第761条第1项规定:"动产物权之让与,非将动产交付,不生效力。但受让人已占有动产者,于让与合意时,即生效力。"学者解释认为,就所有权的移转而言,也采物权形式主义。[3] 其中,第758条所谓的法律行为就是指物权行为;第761条第

---

[1] [日]松坂佐一:《物权法》,有斐阁1980年版,第25页。
[2] [德]K. 茨威格特、H. 克茨:《抽象物权契约理论》,《外国法译评》,1995年第2期。
[3] 王泽鉴:《民法学说与判例研究》第5册,中国政法大学出版社1997年版,第4页。

1项所谓的让与合意是指物权契约。①

2. 债权形式主义的物权变动模式下的不动产物权登记②

债权形式主义的物权变动模式,又称意思主义与登记或交付相结合的物权变动模式,指物权因法律行为发生变动时,当事人间除有债权合意外,尚需践行登记或交付的法定方式。也就是说,在原则上尽管要求以交付或登记行为作为标的物所有权移转的表征,但并不承认所谓物权合意的存在,认为债权合同就是所有权移转的内在动力和根本原因。可见,债权形式主义的物权变动模式之下,物权变动法律效果的发生,并非法律行为这一单一民事法律事实的作用,而是以债权合同这一法律行为与交付或登记这一事实行为的相互结合为根据。《奥地利民法典》、《瑞士民法典》堪称债权形式主义物权变动模式的代表。

尽管债权形式主义的物权变动模式产生在物权形式主义的物权变动模式之前,但一般都将其认为是前述两种物权变动模式的折中形态,所以有学者称之为介于意思主义和形式主义之间的折中主义③。《瑞士民法典》第714条第1项规定:"动产所有权的让与,应将其占有移转于受让人。"这是动产所有权的移转的规定。该法典第656条第1项规定:"为取得不动产所有权,须于土地登记簿册加以登记。"这是不动产所有权的移转的规定。第657条规定:"转移所有权的契约,不经公证,无约束力。遗嘱及继承契约,应经继承法及夫妻财产制规定的形式。"由此看出,《瑞士民法典》对于动产的转移以交付为条件,不动产的转移以登记为条件。《瑞士民法典》是否承认有独立的物权行为,法典的态度并不明朗。该法典的起草者欧根·胡贝尔对动产所有权的移转有意保持沉默。他认为,现实中的各种案件,有不同的外在表现方式,有不同的利害关系,当事人的意思也千差万别,因此法律固定于某个立场的做法是不太妥当的④。有学者认为,瑞士民法与德国民法一样在动产权利移转时要求物权契约,但并未进一步采认无因原则。⑤

债权形式主义的物权变动模式包括以下内容:首先,发生债权的意思表示即

---

① 梅仲协:《民法要义》,中国政法大学出版社1998年版,第92、513页。
② 王轶:《物权变动论》,中国人民大学出版社2001年版,第31页。
③ 钱明星:《物权法原理》,北京大学出版社1994年版,第48页。
④ [德]K. 茨威格特、H. 克茨:《抽象物权契约理论》。王轶:《物权变动论》,中国人民大学出版社2001年版。
⑤ 苏永钦:《物权行为的独立性与无因性》,载《民法经济法论文集》,台北。自版,1988年版。转引自吴道霞编著:《物权法比较研究》,中国人民公安大学出版社2004年10月版,第113页。

为物权变动的意思表示,二者合一,并无区别;其次,欲使物权实际发生变动,除当事人间的债权意思表示外,还须履行登记或交付的法定方式,登记或交付为物权变动的成立要件。就《奥地利民法典》所确立的物权变动模式,也有学者力图将其解释为承认有独立的物权行为存在。1958年制定的《韩国民法典》,作为第二次世界大战后现代民事立法的一项重要成果,在物权变动模式的立法选择上,舍弃了以往所采用的纯粹意思主义的物权变动模式,转而采取债权形式主义的物权变动模式。实现了从意思主义到形式主义的转换。该法第188条规定:"在不动产场合,基于法律行为的不动产物权的取得、丧失及变更,非经登记,不生效力。关于动产物权之让与,非将动产交付,不生效力。"该法典的立法理由书指出,物权基于债权契约、交付或登记发生变动。一方面使物权变动存在与否较为明确,有利于交易安全的保护;另一方面也可避免当事人之间的关系以及他们与第三者之间关系的复杂状态。

我国民法学界对是否采用德国法上的物权行为理论存在分歧,但是在不动产物权变动上,采取不动产物权变动以登记为生效要件却基本上没有分歧。我国民法学者认为,为了完善我国不动产物权登记制度,应赋予不动产物权登记如下效力:

决定因法律行为发生的不动产物权变动能否生效的效力。不动产物权因法律行为发生的变动,包括设立、移转和废止等,只能在登记时发生物权变动的后果,不经登记,法律不认可发生了物权变动。

权利正确性推定的效力。即以登记的物权为正确的物权并依法予以保护的效力。同样,在登记涂销一项不动产物权时,也应依法认为该项权利已经消灭。

善意保护的效力。即对信任不动产登记簿记载的权利为正确权利而取得该项权利的第三人,法律认可其权利取得有效而予以保护,禁止原权利人予以追夺的效力。

风险警示的效力。即对各种物权变动均应纳入登记,将各种物权的排他效力通过不动产登记簿的记载予以明确宣示,以达到告诫物权相对人存在不动产交易风险的效力。

三、我国的物权立法对物权变动模式的选择

我国现行法在物权变动问题上究竟采取何种立法模式,需要通过民法解释予以明确。《民法通则》第72条规定:"按照合同或其他合法方式取得财产的,财产所有权从财产交付时起转移。法律另有规定或当事人另有约定的除外。"《合同

法》第133条规定:"标的物的所有权自标的物交付时起转移,但法律另有规定或者当事人另有约定的除外。"《民法通则》制定于1986年,当时民间的不动产交易十分罕见,《民法通则》第72条自然是主要针对动产物权变动而设计的,以交付为原则。后来,随着商品经济的发展,不动产交易逐渐增多,我国先后颁布《城市房地产管理法》、《担保法》、《城镇国有土地使用权出让和转让暂行条例》等法律法规,对《房屋所有权》、《土地使用权》等不动产物权的变动做了相应的规定。这些规定可以理解为《民法通则》第72条所谓的"法律另有规定"。《合同法》第133条沿用了民法通则第72条的立法表述,在公示问题上为单行法的适用留下余地。

《城市房地产管理法》第35条规定:"房地产转让、抵押当事人应当依照本法第五章的规定办理权属登记。"按照《担保法》第41条与42条的规定,以房屋、土地使用权等不动产以及交通工具、企业设备等特殊动产设立抵押权的,以登记为生效要件。如果把《民法通则》第72条、《合同法》第133条、《城市房地产管理法》第35条以及《担保法》第41条与42条结合起来,进行文义解释与体系解释,就可以得出如下结论:在我国,不动产物权变动实行债权形式主义,以"债权合同+登记"作为物权变动的生效要件。动产物权变动的情况比较复杂,原则上以交付为生效要件,交通工具、企业设备等特殊动产设立抵押权则以登记为生效要件,依据《担保法》第43条的规定,以其他动产设立抵押权的,以登记为对抗要件。由此可见,对于动产物权变动,我国实行的是一种混合式的立法模式——既有债权形式主义的因素,又有意思主义的因素,或者说既有公示生效要件主义的因素,又有公示对抗要件主义的因素。

在我国的物权法起草过程中,我国应该采用何种不动产物权变动模式,一直存有较大争议。我国《民法通则》在制定过程中,着重参考了1964年《苏俄民法典》第135条的规定,法律并不要求另有移转标的物所有权的合意(物权行为),而是规定需要有债权行为,如买卖、互易、赠与等,除此之外,一般说来,动产要求以交付为生效要件,不动产要求以登记为生效要件。① 由此看出,我国的《民法通则》的规定既没有采取《德国民法典》的形式主义的物权变动模式,也没有采取《法国民法典》的意思主义的物权变动模式,而是采取《奥地利民法典》《苏俄民法典》等的意思主义与交付主义相结合的物权变动模式。现行《中华人民共和国合

---

① 吴道霞编著:《物权法比较研究》,中国人民公安大学出版社2004年10月版,第134~135页。

同法》(1999年10月1日生效)第133条规定:"标的物的所有权自标的物交付时起转移,但法律另有规定或者当事人另有约定的除外。"可见,我国的合同法也采取这种折中主义的物权变动模式。

我国在审议《物权法草案》时采取的是登记要件主义模式为一般原则,登记对抗主义模式为例外的规定。该草案第9条规定:"不动产物权的设立、变更、转让和消灭,应当登记;未经登记,不发生物权效力,但法律另有规定的除外。依法属于国家所有的自然资源,所有权可以不登记。"第28条规定:"船舶、飞行器和机动车等物权的设立、变更、转让和消灭,未经登记,不得对抗善意第三人。"[1]以登记要件主义为一般原则,有利于维护交易安全。因为在我国现阶段,经济生活处于转轨时期,市场体系不健全,信用体系缺失,如果在不动产交易过程中不要求交易当事人办理登记,很容易发生欺诈等现象。采登记要件主义,也有利于法官正确及时地审理有关不动产交易案件,减少调查取证的困难。[2]

不动产物权的设立、变更、转让和消灭,经依法登记,发生效力;未经登记,不发生效力,但法律另有规定的除外。我国《物权法》第一百零六条明确规定:无处分权人将不动产或者动产转让给受让人的,所有权人有权追回;除法律另有规定外,符合下列情形的,受让人取得该不动产或者动产的所有权:(一)受让人受让该不动产或者动产时是善意的;(二)以合理的价格转让;(三)转让的不动产或者动产依照法律规定应当登记的已经登记,不需要登记的已经交付给受让人。受让人依照前款规定取得不动产或者动产的所有权的,原所有权人有权向无处分权人请求赔偿损失。当事人善意取得其他物权的,参照前两款规定。

从我国《物权法》的规定来看,我国法律在保护原所有权人的同时,从维护交易秩序出发,对善意第三人采取保护政策,这个规定是完全正确的。

也有论者认为,我国物权法不应当固守物权变动的债权形式主义,如果不动产转让合同(合意)是有效的,并且标的物已经交付,法律经应该承认其能够产生物权变动的效力。[3] 从立法论的角度观之,债权形式主义立法模式的正当性却值

---

[1] 《物权法》第二十四条:船舶、航空器和机动车等物权的设立、变更、转让和消灭,未经登记,不得对抗善意第三人。
[2] 王利明:《物权立法过程中的若干疑难问题》,载王利明主编之《判解研究》2005年第4辑,第6页。
[3] 许中缘、杨代雄:《论物权变动中未经登记的受让人利益的保护——兼论我国物权变动立法模式》,载于王利明主编《判解研究》,人民法院出版社2005年第4辑,第172~173页。

得检讨。尽管此种模式有利于确保标的物权属状况的清晰、明确、透明,在一定程度上可以起到防止不特定的交易第三人遭受损害的作用,但也存在比较明显的弊端。

第三节 不动产善意取得中的第三人保护

一、不动产善意取得制度的理论分析

在交易行为中常常发生物权的变动,如所有权的移转、用益物权或者担保物权的设定等。物权的本质为排他性权利,物权变动必定会妨碍第三人利益。故必须在物权变动的法律制度中讨论第三人保护问题。安全,一方面表现为交易人对其所为交易行为合法性的信赖,另一方面表现为对其交易行为效力的确定性期待。因相信登记正确自登记名义人取得物权的善意第三人之利益,受法律保护。在我国民法理论中,善意取得一直被认为是仅限于动产的一项制度。善意取得制度是适应商品交换需要而产生的一项法律制度。就善意取得制度而言,所有权归属于受让人始足贯彻保护交易安全之目的,使善意受让人受到物权法上的保护。[①]

在大陆法系国家中许多接受了善意取得制度的国家,仅仅是将善意取得制度的适用范围限定在动产上,不能扩展适用到不动产上,而俄罗斯通过宪法法院的判决的形式承认了不动产善意取得制度在俄罗斯民法上的存在。俄罗斯联邦民法典(以下简称民法典)的第302条(向善意取得人要求返还财产)的立法表述,与世界上其他国家的不同,主要体现在:在规范中没有像许多其他大陆法系国家那样使用"动产"的概念而是采用了"财产"的概念,而财产在俄罗斯民法典中包括了动产和不动产(第130条)。这一规范的表述就从逻辑上内在地蕴含了不动产善意取得制度的因素。在这则宪法法院的判决之前普通管辖权法院和仲裁法院是不承认存在不动产善意取得制度的,自1995年起就形成了在解决与购买不动产有关的冲突时的"完全不容许(违法)的情形"。如果在一系列的与该财产有关的法律行为中被发现有违反法律的情形,民事法院在大多数情况下就"采用最不

[①] 参见王泽鉴著:《法律思维与民法实例》,中国政法大学出版社2001年7月版,第135页。

费力的方法"判决返还不动产。在这样的法律适用实践中善意的住宅购买人就既被剥夺了金钱也被剥夺了住宅。

所谓善意取得原则,或者善意保护原则,即在第三人对其前手交易的瑕疵不知情时,其所取得的物权就受到法律的保护的原则。

何谓善意取得?学界表述各异。史尚宽先生认为:善意取得,亦称即时取得,谓动产让与人纵无让与之权利,以所有权之移转或其他物权之设定为目的,善意受让该动产之占有者,取得其所有权或其他权利。[①] 王泽鉴认为:善意取得者,系指动产让与人与受让人间,以移转动产所有权为目的,由让与人将动产交付于受让人,纵让与人无移转所有权之权利,受让人以善意受让时,仍取得其所有权之法律行为。[②] 梁慧星认为善意取得是"基于法律行为有偿受让动产且已占有该动产的善意受让人,即使让与人无处分权,仍取得该动产的所有权"。[③] 王利明教授对善意取得界定为:"善意取得又称为即时取得,是指动产占有人无权处分其占有的动产,却又将该动产转让给第三人,受让人基于善意依法可以即时取得该动产的所有权或其他物权。"[④] 一般认为:动产所有权的善意取得,又称动产所有权的即时取得,是指动产占有人在无权处分其占有的动产的情况下,将该动产转让给第三人,受让人在取得该动产时为善意,因而依法取得该动产的所有权。

上述表述方式大同小异,无论哪种表述,都一致肯认善意取得制度是动产善意取得。目前我国许多学者主张这一原则,有时甚至称这一原则具有十全十美的意义。但是,如果从物权法的法理上看,善意保护的原则有相当的不足。

根据交易的一般规则,法律不能要求第三人对其前手的交易的瑕疵负责。所谓善意第三人,即对其前手交易的瑕疵不知情的人。而根据交易的一般规则,第三人对前手交易的瑕疵不负应知的责任,第三人只要对交易有一般的注意,就是善意人;无法律上的过错即为善意。

一般情况下,第三人均为善意,故善意取得原则的提出缺乏普遍性意义,它只能在极为罕见的情况下发生作用。第三人对其相对人的交易如果有法律上的过错,则可以根据第三人的过错撤销其交易,而不必借助于善意保护原则。

郑玉波在肯认善意取得为动产善意取得,不动产无善意受让制度的同时,主

---

① 史尚宽:《物权法论》,中国政法大学出版社 2000 年 1 月版,第 558 页。
② 谢在全:《民法物权论》(上),中国政法大学出版社 1999 年出版,第 218 页。
③ 梁慧星:《中国物权法草案建议稿》,社会科学文献出版社,2000 年版。
④ 王利明:《中国物权法草案建议稿及说明》,中国法制出版社 2001 年版。

张因信赖登记而取得不动产权利者,应当受到"不动产登记之公信力"的保护①。其主张与不动产善意取得殊途同归,其结果都是保护善意受让人的不动产取得权,虽然没有明确突破动产善意取得的框架,但不动产善意取得已是略见端倪。梁慧星曾言"郑玉波先生将善意取得制度存在的理论根据解为法律的特别规定,不啻为正确之解释",但同时又认为"所谓善意取得制度是一项基于占有的公信效力而产生的制度,并无不妥"。②

在我国有关法律、司法解释中,也有不动产善意取得的规定。如《最高人民法院关于贯彻执行中华人民共和国民法通则若干问题的意见》第 89 条的"共有财产"显然既包括动产也包括不动产,而且就此司法解释演变生成的历程而言,其实质是指共同共有的不动产,而且主要是指共同共有的房屋。

世界各国或地区的民法多规定善意取得的标的只限于动产。一般认为,因不动产所有权以登记为特别生效要件,故无善意取得的可能。各国一般把善意取得制度的适用对象规定为动产,而把不动产排斥在外,是值得考虑的。动产交易远比不动产交易频繁,但并不意味着不动产不适用善意取得制度。

目前我国大陆学界的通说善意取得仅为涉及动产之制度,善意取得置于"动产所有权"章节之下,视若动产所有权取得情形之一种,为动产所有权取得情形之一。如梁彗星、陈华彬之《物权法》、王利明之《民法新论》,如钱明星之《物权法原理》、张俊浩之《民法学原理》均持此论。否定不动产之善意取得,不仅是我国民法的流行学说,考诸发达国家之立法例,也是没有把善意取得适用于不动产。

二、不动产应适用善意取得制度

支持不动产善意取得的学者分析指出,无权处分他人不动产而第三人善意受让是现实可能的,并不限于"违章建筑等极少数未进行保存登记的不动产"。即便不动产交易以登记为对抗要件,因为现今世界各国的登记审查都仅须为形式审查,则难保不动产权利登记记载与真实权属绝对吻合。登记权属与真实权属不一致,或因登记机关的过错而造成错误登记或错误涂销;或因表见继承人取得遗产或继承人取得应继份额以外的不动产并为了继承登记的;或已登记的不动产物权变动因无行为能力、诈欺、当事人伪造文书等理由而无效或撤销,但登记尚未涂

---

① 郑玉波:论动的安全与静的安全,《台大青年》"民国"五十一年度第二号。
② 梁慧星:《中国物权法研究》,法律出版社 1998 年版,第 489~549 页。

销;或虽依法律规定取得不动产物权,但并未及时办理登记,如征收土地手续已毕,但未为所有权移转登记;或于不动产共同共有关系中,不动产物权仅登记在一个或部分共有人名义之下。所以,仅以"交易方不会误信不动产占有人为有权处分人而与之交易"为理由,一概排斥不动产善意取得制度之适用是缺乏根据的,对于因相信登记公示力而自无权处分人处取得不动产的善意第三人而言,也有失公允。在现今,特别是当前我国不动产登记制度远不够科学完善,承认不动产善意取得是必要的。随着不动产登记制度的完善和普遍的法制意识增强,不动产无权处分的发生可能减少。但即便如此,法律也没有完全否认不动产善意取得制度的可能。

虽然我国关于不动产登记方面并没有统一,但是根据立法与实践,我国的不动产登记制度在程序、要件方面与德国相近,甚至我国登记机关在进行登记时所拥有的权利相当大,不仅如德国实质审查主义那样对当事人的文件资料有审查权,而且享有审查这些资料以外事实的权限,力求达到客观真实的理想状态,因此学界对我国不动产登记采用实质审查主义基本上取得一致。实质审查主义与公示公信原则是相互协调的,登记机关不仅就登记申请在程序上是否合法要审查,同时对其实体上的权利义务关系也要审查。一经登记,就立即生效。生效则可以对抗任何第三人对不动产所有权的干涉或追索。因此,依公示公信原则,只要无异议登记,即使登记所记载之权利与现实生活中真实的权利状态不相符合,只要善意第三人基于信赖登记正确,本身又无过失,而与登记名义人进行交易,其对不动产使用权的取得就应受到法律保护。

另外,现代社会中不可替代的社会物质财富在范围上越来越小,人们对财产权的保护早已不再拘泥于实物形态的完整与回复,相反,对于物权价值形态的补偿则成为人们乐于接受的方式,此谓物权的价值化趋势。与此同时,动产与不动产的划分也发生了观念上的变化,绝对界限不复存在,典型者如船舶、飞行器,在事实上确系动产,但在法律上却视为不动产,其物权变动须经登记始能成立。故有学者指出,在这种背景下,善意取得适用之标的范围应以何种标准来确定,即是善意取得制度是否现代化的标志之一。

善意取得既是保护交易安全的一项独立制度,其运用标的物范围应基于受让人主观上的善意与否来确定,而不应再做明细的划分。事实上现代一些国家民法上的善意取得适用标的物范围的扩张已充分表明,法律已从起初重视受让标的物本身的性质转移到注重受让人是否善意上来,以此也可以佐证不动产亦适用善意取得制度。

另外,肯定说还从以下方面做了论证:

1. 符合人们的法律情感。抑恶扬善为法律之基本特征,第三人在商品交易时,善意无过失,如法律对其不予保护而让其承担不测的风险,不仅与法理不合,且有伤于人们的法律情感。

2. 有利于创立安全的交易秩序并维护交易公正。善意取得制度虽减弱了对原所有人的所有权的保护,但这并不违背法律公平正义的价值取向。原所有人的财产被他人不法处分却无法请求返还,对原所有人而言似乎有失公允,但从社会的整个交易秩序来看,则是法律正确的理性选择。首先,原所有人的利益应予维护,这是不言而喻的,但是当他的利益与整个社会的商品交易秩序的安全这一利益相比起来,还是后者的价值为重。其次,无权处分人之所以有机会处分原所有人的财产,往往与原所有人疏于注意和保护自己的财产有关,例如,将自己的财产交由缺乏信用的人使用、保管、租用或不慎遗失、被盗等,在这种情况下,因原所有人没有尽到注意义务,反而让善意无过失的第三人承担损害的后果,于理不通。与没有尽到注意义务的原所有人相比,善意第三人的利益更应当受到保护。

3. 有利于降低社会交易成本。一个成功的法律制度,不仅要调整利益冲突,还要有利于社会的整体经济效益,在决定法律权利赋予时,应该权衡利弊,以较少的社会成本换取较多的社会收益。善意取得制度的构建恰好符合这一要求。市场交易本身就存在着潜在的风险,无权处分人将财产非法处分给善意第三人时,法律必须在原所有人、无权处分人和善意第三人中选择一方来承担风险,法律就应当按照使交易行为最有效率的目的来分配这一交易风险。达到这一目的的一个规则就是把这一风险分配给能以最低成本来预防这种交易风险的一方当事人。如若法律将该风险分配给善意无过失的第三人承担,则第三人为预防此类风险的再次发生,解决的方式无非是让购买者在交易之际严格调查让与人是否为所有人以及有无处分权。这势必要求受让人要沿着相继转让所有权的先后次序一直追溯到最初的取得者方可确保自己可以取得的所有权。与善意第三人相比,原所有人更容易采取预防措施以消除这种风险,也就是说,从原所有人承担风险入手来规制市场交易秩序更能减少市场交易成本,增大社会的整体经济效益。

肯定不动产善意取得制度者与否认不动产善意取得制度者都既有学理支撑又有立法依据,双方观点旗鼓相当,难分伯仲。这也使得不动产善意取得制度本身愈显迷离,令人难以一窥究竟。本书尽管持肯定观点,但作者也主张各种观点的百家争鸣,以繁荣民法学的研究。

　　法学观点的分歧首先来源于对事物性质认识的分歧,最根本则来源于法学方法论的分歧。善意取得制度的性质,或曰善意取得制度的理论基础的纷争导致学者认识不动产善意取得的差异:认识善意取得制度性质认识的差异归根结底又来源于法学方法论的差异,即学者认识分析的视角的差异。希望在这个问题上能求同存异,最终达成共识。

三、不动产善意取得构成要件

比照动产善意取得的构成要件,不动产善意取得的构成要件应包括:

(一)标的物须为不动产。采登记对抗主义的动产,亦应比照不动产适用。

(二)不动产物权登记内容与实际权利关系不一致。即登记人并非实际权利人,如误登记某地归某人所有等,这一要件是无权处分人进行无权处分的前提。

(三)物权变动基于合法有效的法律行为(交易行为)。首先,必须是基于法律行为(交易行为),若基于赠与、继承,则不属于交易范畴,保护交易安全的善意取得不保护非交易行为。另外,该交易行为必须合法有效,否则就不受交易安全的保护。

(四)善意受让人已完成物权变更登记。物权变更登记是不动产物权转移的必要条件,未完成变更登记,则不发生物权转移的效果,自然不适用善意取得。至于善意受让人是否占有该不动产,在所不问。

(五)受让人主观上为善意。此处的善意是指受让人不知道不动产物权登记的不真实,并且善尽了一个正常登记簿查阅人的注意义务后仍不知晓。

由上可见,动产善意取得和不动产善意取得在构成要件方面有以下不同:

1. 善意的判断标准不同。动产善意取得中的善意是指"不知情,即指不知道或不应当知道让与人转让财产时对该转让财产没有处分权",需要受让人的主观判断;而不动产的受让人善尽了一个正常登记簿查阅人的注意义务即可,没有额外审查的义务。

2. 是否仅限于有偿的法律行为。动产善意取得仅限于有偿的法律行为,而不动产登记的公信力对于那些基于无偿法律行为而取得不动产权利的人也给予法律保护。

3. 标的物是否须依其所有人的意思而由无权处分人占有。动产善意取得往往可以分占有脱离物和占有委托物,前者不适用善意取得,后者可适用;而不动产善意取得则不做此划分，基于对不动产登记的公信力，信赖登记的善意第三人即可善意取得。

从既有的法律经验来看，善意取得制度存在的目的就是解决现实中存在的无权处分问题，通过设定一定条件来平衡无权处分涉及的当事人之间的利益问题①，可以说，没有无权处分就没有善意取得。由于善意取得就是解决无处分权人在无权处分他人财产时，第三人基于某种合理的信赖而取得财产的行为，因而善意取得的前提就是转让人处分财产的行为构成无权处分。

无权处分涉及无权处分人、第三人和真实权利人三方主体，无权处分人与真正的权利人之间可以是侵权、违约或者不当得利等关系，真正权利人有权对无权处分人主张债权的请求权，无权处分人对真正的权利人也应承担法律上的责任；无权处分人和第三人在形式上是正常的合同关系；真正的权利人与第三人则处于权利归属的争夺关系中。② 他们之间的关系比较复杂，要根据具体情况进行分析。

无权处分与善意取得的关系表现在：一方面，无权处分是善意取得的前提要件，假如在无权处分情况下，法律将其单纯作为合同问题，仅仅只是简单地宣告无权处分无效，通过使合同无效而发生恢复原状的后果，使原所有人重新取回其所有权，虽然保护了原所有人的权利，但不可能发生善意取得的问题；另一方面，善意取得使无权处分能够产生物权移转的效果，在无权处分的情况下，如果赋予原所有权人无限制的追及效力，但基于保护交易安全的需要，有必要超出对无权处分效力的狭义认识，延伸到对第三人保护和交易安全的维护，从而在特定情况下扩张无权处分的效力。正如有学者所指出的，善意取得制度是通过无权处分行为完成的，而善意取得是静态的一方面，即法律对作为无权处分行为的结果的财产，如何确定其权利归属。

严格地说，善意取得是法律处理不同利益冲突的解决机制，与国有资产流失没有必然联系，企业的负责人处分国有资产，都要政府主管部门的批准，不能认为是无权处分。低价贱卖国有资产可能涉及合同法上的撤销权问题，也可能涉及刑法、行

---

① ［德］鲍尔／施蒂尔纳：《德国物权法》（上册），张双根译，法律出版社2005年版，第64～65页，第490～508页；［日］田山辉明：《物权法》，陆庆胜译，法律出版社2001年版，第100～109页；王泽鉴：《民法物权》（第1册），中国政法大学出版社2001年版，第269页。
② 叶金强：《无权处分行为效力模式论》，载《南京大学法律评论》2005年秋季号，第100页。

政法上的问题,但通常不符合善意取得的构成要件,不可能适用善意取得制度。①

四、关于受让人善意的分析

善意是善意取得的核心要件,必须正确界定善意方能有效适用不动产善意取得制度。

(一)善意的界定

"善意"一词源于拉丁文 bona fides,意思是不知情,即指不知道或不应当知道某一事实的存在。例如,在物权法上,财产交易中的受让人在受让财产时不知道或不应当知道让与人对该转让财产没有处分权,即为善意。善意是相对于恶意而言的,民法中的善意表明的是行为人的主观心理状态,即行为人在实施某种行为时不知道或不应当知道存在影响该行为法律效力的因素。②

在物权法上,如何确定善意,理论上存在两种学说:一是"积极观念说",受让人必须具有将占有人视为所有人的观念;二是"消极观念说",受让人不知道或不应当知道占有人为非所有人,即为善意。比较之下,前者比后者更为严格,认为只有当受让人相信出让人为权利人时为善意的"积极观念"显然过于苛刻。外国立法对善意理解多采取消极观念,如德国民法第 932 条规定:受让人明知或因重大过失而不知物不属于让与人者,视为非善意者。日本民法第 192 条明定"善意并无过失"。通说认为,只要受让人不知道或不应当知道让与人为非所有权人即视为善意。

其实,善意与否是受让人的一种心理状态,很难为局外人所知晓,因此,确定受让人是否具有善意,应考虑当时的客观情况来推知当事人是否善意。

(二)如何判断善意

如何判断善意涉及对法律和事实的解释。"法律解释的对象既有文本,也有事实,当然更主要的还在于说清二者之间的逻辑关系。"③就是说,法官的具体裁判活动就是在解释法律。客观主义和主观主义是法律解释学中的两大理论倾向。根据季卫东教授的归纳,客观主义的法律解释观的核心在于通过"概念计算"来预测审判结果的理论前提以及相应的制度性设计。与法律决定论相反的是主观论

---

① 王利明:《保护私有财产不是私有化》,载《中国青年报》2006 年 3 月 6 日。
② 程宗璋:确立善意取得制度的立法探讨,五邑大学学报(社会科学版)1999 年第一卷第一期。
③ 陈金钊:《法律解释中的矛盾与选择》,《法商研究》2004 年第 2 期。

的立场,不承认法官的决定具有真正的客观性。采取这种立场的人们主张:做出判决的活动其实只是一种主观性行为,法庭的辩论以及法律解释只不过是掩盖其主观任意性的伪装。在其代表作《法与现代精神》中,弗兰克宣称,在实际的审判过程中,决定判决内容的既不是法律规范也不是逻辑更不是概念,而是"跟着感觉(hunch)走"!换言之,要先根据感觉大胆得出结论,然后到法律和学说中去小心求证——无非是东寻西找、各取所需,而在这个过程中具有决定性的却是法官的个性。因此,判决是无法预测的。[①] 客观主义被哈特称为形式主义,将主观主义称为规则怀疑主义。客观主义和主观主义还被有的学者表述为法律决定论与法官决断论。[②]

结合相关法理学理论在区分动产、不动产的基础上,关于善意的判断,应当从如下几个方面考虑:

1. 应当采用客观标准。即在当时的情况下,一个合理的、一般的人在主观上是否具有善意。在许多情况下,法官还需要根据自己的生活经验,从其他角度来判断第三人是否为善意。

2. 应当综合考虑交易的各种因素。除了需要采用一般人的标准之外,善意判断还要考虑交易的时间、地点、场所、交易当事人之间的关系等要素。这种判断要根据不同的案件和交易的不同情况来进行。[③] 按照《德国民法典》第932条第2款规定:"受让人明知或因重大过失而不知物不属于让与人的,非为善意。"如果受让人已经知道转让人并不是真正的所有权人,或者在重大过失的情况下没有知晓,可以认定受让人存在恶意。所以善意概念本身就包含了无过失,而恶意就意味着有过失。

与动产善意取得相比,不动产善意取得中的善意判断相对比较简单,在通常情形下,只要受让人信赖了登记,就是善意的,除非其明知登记错误,无须再考虑交易的环境等因素。不动产善意取得的善意时点应以登记完成为准。但是,正因为申请登记和登记完成之间存在时间差,而当事人又不能控制登记完成的时间,如果这个时间差比较长,而在申请时为善意的第三人在此期间因为各种原因了解

[①] 季卫东:《法律解释的真谛——探索实用法学的第三道路》,《中外法学》1998年第6期。

[②] 陈金钊:《法律解释学的转向与实用法学的第三条道路(上)》,《法学评论》2002年第1期。强世功、赵晓力:《双重结构化下的法律解释——对8名中国法官的调查》,载梁治平主编:《法律解释问题》,法律出版社1998年版,第222页以下。

[③] 王利明:《法学研究》2006年第5期,第83页。

到出让人无权处分的情况,此时否定善意取得,显然不利于第三人的利益。而且,只要第三人向登记机关递交登记申请时为善意,就足以表明其交易行为具有正当性,登记程序的进展也是正当性,应当受到法律保护。故而,在不动产善意取得,第三人的善意应当以申请登记作为时点,之后即使第三人知悉无权处分,也不妨碍善意取得的构成。另一方面,恶意的排除情况不同。在不动产中,异议登记也能排除第三人的善意,即真实权利人对登记权利真实性提出异议,登记机关将该异议记载于登记簿上,由于登记具有公开性,第三人据此完全可知登记错误,从而能提高警惕,防止无权处分的发生。① 如果在存在异议登记的情况下,第三人仍然与登记权利人进行物权变动,就不能认定其是善意之人,他就要为自己的不审慎行为所造成的不利益负责。在动产交易中,判断受让人是否善意的一个重要因素,就是需过多考虑价格的高低。此外,动产善意取得需要以受让人取得占有为条件,而不动产无须受让人实际占有不动产。

(三)关于转让合同的有偿性

根据物权法草案第111条的规定,善意取得制度的另一个构成要件是财产必须"以合理的价格有偿转让"。也就是说,无权处分人将他人财产转让给受让人之后,受让人必须支付合理的对价才能够适用善意取得制度。在此,首先涉及善意取得制度是否仅适用于有偿交易的问题,对此有两种不同的观点:一种观点认为,如果善意第三人有偿受让财产,则可以即时取得所有权;如果是无偿受让财产,则不能即时取得所有权,原所有权人有权要求善意占有人返还原物。② 另一种观点则认为,有偿受让并不是善意取得的要件,只要受让人在受让动产时出于善意,且符合法律规定的其他要件,即使是无偿受让,亦可以即时取得所有权。王利明先生认为,受让人在取得财产时,必须以相应的财产或金钱支付给出让人。无偿取得财产时,不适用善意取得。

对不动产而言,不应当有此要求。这是因为动产的外在公示手段是占有,但占有的公示方法非常薄弱,因为发生占有的基础很多,在交易中,如果出让人以很低的市场价格转让动产,通常将使得一个正常的交易人就其是否享有处分权发生怀疑。而不动产善意取得不存在这样的限制,因为不动产物权变动的方式是登记,与动产占有不一样,登记具有很强的公信力。在不动产登记之后,交易当事人

---

① 常鹏翱:《物权程序的建构与效应》,中国人民大学出版社2005年版,第304~320页。
② 杨立新主编:《民事审判诸问题释疑》,吉林人民出版社1994年版,第269~270页。

完全有理由信赖登记所记载的权利人具有处分权利,即使不动产转让的价格偏低,也不能影响登记公信力,只要受让人信赖登记就足以构成善意。

合理的价格并不完全等同于市价,而是应当以同等交易场合、同等交易当事人以及以一个合理人的判断标准来进行判断。

(四)不动产善意取得的公示

善意取得制度适用于不动产必然涉及的一个重大问题是,善意的不动产买受人在何种情况下能够获得物权法的保护?对不动产善意买受人必须自办理登记之日起才能进行保护,仅仅发生交付,并不能够产生不动产物权变动的后果。这一制度设计不仅仅是明确了不动产物权变动的时间点,更重要的是,采纳该制度对维护交易安全,合理平衡各方当事人的利益,都具有重要意义。

善意取得常常涉及双重合同关系。一是原合同关系,二是转让合同关系。其中原合同关系是转让人取得标的物所有权或处分权的基础,转让合同关系是善意取得人取得所有权的基础和权源。通常情况下,原所有人与转让人(占有人)之间的法律关系无效,不应影响第三人(受让人)对所转让的财产的善意取得。物权法草案第111条明确规定,善意取得的构成要件之一是转让合同有效。这实际上意味着,草案认为,在因无权处分而形成效力待定的情况下,善意取得可以成为合同效力的补充要件,即便原权利人拒绝追认,转让合同也是有效的。因而该条实际上是认为,在符合善意取得的其他要件的情况下,要排除《合同法》第51条的适用。

五、构建我国不动产善意取得制度的构想

从制度的系统性、安全性比较来看,对所有权人牺牲最大的是所有权的善意取得制度,立法者在确定立法政策时,为保护交易的安全都能选择所有权的善意取得。

德国、瑞士等许多国家的民法典,在立法上均认可不动产善意取得。从《瑞士民法》第973条的规定来看,不动产的善意取得既包括了所有权也包括了所有权以外的其他权利,这里所指的"其他权利"应当包括不动产抵押权在内。对于国外的这些较为成熟的立法经验,我们在制定物权法时,在具体的物权制度选择上可以参考。

从法律制度本身的连贯性出发,承认保护动产的善意取得制度,也应当承认保护不动产的善意取得制度。但为了平衡各方利益,和动产善意取得区分委托物和脱离物一样,不动产善意取得也应该区分基于所有人过失而错误登记的不动产与非基于所有人过失而错误登记的不动产。在不动产共同共有下,共有人基于信赖而将产权仅登记在一人或一部分共有人名下时,或不动产产权已经发生变动而真实权利人怠于行使涂销或登记时,或者已经知悉登记有误而不积极主张登记异议时,因原权利人有过失所以确定地发生不动产善意取得。如登记与真实权利不相符合系出于登记机关的疏忽大意或者无权处分人伪造相关文书欺骗登记等与原权利人无关的事实所造成,原权利人可以在相当长的时期内向受让人请求返还。但该项不动产如购自拍卖会、房交会或房地产经销商,原权利人非偿还受让人支付的价金,不得请求返还。

基于保护交易、鼓励流通的考虑,我国《关于贯彻执行〈民法通则〉若干问题的意见(试行)》第89条规定:"在共同共有关系存续期间,部分共有人擅自处分共有财产的,一般认定无效。但第三人善意、有偿取得该项财产的,应当维护第三人的合法权益;对其他共有人的损失,由擅自处分共有财产的人赔偿。"这里所讲的"财产",应认为既包括动产,也包括不动产。这里所讲的"擅自处分",应认为既包括处分所有权,也包括处分(设定在该财产上的)担保物权。另外,我国司法实务中也存在大量的不动产抵押权的善意取得案件,人民法院经常使用此条文来解决财产所有权的保护与善意第三人的利益、交易安全的维护之间的矛盾和冲突。可以说,我国的司法实务中早已认可了不动产抵押权的善意取得制度。

学者们草拟的两个物权法草案建议稿分别对不动产善意取得做了规定。中国社会科学院梁慧星等学者建议稿第29条规定:"以不动产登记簿为根据取得的不动产物权,不受任何追夺,但取得人于取得权利时知悉权利瑕疵或者登记有异议抗辩的除外。"王利明等学者建议稿第78条规定:"出于善意而信赖不动产登记簿的登记,而与登记记载的权利人发生交易,因而取得不动产所有权或其他权利的,准用动产善意取得的规定。"

社科院的建议稿借鉴自《瑞士民法典》第974条关于"恶意第三人"的规定:(1)物权的登记不正当的,该登记对于知悉或应知悉该瑕疵的第三人无效。(2)凡无法律原因或依无约束力的法律行为而完成的登记,为不正当。(3)因前款的登记使其物权受侵害的人,得援引该登记的瑕疵,对抗恶意第三人。

王利明等学者建议稿第78条借鉴自《瑞士民法典》第973条关于善意第三人的条款:"出于善意而信赖不动产登记簿的登记,因而取得所有权或其他权利的人,均受保护。"

从上述两个建议之规定来看,学者们深刻地洞悉到了我国当前社会实际生活和市场经济之交易状况。为保护交易安全,维护交易秩序,提高交易的速度考量,学术界认可不动产物权善意取得制度。但是两个建议稿仅将适用之范围局限在对不动产登记簿的信赖的情况下,并未将未做登记的不动产之善意取得规定在内,这样会导致不动产产权在未登记的状况下,相对人利益保护不利的后果。①

至于学者所提出的违章建筑可以适用不动产善意取得,似乎值得商榷。违章建筑由于违反法律的禁止性规定,其状态不能与合法建筑相提并论。对于违章建筑拥有人对违章建筑的权利性质,主要有三种主张:(1)动产所有权说。认为违章建筑作为不动产者,因其违法性不可能得到国家的认可,故由此派生的权利不可能得到法律的保护,但构成违章建筑的建筑材料本身作为动产是合法的,应受法律的保护。(2)不动产说。承认违章建筑为不动产,但是为未取得国家认可所有权的不动产。所以,在建筑人出卖违章建筑时,法院或者认为交易合同无效,建筑人只能以收取"使用费"名义主张权利,或者认定买卖合同有效,但出卖违章建筑的收益由行政管理部门或法院收缴。(3)占有说。建筑人对违章建筑物的占有,作为一种事实状态,受法律保护,建筑人之外的任何人不得侵犯建筑人对违章建筑物的占有。违章建筑显然不等于建筑材料之类的动产,二者在价值上也是存在天壤之别的。而且,他人即使不毁损建筑材料,也不得随意侵入违章建筑,建筑人对于违章建筑的权利绝不限于对建筑材料本身的权利。违章建筑就其本身性质而言为不动产,但建筑人并不能取得其所有权。建筑人不能够向房屋管理部门申请登记。按建设部1990年《城市房屋产权产籍管理暂行办法》第18条:"凡未按照本办法申请并办理房屋产权登记的,其房屋产权(所有权)的取得、转移、变更和他项权利的设定,均为无效。"所以建筑人不拥有房屋所有权,他只能为占有、使用、收益,却无处分之权能。法律保护建筑人占有、使用与收益是基于对其占有的事实状态的保护而非出于保护所有权的考虑。因此,权利人拥有的是违章建筑占有所生的权利,并不存在所有权的违章建筑是无所谓善意取得的,买受人即便出于善意也不能要求房管部门予以登记确认其所有权。其自建筑人处购得的一系列权利是建筑人由于占有而为的有权? 处分,与善意取得无关。

从立法上确立不动产善意取得制度,将会带动我国不动产登记制度的改革和

---

① 王崇敏:《不动产抵押权若干问题探讨》,载于刘宝玉主编:《担保法疑难问题研究与立法完善》,法律出版社2006年版,第152页。

完善。首先，由于不动产外观权利与真实权利不一致的原因之一是共同共有关系中，不动产物权仅登记在一个或部分共有人名义下，这就会在确立不动产善意取得制度的同时，配备有相应的不动产管理条例对此问题进行完善。其次，在不动产善意取得制度的法律后果上，要制定相应的法律法规，如何处理所有权人与有过错登记机关或有过错出让人的法律关系，采用什么样的归责原则？由谁来承担法律责任？承担多少？以何种方式来承担？等等。还有，已登记的不动产的情况的查询要收取高昂的费用已是一个不成文的规定，而不动产登记机关是否实现公开查册制度，转变服务理念由一个高高在上的管理者变成一个具有"服务理念"的机构？这也都是我们可以进行思考的并以此为契机带动我国不动产登记制度的改革和完善。

不动产善意取得在立法上的明确规定，将保护善意取得第三人的合法权益，保障动态的交易安全，这是以牺牲不动产原所有人一定的利益为代价的。然而正如一法律谚语所说的"凡事与其无效不如有效"，特别是不动产价值相对动产较高，一旦损失将会对权利人造成重大影响，预见到这样严重后果，继承人或合同当事人均会主动到不动产登记管理机关去履行相关手续，从而也从源头上堵住了不动产外观与真实权利的不一致，使得中国人传统的在纠纷发生以后被动诉讼的局面转变为主动维护自身合法权益。

第四节　公示公信原则是第三人保护制度的原则基础

一、公示公信原则的理论分析

对于物权公示，法学界的界定至今没有统一。最大的争议在于，公示的对象或者内容到底是什么。我国学者对于物权公示的定义，可以分为"物权变动说""物权状态与变动说""物权状态说"。[①]"物权变动说"认为，物权公示即对于物权

[①] 尹田先生将我国学者关于物权公示的学说分为"享有或者权利说"、"变动说"、"享有及变动说"、"享有、变动及消灭说"四种，确有价值，但其对有的学者的归类似不确切。参见尹田："论物权的公示与公信原则"，载梁慧星主编《民商法论丛》第26卷，金桥文化出版(香港)有限公司2003年版，第260~261页。参见屈茂辉：《物权公示对象辨正》，《长沙理工大学学报(社会科学版)》2004年第3期。

变动的公示。①"物权状态说"认为,物权公示即是物权的权利状态的公示。②"物权状态与变动说"主张物权公示所公示的是物权的现实状态及其物权变动的情况。③ 事实上,物权的取得与物权的发生为同一含义,物权的消灭和物权的丧失也是同一含义。将物权变动的公示方法作为物权变动的要件的,则称之为成立要件主义的公示方法,而将物权变动的效力依照当事人之间的意思表示即可发生,只是变动的效力可以对抗第三人的公示方法,称为对抗要件主义的公示方法。④各国家或地区几乎都规定了公示原则。这种公示原则的规定使得交易中的第三人知道物权的目前状况,从而决定自己的交易行为,有力地保护第三人的利益,使第三人不至于受到损失,这种使第三人知道的方式就是公示的方式。另外,在当事人将物权变动以某种外部查知的方式表现时,物权变动的公示原则也可以使得当事人负担公示义务,这样就有力地保全物权,充分发挥法律的保护作用。综上所述,物权变动的公示原则不仅可以保护第三人,而且还可以督促当事人承担公示义务,这样可以保护物权制度,保障交易的安全。

现代各国一般均要求对物权变动进行公示,坚持物权变动的公示原则。在台湾,通说认为关于物权变动的要件除了债权意思表示加上公示的要件——登记或交付外,尚须物权意思表示才会发生物权变动的效力,物权的意思表示即是物权行为的概念。然而所谓的物权行为,究竟是等于物权意思表示,还是物权的意思表示加上公示的要件,学者间则尚有争议,目前通说倾向后者。⑤

---

① 这些文献主要有史尚宽:《物权法论》,中国政法大学出版社2000年版,第30页;郑玉波:《民法物权》,台北三民书局1992年第15版,第28页;王利明:《物权法论》,中国政法大学出版社1998年版,第132页;王利明:《物权法研究》,中国人民大学出版社2002年版,第86页;孙宪忠:《中国物权法总论》,法律出版社2003年版,第178页;钱明星:《物权法原理》,北京大学出版社1994年版,第61页;王轶:《物权变动论》,中国人民大学出版社2001年版,第114页;王果纯、屈茂辉:《现代物权法》,湖南师范大学出版社1993年版,第64页;张俊浩:《民法学原理》,中国政法大学出版社1997年修订版,第342页;马俊驹、余延满:《民法原论》(上册),法律出版社1998年版,第375页;申卫星、傅穹、李建华:《物权法》,吉林大学出版社1999年版,第79页;尹田:"论物权的公示与公信原则",载梁慧星主编《民商法论丛》第26卷,金桥文化出版(香港)有限公司2003年版,第275页。
② 江帆、孙鹏:《交易安全与中国民商法》,中国政法大学出版社1997年版,第76页;肖厚国:《物权变动论》法律出版社2002年版,第12页。
③ 梁慧星、陈华彬:《物权法》法律出版社1997年版,第70页;陈华彬:《物权法原理》,国家行政学院出版社1998年版,第156页。
④ 吴道霞编著:《物权法比较研究》,中国人民公安大学出版社2004年10月版,第137~138页。
⑤ 王泽鉴著:《民法物权》(1),中国政法大学出版社2001年10月版,第78页。

第四章 不动产交易安全中的第三人利益保护

物权的公示,指物权享有与变动的可取信于社会公众的外部表现方式。[1] 是指将物权变动的意思表示及事实按照法定的方式向社会公众予以公开展示。法定的公示方式为动产物权变动的公示方式为交付,即移转占有;不动产物权变动的公示方式为登记。所谓公示原则,是指物权变动经公示的,产生物权变动的效力,即产生物权设立、变更和终止的法律后果;物权变动未经公示的,不产生物权变动的效力。而依公示方法所表示之物权,纵与真实物权状态不一致,然对于信赖该公示方法所表示之物权,而为物权交易之人,法律仍承认其具有与真实物权存在之相同法律效果,以为保护,此即为公信原则。物权的公信原则是指按照法定形式进行公示的物权,纵然公示内容和实际内容并不一致,也应该按照公示内容发生法律效果,即产生公信力。凡是按照法定的公示方式对物权变动进行公示的,就产生物权变动的效力,故公示原则为社会公众提供了这样一个合理的信赖和期待:尽可以放心大胆地与法定方式公示之物权人进行交易,从而极大地增强了交易的安全性,同时也促进了交易的效率,降低了交易的成本。

物权的公示是与公信联系在一起的,也就是说,公示的目的是使社会一般人能够从外观上明确该物为何人享有物权或者何人不可能享有物权。即使公示的物权状态与权利的真实状态不一致,法律也对因信赖该公示的第三人所取得的权利予以保护,即因信赖公示而从非真正权利人取得的物权可以对抗在先取得权利的真正的权利人的权利。这也就是物权的公信原则。可见,公信原则的效力一方面在于使社会一般人相信依公示方法公示出的物权是正确的,另一方面使善意第三人因信赖公示的物权可以从非权利人处取得物权,以保护交易的安全。

物权公示公信原则是物权法定原则必然的逻辑结果。依据物权法定原则,物权的类型和内容被固定化,物权关系变成一套标准化、规格化的权利义务关系。这种以强制规定所设定的权利义务关系,如同在市场中表示出的规格化权利义务清单,明确地指示交易市场所有的参与者有所依循,具有高度明确性和可预期性,大大减少资讯搜寻成本。[2] 物权是绝对权、对世权,从权利的角度看,不公示不足以明确物权的归属,不足以保护权利人。"权利人变动权利,不须义务人同意,但应告知义务人,否则对义务人无约束力。不仅债权变动如此,物权变动亦应如此。只有以公开方式将变动事实告知社会公众,才能使他人知道自己对何人负有物权

---

[1] 梁慧星、陈华彬:《物权法》,法律出版社1997年版,第70页。
[2] 王文宇:《民商法理论与经济分析(二)》,中国政法大学出版社2003年版,第29页。

法上的不作为义务。"①

在物权公示公信原则下,权利人借助占有、登记等外部手段彰显其权利状态,并通过权利的正确性推定,使第三人与他的交易没有瑕疵。第三人只需证明对公示内容的信赖,就可以免除在物权获得过程之中是否知道物权处分人为真正权利人的举证责任,从而打破了罗马法所确定的"任何人不得处分不属于自己权利"的法谚,保护了交易安全。例如,《德国民法典》第891条为"法律上的推定"条款,它规定,"(1)在土地登记簿中为了某人登记一项权利的,应推定此人享有该项权利。(2)在土地登记簿中注销一项权利的,应推定该项权利不复存在"。《瑞士民法典》第973条规定,"因善意信任土地登记簿的登记,取得所有权或其他物权"。

现在各个国家和地区都承认这一原则,原因在于:第一,采物权意思主义物权变动模式的国家和地区,一概明确区分物权与债权,并一同承认物权行为和债权行为的存在,而物权行为的存在就需要一定的理论支持,即在交易过程中,哪一种行为为物权行为。鉴于物权具有对抗第三人的排他性,使得物权变动会对第三人利益产生限制作用。为避免第三人可能因此而遭受的利益损失,便要求物权变动通过一定的从外部可以察知的方式表现出来,这便是公示。根据物权物为形式主义原则,公示本身也便是物权行为的表现。同时,公示更实现了其在交易中的价值,能够维护交易安全,保障市场秩序。第二,在债权意思主义物权变动的模式下,债权行为本身发生物权变动的效力,没有物权行为存在的必要。但是这种物权变动的模式与形式主义变动模式有一点是相同的,那就是兼顾静的财产交易安全与动的财产交易安全,这仍需借助公示制度②,只有进行了公示,才能有效地保全物权,否则就不能得到公认和法律的充分保护。通过公示,使第三人在参与交易时,有了一个识别判断物权的客观标准,在正常情况下,无须进行实质调查,仅凭公示的外部表象就可以公平交易。③ 如未登记,一旦有交易之第三人介入时,应有公信原则之适用,故地政登记实务上,就其登记程序,宜采便捷之手段,俾便于登记,以保护此等物权取得人。所谓非经登记,不得处分,固属强制规定,地政机关或其他机关,于其物权未登记时,自不得准其处分,然如有完成处分之情形者,应非解为无效,以确保法律行为之安定性及当事人间交易之安全。物权公示公信原则在无权处分的情形下,对防止交易的阻

---

① 张俊浩主编:《民法学原理》,中国政法大学出版社(修订第三版),第406页。
② 王轶:《物权变动论》,中国人民大学出版社2001年版,第115页。
③ 杨建东:《物权公示制度初探》,载《法学研究》,1993年第6期。

滞、保护善意第三人具有极为重要的意义。

我国对城市房屋买卖分债权与物权两个部分,对债权行为签字即成立,但物权行为经登记权利才变动。按照我国现行法,登记是不动产权属变动的生效要件,如《城市房地产管理法》第六十、六十一条规定,房产权利的变动应当向县级以上人民政府房地产管理部门申请房产变更登记,房屋以登记和变更登记作为权利享有和变更的公示方法。房产登记是城镇房屋权利归属的公示方法,房屋买卖中物权的取得、变更等,须登记才发生物权法上的效力。《城市房屋权属登记管理办法》第三条规定,房屋权属登记是依法确立房屋产权归属关系的行为。由于国家机关按照一定的程序主持登有文字记载,通常情况下可信程度高,能真正反映权利归属。因登记具有公信力,即赋予公示以一定范围的可信性。"物权的存在以登记或占有为其表征,信赖此表征者,纵使表征与实质的权利不符,对于信赖此表征之人也不产生任何影响,称为公信原则。"①

但是,当公示的权利状态与真实的权利状态不一致时,如何平衡真正的权利人与依赖公示的第三人之间的利益同样是物权变动中的敏感问题。为了解决这一问题,就需要公示的公信力。公信原则是指物权变动经公示的,即使标的物出让人事实上无处分权,善意受让人基于对公示的信赖,仍能得到物权的原则。②公示的公信力是以权利的正确推定为前提的,正是这种正确性推定,使第三人对物权变动产生了可信赖性。这种可信赖性是法律赋予公示的效力。可见公示产生公信力,公信原则是公示原则的补充,而公示公信原则合力实现了其应有的价值。可即使登记与实际权利关系不一致,登记名义人处分了标的物,虽无处分权,善意第三人基于对公示的依赖,其物权仍能获得法律定。公信力告诉人们完全可以信赖公示所表现出来的权利关系,公示不符合真正的权利状态,交易也不受妨碍。"登记有实体法和程序法的双重意义。从保护第三人的角度看是否需要登记等均属于实体法上的意义,而从公示的理念乃至立法政策看,某一权利及权利变动是否应赋予其以公示的资格和能力,均属于登记程序法上的意义。"③

二、公示公信原则与物权行为无因性原则

物权行为的无因性原则,是指物权行为的法律效力不受债权行为影响。物权

---

① 梁慧星主编:《中国物权法研究》,法律出版社1998年版,第214页。
② 张俊浩:《民法学原理》,中国政法大学出版社2000年版,第407页。
③ [日]铃木禄弥著,渠涛译:《物权的变动与对抗》,社会科学文献出版社1999年版,第12页。

行为一旦成立生效,即使作为原因行为的债权行为成立或归于无效,仍发生物权变动的法律效果①。对于无因性理论的价值,支持此理论的学者往往能达成共识,即"无权交易的安全性能"是物权行为无因性最重要的机能。②既然同为维护交易安全,无因性原则与物权公示公信原则有何差异呢? 从维护第三人利益出发,谁能更具优势呢? 笔者认为公示公信原则更为可取,理由如下:

第一,公示公信原则要比无因性理论更早地发挥作用。物权行为无因性理论的历史机能并非是通过对交易中善意第三人的保护来体现的。因为在德国民法中,早在中世纪的普通法上,即以承认了公信原则来保护交易安全,而物权行为无因性的历史机能,在于排除登记实质审查主义制度所具有的妨害交易便捷,过分侵害民事主体的私人生活的弊端,为资本主义发展开辟道路。③ 无因性理论中维护第三人利益、保障交易安全的机能也只是在近现代法律发展的结果。因此,从维护第三人利益、保护交易安全角度来看,公示公信原则要比无因性理论更早地发挥作用,这就可知物权行为无因性理论是公示公信原则的理论基础和逻辑起点的说法是站不住脚的。

第二,公示公信原则更具合理性。物权行为无因性理论是以承认当事人内部物权与债权关系,进而排除债权关系对物权关系的影响来保护第三人的,而公示公信原则却从物权变动当事人外部入手,直接保护第三人对公示的信赖利益,并不改变当事人内部法律关系的性质,因而更具合理性。④

就法律的价值目标而言,公示公信原则是以牺牲公平为代价以换取市场交易的效率与安全,但当第三人恶意地利用法律的偏爱而谋取私利时,法律就由原来的保护第三人转而保护真正的权利人,这便完成了否定之否定的回归。⑤ 同时,这一过程本身也即是利益均衡的过程。第三人为恶意,再对其进行倾斜性保护,便违背了公示公信原则设立时的初衷,于情于理都难讲通。因此,公信原则对恶意第三人不予保护的选择是正确的,而无因性原则对善意、恶意第三人进行同等保护的做法是值得商榷的。这也便是德国法在实践中适当纠正物权行为无因性,

---

① 王利明:《物权法论》,中国人民大学出版社1998年4月版,第53页。
② 陈华彬:《物权法原理》,国家行政学院出版社1998年版,第224页。
③ 孙毅:《物权法公示与公信原则研究》,载《民商法论丛(第7卷)》,法律出版社1997年版,第462页。
④ [日]原岛重义:《无因性理论的考察》,第79页。转引自陈华彬:《论基于法律行为的物权变动》。
⑤ 于海涌:《物权变动中的第三人保护的基本原则》,载《法律科学》,2001年第4期。

以限制其发生作用的原因所在。

物权行为无因性固可使法律关系明确,易于判断,有助于保障交易安全,但此理论的功能已被善意受让制度所取代;再者,物权移转的让与人在债权行为无效后不得以物权的请求权向受让人请求返还,却只能依不当得利请求返还,与受让人的其他债权人的地位平等,对权利让与人十分不利,和一般国民社会生活体认有别,现行善意取得制度已足够保护交易安全下,绝对的无因性理论已不为通说所采取,代之而起的是物权行为无因性之相对化。[1]无因性相对化理论有三,即共同瑕疵说、条件关联说、法律行为一体说,依该三种学说,物权行为的效力会因债权行为的瑕疵而影响、物权行为的效力以债权行为的存在为要件、物权行为和债权行为视为一个法律行为,如此,物权行为即丧失其独立性和无因性,所以,不论是物权无因性相对化还是缓和物权无因性的理论,其实都已间接否认物权的无因性,也等于否认物权行为的独立性。[2]

物权变动所采之公信原则旨在保护交易之安全,则物权变动系依法律行为而生者,固应有其适用,于非因法律行为而生之物权变动,亦应无免于适用之理。非因法律行为所生之不动产物权变动,虽可不待登记即生效力,但应解为仅在符合社会实情,以保护当事人权益范围内而言,唯如此,方能一方面可保护当事人间之权益,另一方面亦不致破坏民法为保护交易安全所建立之公信原则。

基于公示仅在保护交易的安全,并无理由为了公示的手段而妨碍交易的发生,所以,当不动产无法以登记为物权变动公示的方式时,因该不动产既无登记,也无信赖登记的可能,因此,如此种不动产物权变动如有履行其他公示的方式,也应承认其效力。例如,违章建筑无法登记,由原始建造人取得所有权,如解释违章建筑所有权的移转仍以登记为生效要件,则违章建筑的所有权将无从移转,所以解释上违章建筑物权变动应以交付为生效要件。[3]

在王利明教授主持制定的物权法建议稿第527条规定优先权的取得不以占有或登记为要件,也明白地指出物权不一定皆有公示,公示的目的在于保护交易的安全,但保护交易安全也不是帝王条款,有时仍会因其他的法律目的而有所妥协。

---

[1] 王泽鉴著:《民法物权(1)》,中国政法大学出版社2001年10月版,第79页。谢哲胜著:《财产法专题研究(三)》,中国人民大学出版社2004年12月版,第122页。
[2] 谢哲胜著:《财产法专题研究(三)》,中国人民大学出版社2004年12月版,第122～123页。
[3] 谢哲胜著:《财产法专题研究(三)》,中国人民大学出版社2004年12月版,第123页。

第五章

不动产担保

第一节 担保物权的概念与特征

一、担保物权的含义

有关担保的法律被人们普遍地视为民法的基本组成。顾名思义,担保物权就是为担保债权而设定的物权。它以一定的物作为担保物来担保债权的实现,而当事人之间发生的债权因一定的担保物的存在而得到充分的保障。[1] 所谓担保物权,是指为了担保债权的实现,由债务人或第三人提供特定的物或者权利作为标的物而设定的限定物权。担保物权也就是为了确保债务的履行而对他人提供担保的物或权利的价值所享有的权利。由于担保物权是以提供一定的物作为担保物,担保权人可以从该担保物的变价后的价款优先受偿,所以担保物权也称为物的担保制度。[2] 担保作为一种交易安全的保障措施,保障交易安全是担保制度的基本价值追求,各国担保制度也几乎一直在忠实地发挥着这种交易安全保障功能。保障交易安全更是现代世界各国民商法的重要价值之一,民商法上的担保制度正是为保障交易安全而建立的一项基本制度。安全价值在担保制度的基本价

---

[1] [日]近江幸治:《担保物权法》,祝娅等译,法律出版社2000年版,第2页。
[2] [日]近江幸治:《担保物权法》,祝娅等译,法律出版社2000年版,第1页。

值中处于首要的地位。

债权是根据法律的规定或当事人的约定一方对另一方享有的要求其为一定行为或不为一定行为的权利。债权本质上是一种请求权,债权人债权的实现有赖于债务人的债务履行行为。由于市场主体个体财产的有限性与变动性,在交易中无法将信用风险引起的交易风险降低为零。借助担保制度中人的担保或物的担保,可以有效地提高和增强债务人的商业信用,避免因债务人信用恶化或信用下降而导致的交易风险。借助于人的担保或物的担保,债权的效力扩张于保证人的一般财产上,这无疑增强了债权受偿的资力。从而突破债权平等原则的限制,就债务人或第三人的特定财产的变价优先于其他债权人受偿。债权人的债权得以具有物权的效力,债权人得以请求保证人清偿债务或从担保债权之财产的变价中优先受偿,从而能有效地、及时地实现其债权,救济债权损失,保障交易安全。

在1995年颁布担保法之前,与担保有关的问题仅是在《中华人民共和国民法通则》的一般条款中有所反映。但是,与中国在经济上的巨大飞跃相比,原有的法律框架已明显不足。因此,1995年6月30日,八届人大14次常委会通过了《中华人民共和国担保法》。《担保法》自1995年10月1日生效。顺应市场的日渐全球化和国际贸易活动的增长需要,出台了一些有关涉外担保协议的规章,例如《中国境内的机构对外国机构提供担保的程序规则》及其《实施细则》。为了适应对该问题做出更为详尽的规定的迫切需要,2000年9月29日,最高人民法院通过了《关于适用中华人民共和国担保法若干问题的解释》,该解释于2000年12月13日生效。根据该解释134条的规定,该解释有关规定的效力优先于最高人民法院先前做出的同该解释相抵触的解释,例如《民法通则》中对一些相同问题的解释。我国《担保法》不区分普通担保和特别担保,试图在一部担保法中解决所有的担保问题。这种立法不但没有体现出担保法发展的趋向,而且法律规定过于原则,没有充分体现出各种担保制度的巨大差别。我国《物权法》专设担保物权编,对担保权制度做了专门规定。该法第一百七十条规定:担保物权人在债务人不履行到期债务或者发生当事人约定的实现担保物权的情形,依法享有就担保财产优先受偿的权利,但法律另有规定的除外。第一百七十一条规定:债权人在借贷、买卖等民事活动中,为保障实现其债权,需要担保的,可以依照本法和其他法律的规定设立担保物权。第三人为债务人向债权人提供担保的,可以要求债务人提供反担保。反担保适用本法和其他法律的规定。

法律是特定民族社会文化的价值、一般意识与观念的集中体现。无论在大陆法系国家,还是在英美法系国家,不动产担保一直是担保物权制度的核心和重心,现代担保物权制度的许多规则都是由不动产担保制度发展而来的,不过在英美法系中,担保究竟属于财产法还是单独部门法,有不同看法。人类进入后工业社会以后,随着资产证券化等金融创新的惊人发展,社会财富的外在形态发生了很大的变化,财富的动产化、证券化趋势日益增强,西方国家特别是美国的担保物权制度日益膨胀。尽管不动产在社会经济生活中的地位似乎有所削弱,不动产作为人类生存和发展不可或缺的物质资料的地位并无实质性改变。在当今各国担保物权立法中,不动产担保仍占据绝对主导的地位。

二、担保物权特征

在大陆法系国家,不仅立法对担保物权的定位不同,而且在担保物权的体系设计上也不相同。大体说来,有两种立法模式:一是民商合一式;二是民商分立式。所谓民商分立式,是指在采民商分立主义的国家,由于民法典和商法典并存,因而,关于担保物权制度在民法典和商法典都有规定,而且在许多方面存在差异。就法国而言,法国是大陆法系最早采用民商分立主义立法主张的国家。《法国民法典》和《法国商法典》对担保物权问题均有规定。不过,这两部法典对担保物权的规定,存在以下几方面的差异:1. 位置不同;2. 担保物权的种类不同;3. 立法重心不同;4. 法律地位不同。不过,这两部法典在立法体系上有一点却是相同的,即对担保物权问题集中加以规定。[1]

担保物权具有以下几项特征:

第一,担保物权以担保债权的实现为目的。该债权必须特定,不得为担保债权人与债务人之间可能发生之债务而设定担保物权,这被称为"担保物权所担保债权必须特定"的原则。依据该原则,学者归纳出了担保物权的"从属性"与"不可分性"的特征。担保物权的从属性与不可分性在我国现行法中的体现是《担保法》第52条与第50条。不过,担保物权作为从权利,并不影响其作为物权的独立存在。担保物权的从属性主要表现在三个方面:一是成立上的从属性;二是移转上的从属性;三是消灭上的从属性。[2] 但是由商业实践发展起来的最高额抵押权便是"担保物权所担保债权必须特定"原则的例外,并且最高额抵押权已为我国

---

[1] 陈本寒著:《担保物权法比较研究》,武汉大学出版社2003年版,第131页。
[2] 王利明:《物权法论(修订本)》,中国政法大学出版社2003年7月版,第541~542页。

《担保法》所承认。

第二,担保物权是以债务人或第三人所有的特定动产、不动产以及其他财产权利为标的物而设定的物权。

第三,担保物权限制了债务人对担保物的处分权。① 担保物权人通过两种方法来实现这一限制:其一,由债权人直接占有担保标的物,这是一种事实状态的限制;其二,不转移标的物占有但进行登记,这是一种法律状态的限制。

第四,担保物权的"价值权性"。担保物权人是通过确实支配担保物的交换价值为内容,据以确保债务的清偿(债权的实现)。②

第五,优先受偿性和物上代位性。享有担保物权的债权人享有优先于其他普通债权人就拍卖、变卖担保物所得价款优先受偿的权利。物上代位性指的是,担保物权的标的物因灭失、毁损而获得赔偿金的,该赔偿金成为担保物的代替物,担保物权人有权就该代替物行使担保物权。关于物上代位的性质,在学理上有不同的解释。一种观点认为,物上代位中的代位物不过是原来的担保物的转化。物上代位是法律赋予担保物权以价值权性和优先受偿性从而及于代位物而形成的制度。另一种观点认为,物上代位是在原来担保物的代位物的债权上成立一个债权质权,此种债权质权是依据法律规定直接设定的,因此属于法定的债权质权。③王利明先生认为:物上代位制度产生的根本原因在于,担保物权是一种价值权。受担保的债权届期未受清偿时,担保权人可以行使换价权,以标的物换价所得价金优先清偿债务。交换价值既可以存在于标的物的实体上,也可以存在于其他物之上。如果标的物发生毁损、灭失而标的物的价值被其他的物来体现,那么这些物仍然应当为担保物权的效力所及,因此,在法律上产生物上代位问题。只有确立物上代位制度,才能切实保障担保物权的实现。④

三、担保物权的分类

关于担保物权的分类,即依据规定担保物权的法律的不同而分为民法上的担保物权与特别法上的担保物权。我国民法规定的担保物权由抵押权、质权和留置权,这属于担保物权的基本分类。以担保物权所具有的其他特点为标准,还可以

---

① 谢怀栻著:《外国民商法精要》,法律出版社 2002 年版,第 120 页。
② 谢在全著:《民法物权论》(下册),中国政法大学出版社 1999 年版,第 538 页。
③ 陈华彬:《物权法原理》,国家行政学院出版社 1998 年版,第 608 页。
④ 王利明:《物权法论(修订本)》,中国政法大学出版社 2003 年 7 月版,第 544 页。

进行如下分类:

第一,以担保物权发生的原因为标准可分为法定担保物权和意定担保物权。法定担保物权就是指在符合一定的条件时,依据法律的规定直接产生的担保权,例如留置权、优先权和法定抵押权等。意定担保物权也称为约定担保物权,是指依据当事人的合意所设定的担保物权。设定担保物权的当事人的合意就是所谓的"物权契约",它是物权行为的一种。约定担保物权主要包括我国《担保法》规定的抵押权与质权。法定担保物权以公平原则为基本规范目标,一般因为就担保物付出劳务、技术或供给材料、保全担保物或增加其价值而发生,学者又称为费用性担保物权。法定担保物权具有极为鲜明的债权附随性,意定担保物权其债权附随性有减弱的趋势。[①]

第二,以担保物权具有的主要效力为标准,可分为留置性担保物权和优先清偿性担保物权。留置性担保物权是指以留置担保标的物而迫使债务人履行债务为主要效力的担保物权,例如留置权。优先清偿性担保物权是指以支配担保标的物的交换价值而优先清偿债权为主要效力的担保物权,例如抵押权。民法规定的质权,同时具有留置性担保物权和清偿性担保物权的特性。

第三,以担保物权的标的为标准,分为动产担保物权、不动产担保物权和权利担保物权。

第四,以是否移转担保标的物的占有为标准,担保物权可以分为占有担保物权和非占有担保物权。占有担保物权包括质权和留置权;非占有担保物权包括抵押权等。

除此以外,担保物权还有其他的分类。以上分类仅以民法(包括民事单行法)规定的担保物权为限,理论上称为典型担保。除典型担保以外,民法理论上还有非典型担保制度。非典型担保是指在民法典中没有明文规定,但在实际生活和交易中发展和运用的担保物权,例如房屋按揭、浮动担保等。[②] 非典型担保在实务上又被称为变态担保或者不规则担保。所有权让与和所有权保留是两种非典型担保。[③]

担保物权的主要功能是担保债权的实现。由于担保人要以一定的物或权利

---

① 梁慧星主编:《中国物权法研究(下)》,法律出版社1998年6月版,第806~807页。
② 王利明:《物权法论(修订本)》,中国政法大学出版社2003年7月版,第551~552页。
③ 梁慧星主编:《中国物权法研究(下)》,法律出版社1998年6月版,第810页。

作为担保,这就使债权的实现获得更为切实的保障。担保物权制度对于鼓励交易,促进交易的迅速达成起到十分重要的作用。还要看到,在现代市场经济条件下,担保物权本身作为社会融资的基本手段,对经济的繁荣有着积极的作用。企业和个人在向金融机构融资时,提供物的担保是最有效的担保手段。因此,担保物权已经成为社会融资的重要手段。①

担保物权的主要法律效力有两项:一是优先清偿效力,即当被担保的债权届期未受满足时,担保物权人可以行使换价权,以标的物拍卖,变卖所得价款优先实现其债权。优先清偿效力是担保物权得以发挥其债权担保作用的利器。二是留置效力,即在债务未受全部清偿前,担保物权人有权留置标的物,以迫使债务人清偿债务的效力。各种担保物权尽管都具有以上两种效力,但各自的侧重点仍存差异。因此,依据担保物权效力的不同又可将其分为留置性担保物权与优先受偿性担保物权。担保物权中偏重于优先受偿效力的,称为优先受偿性担保物权,抵押权为典型代表;担保物权中偏重于留置效力的,称为留置性担保物权,留置权就是以这种效力为中心而构造的典型代表。质权是兼有留置效力与优先受偿效力的担保物权。

四、担保物权与用益物权的区别

在民法上,担保物权是与用益物权相对应的一类物权。用益物权是指非所有人对他人之物所享有的占有、使用、收益的排他性权利,用益物权着眼于财产的使用价值。担保物权与用益物权相比较主要具有如下区别:

第一,内容不同。用益物权是以对标的物使用、收益为目的的权利,因而用益物权又可称之为"使用价值权"。而担保物权则侧重于对标的物的交换价值的支配,是通过支配物的交换价值从而确保所担保的债权获得实现。担保物权设立的目的是为了保证担保物权人能够对担保物的交换价值优先受偿。学说上经常将担保物权称为价值权,而用益物权是以取得标的物的使用价值为目的,所以也称为实体权。②

第二,存续期间不同。用益物权有约定的存续期间,用益物权人取得用益物权之后,就可以对标的物进行使用、收益。而担保物权的权利人只有在所担保的

---

① 陈华彬:《物权法原理》,国家行政学院出版社 1998 年版,第 562 页。
② 刘得宽:《民法诸问题与新展望》,中国政法大学出版社 2002 年版。第 338 页。

债权已届清偿期且债务人不履行债务时,担保物权人才能行使变价受偿权。① 担保物权以债权的存在为前提,在债权实现之时,该担保物权亦归于消灭。

第三,性质不同。用益物权除地役权以外,都是主权利,用益物权为独立物权。而担保物权因其具有附随性,即担保物权因债权的产生而产生,以债权的存在为前提,因此担保物权是从权利。

第四,是否以占有为必要有所不同。用益物权必以对权利客体的使用为内容,由于用益物权以此为目的,必然要以对权利客体的实体的支配为条件。② 占有乃是使用的前提,丧失了对物的占有,将导致用益物权不能行使。但在担保物权中,担保物权设定的目的并非是为了取得对物的使用和收益,所以不以对标的的直接支配为条件。质权中之所以要求占有质物,是为了保证质权的实现,而非是为了使用、收益质物。

第五,客体不同。担保物权可以以权利为标的,而用益物权则不能以权利为标的。用益物权的客体多为不动产;③而担保物权的客体既可以是不动产,也可以是动产。

第二节 关于担保物权性质的争议

担保物权与用益物权共同构建了物权体系的基石。相对而言,担保物权更侧重于对物的交换价值的利用,这就使得在同一物上存在数个担保物权成为可能,并由此产生效力冲突。虽然我国学者已习惯将在特定物上设定某种权利,以担保特定债权实现的制度称之为"担保物权",但在大陆法系国家,对于该种权利的性质究竟是物权还是债权,却一直存在着很大的争议。而这种争议对各国立法对担保物权的定位,都直接或间接地产生了影响,因此,讨论担保物权的立法定位问题,不能不对在此问题上的不同学说主张有所了解。

一、担保物权性质学说分析

总的说来,对担保物权的性质认定,有所谓"债权说"、"物权说"和"准物权

---

① 郭明瑞:《担保法原理与实务》,中国方正出版社1995年版,第11页。
② [日]柚木馨:《担保物权法》,有斐阁,昭和二十二年版,第3页。
③ 陈华彬:《物权法原理》,国家行政学院出版社1998年版,第498页。

说"或"中间权利说"三大流派。

(一)债权说

这一学说认为,担保物权只是对一定的债权赋予优先清偿的功能,其本质仍属于债权。就担保物权的排他性而言,同一物之上可以设定多个担保物权且不受担保物价值的限制,其排他性与一般物权有很大区别;就担保物权的追及性而言,留置权与质权的追及性相较于一般物权表现得比较弱。① 担保物权从本质上来说不是物权,因为它不符合物权的本质属性和特征,只不过为担保债权的实现,根据法律或根据当事人的合意和公示,对一定的债权赋予优先清偿权的功能而已,并不是与债权不同地另外存在着所谓"担保物权"这一物权种类。担保物权不是独立于债权的权利,更不是物权。担保物权与作为人的担保的保证、连带债务同样,只不过是债权担保的一种。② 因而,从本质上讲,抵押权、质权、留置权等在特定财产上设定的担保权,均为债权。持此观点的,当以德国学者若姆和日本学者加贺山茂为代表。③

(二)物权说

"物权说"认为,担保物权与所有权、用益物权相比虽然存在差异,且要依附于债权,但从本质上看,仍属物权的范畴。物权的一般特征就是指物权的支配性、排他性、追及性以及请求权。④ 担保物权中的各种具体形态,如抵押权、质权、留置权,其物权性的强弱并不完全相同,而存在差别。物权性的强弱从抵押权、质权向留置权依次递减。⑤ 就优先受偿性而言,无论是德国法系国家还是法国法系国家,均主张优先受偿性为物权之属性,可以优先受偿的权利原则上应为物权。就担保标的的范围而言,允许权利成为担保物权的客体,并不能否定担保物权的物权性。⑥ 我国民法学者大多认为担保物权应为物权,具有物权的各种效力,并应

---

① 陈本寒:"担保物权的立法定位与体系构建之探讨",载《珞珈法学论坛(第二卷)》,第112页。
② [日]加贺山茂:《担保物权法的定位》,于敏译,载梁慧星主编:《民商法论丛》(第15卷),法律出版社2000年版,第476、483页。
③ 陈本寒著:《担保物权法比较研究》,武汉大学出版社2003年版。
④ 史尚宽:《物权法论》,中国政法大学出版社2000年版,第258~260页。
⑤ 刘得宽:《担保物权之物权性与债权性》,载刘得宽著:《民法诸问题与新展望》,中国政法大学出版社2002年版,第377~389页。
⑥ 刘得宽:《民法诸问题与新展望》,中国政法大学出版社2002年版,第377~389页。

当在物权法中做出规定。① 持此观点的还有德国的沃尔夫、日本的我妻荣等学者。

(三)中间权利说

该学说认为,从债权或物权的角度均不能准确揭示担保物权的本质特征。严格说来,担保物权既不是物权,也不是债权,而是介于物权和债权之间的一种财产权利。持此观点的当以法国的卡尔波尼埃、德国的基尔克和日本的高岛平臧为代表。如就担保物权的性质问题,卡尔波尼埃提出的"中间状态的权利"理论[②],基尔克提出的"物上债务"理论和高岛平臧提出的"准物权"理论[③],其实质都是在强调,担保物权是介于物权和债权之间的一种中间性权利。在一些德国学者看来,债权是以实现给付价值为目的的权利,属于纯粹意义的价值权。用益物权是以取得标的物的使用价值为目的的物权,属于实体权。而担保物权作为以获取标的物所保有的交换价值为目的的权利,既不同于所有权与用益物权,也不同于债权,因而属于第三类性质的权利。[④] 该学说的主要依据在于,就担保物权的支配性而言,担保物权既有对人性的一面,又有对物性的一面。就担保物权的实行而言,债权人所主张的优先受偿请求权,表面上是针对担保物的,实际上是针对担保物的所有人的,因此兼具对人权和物权性的双重属性。[⑤]

上述三种学说从不同的角度,揭示了担保物权制度与物权和债权制度之间存在的内在联系与区别,从这个意义上讲,债权说、物权说和中间权利说都有其存在的价值。不过,如果就担保物权的功能和立法定位而言,我认为"物权说"的观点是比较合理的。

二、担保物权性质为物权理由分析

第一,担保物权与债权有明显区别。担保物权在性质上主要不是债权请求权。抵押权人对抵押人所享有的权利主要还是物权性质的,抵押权主要是针对第三人发生效力,即对其他债权人产生优先受偿权。债权以债务人履行义务的形式

---

① 邹海林、常敏:《债权担保的方式和应用》,法律出版社1998年版,第11页;陈本寒主编:《担保法通论》,武汉大学出版社1998年版,第141页。
② 尹田:《法国物权法》,法律出版社1998年版,第49~50页。
③ [日]伊藤进:《民法·担保物权》,评论社1987年版,第8页。
④ 刘得宽:《民法诸问题与新展望》,中国政法大学出版社2002年版,第377~389页。
⑤ 陈本寒:"担保物权的立法定位与体系构建之探讨"。载《珞珈法学论坛》(第二卷),第112页。

来表现,而担保物权主要是以支配标的物的形式来表现。债权表现于对债务人一般财产的无限责任中,即债务人的总财产是债权人的总担保。而担保物权表现为对特定物(担保物)的有限责任。① 至于担保物权具有附随性,只是强调抵押等担保方式附随于主债权,在主债权有效存在的情况下,抵押权等担保权作为物权的属性是不受影响的。

第二,担保物权具有法定性,符合物权法物权法定原则。按照物权法定原则,物权种类和内容必须要由法律规定。而各类担保物权都是由法律规定的,这一点与主要依据当事人的约定而设立的债权有显著不同。

第三,担保物权具有支配性。担保物权属对担保物的支配权,而非对人的请求权。而导致上述差异的最根本原因,是由于不同种类的物权,其设定目的是不同的。权利人既可以支配提供担保的标的物,也可以支配标的物的价值。当然,担保物权人支配的主要是物的交换价值,设立担保物权的目的主要是为了支配物的交换价值,并能够在债务不能清偿的时候通过拍卖、变卖标的物而优先受偿,这是完全符合物权的支配性的特征的,并能充分地发挥担保物权在保障债权方面的巨大作用。担保物权是以担保物的价值来担保债权实现而创设的一种物权,权利人看中的是担保物的价值,而非使用价值。物权的价值化,是近代物权法的发展趋势。② 日本学者川岛武宜在解释"近代所有权的观念性"时就指出,早期的所有权确实是现实的权利,即对物需为现实的支配,但近代所有权的特质则为观念性,亦即物与现实的支配分离。其原因之一,就在于观念性的经济构造,使得所有权客体的物质有体性,仅是作为所有权客体的单纯现象形态,其本质仍是观念上的"价值"。因此,在现代资本主义社会,物权人对物享有物权,已无须对物为现实的支配,仅有观念的物权存在即可。③ 换言之,物权人对物的支配,既可以是对物的实体支配,也可以是对物的价值进行支配,这均不妨碍对该权利物权性的认定。而担保物权是以担保物的价值为债权提供担保的。要对担保物的价值加以支配,并非必须占有担保物的实体,通过其他方式对担保物的价值加以控制者,也不违背物权的支配性的本质属性。日本学者伊藤进先生曾这样阐述这一问题:"担保物权因非以对标的物为直接的实体支配为内容的权利,其物权性较之用益物权的

---

① 刘得宽:《民法诸问题与新展望》,中国政法大学出版社2002年版,第339页。
② 谢在全:《民法物权论》(上册),中国政法大学出版社1999年版,第9~11页。
③ [日]川岛武宜:《所有权法的理论》,青林书院1987年版,第102页以下。

物权性,相对稀薄。但是,这丝毫不意味着担保物权不具有物权性,而只是一种以取得交换价值为目的的其他权利。事实上,担保物权的物权性也是十分明显的。在留置权、质权,权利人直接占有标的物,其物权性十分明显,自不待言。在抵押权、假登记担保乃至让与担保,权利人虽不直接占有标的物,但权利人在法律上得直接支配标的物,于债权届期未受清偿时,不须抵押人的介入,即能申请拍卖抵押物,并从卖得价金中优先受偿,因此也有物权性。由此可见,担保物权仍为权利人对特定物或某些财产权的直接支配权,属于物权的一种。"①德国学者亦认为:"担保物权是物权,为对物之负担也。其具有物权的绝对性,对所有有害于担保物权之担保力的行为得请求排除之。"②日本学者我妻荣则更进一步认为,物权的支配性不一定非表现为对标的物的现实占有不可。物权的种类不同,其客体也就不同。他引用德国学者柯拉(Kohler)对不动产物权的划分理论,认为不动产物权发挥作用主要分为两种情况:一是以不动产的使用价值作为直接对象,二是以不动产的货币价值作为直接对象。前者因以不动产的实体为客体,故称为实体权,后者因以不动产潜在货币价值或资本价值为客体,故称为价值权。一般说来,不动产作为担保时,只需抽出不动产潜在的货币价值或资本价值,以之作为债权清偿力的确保即可。因此,担保物权人对标的物的支配,主要指的是对担保物货币价值的支配而非对其实体的支配。他甚至认为,就动产担保而言,无论是质权,还是留置权,均是以担保物的交换价值为标的为主债权提供清偿保障的,权利人对担保物的占有唯有公示的效力,作为质权本质作用的留置的效力,逐渐丧失了它的价值。③ 言外之意,如果动产担保能找到更好的公示方法的话,权利人对担保物的占有将变得毫无意义。正如谢在全所指出的"担保物权中之抵押权,因不以占有标的物为内容,未能直接表现物权之直接支配性特质,是以担保物权是否确具物权性,尝生疑义。实则担保物权基于价值权性之特质,实不重在对标的物之占有,而系重在对标的物交换价值之直接支配……担保物权就标的物之交换价值得径行换价,直接实现权利之内容,此实系对物直接支配形态之一种。不过所直接支配者为交换价值,与以占有为内容之物权,所直接支配者为利用价值,范围虽各

---

① [日]伊藤进:《民法·担保物权》,评论社1987年版,第8页。
② [德]Wolff, Lehrbuch des BGB. Bd. 3. Aufl. 10 S. 526.
③ [日]我妻荣:《债权在近代法中的优越地位》,王书江等译,中国大百科全书出版社1999年版,第50~51、98~101页。

有不同,但两者均为物权则无疑义"。①

第四,担保物权具有排他性。抵押权本质上是对抵押物的交换价值的支配,而交换价值是可以分割的,并不影响多人共同支配。在一物之上存在着的数个抵押权必须依成立时间来分别实现。所以,担保物权人对不同价值的支配,也是担保物权的支配性效力的体现,同时,担保物权实现上的先后顺序也是其排他性的另一种表现。② 担保权人可以排除来自任何人的干涉,也可以有效地对抗第三人。

第五,担保物权具有优先性。物权具有优先于债权的效力是物权和债权最大的区别。优先受偿性是基于物权的排他效力而产生的,是物权的固有属性之一。基于债权平等的原则,债权之间本无所谓谁优先的问题。就担保物权来说,这种优先性实际上指的是优先受偿性,也就是说,在债务人不履行债务时,担保权人可以就拍卖、变卖标的物的价款优先于一般债权人而受偿。将担保物权规定在物权制度中,强调这些权利的优先性,确立物权具有优先性,债权具有平等性这一基本原则,从而有助于解决在执行债务人的财产时的优先顺序,明确破产还债时的优先受偿顺序。大陆法国家从维护社会正义和国家利益的需要,赋予某些特种债的债权人对债务人的财产享有优先受偿权。为了解决特种债的债权人享有优先受偿权和债权平等原则之间的矛盾,大陆法国家分别采取了两种不同的做法:一是以法国法和日本法为代表,它们认为,优先受偿性是物权效力的基本属性,也是物权与债权相区别的重要标志,法律既然赋予某种债权以优先受偿的效力,无论基于何种理由,事实上就肯定了该项请求权具有物权的性质。基于这一认识,《法国民法典》是将所有具有优先受偿性的权利放在一起加以规定的,《日本民法典》更是将之置于"物权编"中。③ 二是以德国法和瑞士法为代表,它们认为,优先受偿性乃物权之属性,赋予某些特种债权以优先受偿性,实质在于破除债权平等原则,以达到对特种债的债权人给予特殊保护的目的。但特种债不过是推行社会政策的结果,并不改变该特种债的债权性质,而应作为债权平等原则的一种例外来看待。④ 因此,在德国和瑞士民法典中,物权具有优先受偿性,但若个别债权被赋予

---

① 谢在全:《民法物权论》(下册),中国政法大学出版社1999年版,第529~530页。
② 王利明:《物权法论(修订本)》,中国政法大学出版社2003年7月版,第549页。
③ 金世鼎:《民法上优先受偿权之研究》,载郑玉波主编:《民法物权论文选辑》(下册),台湾五南图书出版公司1985年版,第906~907页。
④ 陈本寒主编:《担保法通论》,武汉大学出版社1998年版,第129页。

优先受偿效力。则以特别法形式加以解决,在民法典中对此不做规定,以防损害债权平等之原则和混淆物权与债权之间的区别。由此看来,无论是法国法系国家,还是德国法系国家,均主张优先受偿性为物权之属性,可以优先受偿的权利原则上应为物权,债权只有在例外的情况下且须通过特别法的规定,才能取得优先受偿的效力。

针对有学者认为,担保物权在最终实现时必须通过法定的形式向法定机构主张,通过法定的程序实行对担保物的拍卖、变卖并获得优先受偿,表明了担保物权人并不能直接行使权利,所以,其享有的权利并不是物权。王利明先生认为,担保物权的最终实现方式必须依据法定的程序进行,目的是为了严格保护债务人及一般债权人的利益。依据法定程序实现担保物权,不仅兼顾了债务人及一般债权人的利益,而且能够防止因为实现担保物权而产生新的纠纷。法定机构的介入只是实现担保物权的一种方式,并不能因此否定抵押权、质权以及留置权等权利的物权性质。法院应抵押权人的请求,对抵押物实施扣押行为,以帮助抵押权人实现抵押权,完全是国家运用公权力对私权的保护,并不否认支配权与请求权的划分科学性。

担保物权的功能完全取决于立法者的设计,担保物权功能单一化(担保物权只具有保全债权的功能)的理论,必然会对人们理解担保物权的价值权属性设置障碍,进而影响到人们对担保物权性质的认识,从而在学术界引起所谓"物权说"、"债权说"和"中间权利说"的激烈争论。要想消除这种争论,不仅需要在立法体系上将担保物权归入民法典的"物权编",而且在立法指导思想上,要承认担保物权具有两个功能:一是保全债权的功能,二是投资功能。同时,在立法技术上要使担保物权抽象化、独立化及证券化。只有这样,学理上和司法实务中对担保物权的物权性质的认定,才会真正无懈可击。①

从我国立法和司法实践来看,《民法通则》第89条没有区分抵押、质押,将其和留置一同作为债权并加以规定。可见该法实际上是将担保物权作为债权加以规定的。我国担保法对抵押、质押、留置以及保证等担保形式做出了规定,尽管在该法中并没有对担保物权是属于债权还是物权做出规定,但学者在解释担保法时,一般认为担保法所规定的物上担保为担保物权。在我国起草物权法的过程中,许多学者呼吁应当将担保物权放在物权法中加以规定。2002年提交全国人大

---

① 陈本寒著:《担保物权法比较研究》,武汉大学出版社2003年版,第129页。

常委会审议的民法典草案也是将担保物权作为物权制度的重要内容,在物权法中做出规定的。我认为,从性质上来看,抵押、质押、留置应为担保物权而不是债权。尽管各种担保物权的效力强弱是有次序的,物权性的强弱从抵押权、质权向留置权依次递减,①但这并不影响其属于物权的特性。我国即将通过的物权法担保物权已经独立成编,学者的意见得到充分尊重。

总之,明确担保物权为物权,也有助于对担保物权适用物权的保护方法。担保物权保护的绝对性,就是指物权人于其标的物的支配领域内,任何人均不得侵入或干涉,该特性体现了物权的对世性。② 担保物权人在担保物权受到侵害的情况下适用物权的保护方法,依法享有请求他人返还原物、排除妨害、恢复原状的物上请求权,以保障担保物权人对其物的支配权。假如仅仅承认担保物权为债权,则只能受债权法的保护,这是不利于对担保物权予以全面保护的。此外,承认担保物权为物权有助于建立一个完整的物权体系。担保物权是与用益物权相对应的,只有在承认担保物权的情况下,才能构建系统完备的他物权体系。

我国《担保法》对所有人抵押权未做规定,我国严格遵从担保物权的附随性,即当被担保的债权消灭时,抵押权也随之消灭;进而在前顺序的抵押权消灭时,后顺序的抵押权在实现时即可依担保法第 54 条的规定,自然取代前顺序的抵押权的位置,从而形成事实上的抵押权顺序升进主义。在这种情况下,所有人抵押权无从产生。我国《担保法》第 52 条规定"抵押权与其担保的债权同时存在,债权消灭的,抵押权也消灭";第 54 条规定:"同一财产向两个以上债权人抵押的,拍卖、变卖抵押物所得的价款按照以下规定清偿:(一)抵押合同以登记生效的,按照抵押物登记的先后顺序清偿;顺序相同的,按照债权比例清偿;(二)抵押合同自签订之日起生效的,该抵押物已登记的,按照本条第(一)项规定清偿;未登记的,按照合同生效时间的先后顺序清偿,顺序相同的,按照债权比例清偿。抵押物已登记的先于未登记的受偿。"

但《最高人民法院关于适用〈中华人民共和国担保法〉若干问题的解释》第 77 条规定:"同一财产向两个以上债权人抵押的,顺序在先的抵押权与该财产的所有权归属一人时,该财产的所有权人可以以其抵押权对抗顺序在后的抵押权。"该条款事实上借鉴了德国和我国台湾地区的立法例,即在抵押物的所有权与抵押权发

---

① 刘得宽:《民法诸问题与新展望》,中国政法大学出版社 2002 年版,第 377~389 页。
② 谢在全:《民法物权论》(上册),中国政法大学出版社 1999 年版,第 26~29 页。

生混同时,可以成立所有人抵押权。这表明我国司法解释已经有条件地承认了所有人抵押权制度。另外,中国社会科学院法学研究所梁慧星教授主持起草的《中国物权法草案建议稿》第 34 条第 1 项规定:"不动产物权人,可以为自己将来设定一项类型肯定、范围明确的物权,保留一个确定的顺位。顺位的保留,自登记时生效。"第 330 条规定:"同一物上设定的抵押权与该物的所有权归属于一人时,且在该抵押物上另有其他担保物权的,抵押权不因混同而消灭。"可见,最高人民法院的司法解释和我国民法学界倾向于有限度地承认所有人抵押权制度。

第三节 房地产抵押

土地使用权和房屋是市场经济中极为重要的财产,在经济交往中有着可靠的保值增值功能,因此银行往往把是否提供土地、房屋抵押担保,作为其发放贷款的重要条件。但由于我国立法之不完善及有关实行行政管理部门设置不当,往往不利于维护抵押权人实现抵押权。

一、房地产抵押的概念

抵押是债权担保制度中最古老、最普及的一种担保制度,享有"担保之王"的美誉。① 罗马法中最初只有质权,后来由于萨尔维乌斯裁判官确立以其名字命名的诉权才建立了抵押制度,从此,质权以移转占有的动产为客体,抵押权以不移转占有的不动产为客体遂成通例。② 我国民法中较为明确的抵押概念形成于 1994 年的《房地产管理法》,其中第 46 条规定:"房地产抵押,是指抵押人以其合法的房地产以不转移占有的方式向抵押权人提供债务履行担保的行为。债务人不履行债务时,抵押权人有权依法以抵押的房地产拍卖所得的价款优先受偿。"1995 年的《担保法》第 33 条也做了同样的规定。③ 房地产抵押,是指抵押人以不转移真实合法的房地产的占有方式向抵押权人提供债务履行担保的行为。债务人不履行

---

① 许明月:《抵押权制度研究》,法律出版社 1998 年版,第 6 页。
② 周枏《罗马法原论》(上),商务印书馆 1994 年版,第 394 页。
③ 《担保法》第 33 条规定:"本法所称抵押,是指债务人或第三人不转移本法第 34 条所列财产的占有,将该财产作为债权的担保。债务人不履行时,债权人有权依照本法规定以该财产折价或者以拍卖、变卖该财产的价款优先受偿。"

债务时,抵押权人有权依法将抵押的房地产拍卖所得的价款优先受偿。房地产抵押,从权利的角度看,就是房地产抵押权。房地产抵押权的概念表明其下列含义:

第一,房地产抵押权必须是抵押人在其合法的房地产上设立的他物权。合法的房地产,是指其合法所有或合法占有的房地产。抵押人对设定抵押的房地产必须享有所有权或经营使用权,这种权利必须是真实存在的,具有确定性,即抵押人对抵押房地产必须依法享有所有权或者使用经营权,亦即抵押人对抵押物必须享有处分权,具有处分能力。如果抵押人对抵押物没有处分权或处分能力,即使房地产归其所有,也不得在该房地产上设立抵押权。合法性还表现在,房地产是经过依法登记的,如果是未登记的房地产或者是所有权有争议的房地产,不能认为是合法的房地产,亦不得在该房地产上设立抵押权。

第二,房地产抵押权作为一种担保物权,从属于被担保的债权,抵押人以其合法的房地产向抵押权人设定抵押,目的是向抵押权人提供一种债务担保,以保证履行主债务。这是向抵押权人提供的一种担保,从某种意义上讲,如果没有这种担保,抵押权人即债权人对于债务人的信任程度可能降低,很可能作为主债务的合同就无法签订,正因为有了这一经济后盾,主债务才得以存在。

第三,房地产抵押权是不转移占有标的物的担保物权。抵押权的发生不以占有标的物为要件,抵押人无须将标的物交付抵押权人占有,即抵押人保留对房地产的占有权。由于房地产是一种不动产,因而一般情况归抵押人占有,他可以实际控制房地产。这里分两种情况:一种是抵押人以其合法的房屋进行抵押,即通常所说的"房产抵押";另一种是抵押人以其合法的土地作为抵押物,这时抵押的是土地的使用权,土地使用权的抵押,就其性质来说,不是财产实物的抵押,而是一种权利的抵押,也即通常所说的"地产抵押"。

第四,房地产抵押权是就标的物价值优先受偿的担保物权,具有高于一切支付请求权的优先效力。优先受偿权是抵押权的核心内容。当债务人即抵押人在债务履行期届满时不履行债务,包括全部不履行和部分不履行,无力履行和拒绝履行,债权人才能行使抵押权。当债务人不履行债务时,抵押权人有权依法以抵押的房地产拍卖并将其拍卖所得价款优先受偿。当债务人设定两个以上债务,其中有设定抵押权的债务和未设定抵押权的债务时,抵押权人就抵押财产有优先于未设定抵押权的普通债务受偿的权利。如果一项抵押物有数个抵押权人的,一般应按照设定抵押权的先后顺序受偿。抵押权与其他物权并存时,如抵押权与留置权、地上权、典权并存,应依登记或设定的先后顺序确定优先受偿顺序。

二、房地产抵押权的特征

房地产抵押属于担保法律制度中物的担保,抵押物又是特定的不动产,这种担保物权除具有物权、担保物权和抵押权的属性外,还具有其独特的法律属性:

其一,房地产抵押是一种要式法律行为。即房地产抵押必须采取法定的形式,才具有法律效力。房地产抵押,法律规定抵押人和抵押权人应当签订书面抵押合同,且应当向县级以上地方人民政府规定的部门办理抵押登记。显然,设定房地产抵押,不仅要采取书面形式,而且还须办理抵押登记,将房地产抵押规定为一种要式行为,不仅便于明确当事人之间的权利义务关系,也利于国家对之进行管理和监督。我国担保法要求担保合同为要式合同,房绍坤认为其立法目的在于"证据保全"上,其他观点不能成为立法目的。[①]

其二,设定房地产抵押不以对抵押的房地产的实际占有为要件。抵押不同于动产质押,动产质押行为自质物移交于质权人占有时生效。而房地产是不动产,它价值量大,使用期长,不能像质物那样移动,只能通过权利证书来确认。因此,以房地产作为抵押物时,该房地产仍由抵押人实际控制,抵押权人不享有抵押房地产的占有权。

其三,房地产抵押时,土地使用权和房屋所有权同时抵押。我国法律规定,设定房地产抵押时,土地使用权和房屋所有权同时抵押,即连动抵押。这是由房屋与土地物理形态的不可分性决定的,这种客观上的不可分性是房屋和土地之间最基本的自然属性。

三、房地产抵押的形式

根据房产和地产的关系,可以将房地产抵押分为房产和地产同时抵押、房产和地产单独抵押、房产和地产分别抵押三种存在形式。

(一)房产和地产同时抵押

房产和地产同时抵押,也称为房地产连动抵押,即房屋产权和土地使用权的同时抵押,是指抵押人以其合法的房屋和该房屋占用的土地使用权结合为一个统一的房地产作为抵押物,向抵押权人提供债务履行担保的行为。在房产和地产同

[①] 房绍坤、王洪平:《论担保法上的意思自治及规范选择》,载于刘保玉主编《担保法疑难问题研究与立法完善》,法律出版社2006年版,第398~399页。

时抵押的情况下,并不严格区分房产和地产,抵押物是一个统一的房地产,行使抵押权时将房产和地产作为一个整体拍卖,抵押权人依登记的先后次序受偿。这种做法的依据是土地和房屋间的不可分性。

关于房地产连动抵押的立法例,当首推英美法系和大陆法系的德国民法。由于英美法不严格区分房产和地产,所以其房地产抵押只能是房产和地产的同时抵押。德国民法则否认房屋的独立性,认为房屋是土地的成分,土地所有权中包括对其地上房屋的所有。在德国这种否认房产独立性的立法环境下,对土地或者地上权的抵押,其中包括对地上房屋的抵押,因而亦可看作房产和地产的同时抵押。按照现行立法的规定,土地使用权及其地上建筑物必须共同抵押。《担保法》第36条规定:"以依据取得国有土地上的房屋抵押的,该房屋占用范围内的国有土地使用权同时抵押。以出让方式取得的国有土地使用权抵押的,应当将抵押时该国有土地上的房屋同时抵押。"《土地使用权条例》第33条规定:"土地使用权抵押时,其地上建筑物、其他附着物随之抵押。地上建筑物、其他附着物抵押时,其使用范围内的土地使用权随之抵押。"从我国相关法律规定中不难看出,我国也采取了房地产连动抵押的立法例。在此,我国法律是将土地和房屋视为个整体对待的。由此可以看出,土地使用权抵押与房屋抵押,其效力上是相互及于的。

(二)房产或地产单独抵押

房产或地产单独抵押,是指房产或地产单独设立抵押权,并且在实现抵押权时单独拍卖房产或地产的抵押方式。在大陆法系的传统民法中,单独抵押是指房屋所有权或者地上权的单独抵押,行使抵押权时只能就抵押财产单独拍卖。在这里,地上权是指支付地租,利用他人的土地建筑房屋的权利。传统民法认为地上权与土地所有权一样是取得房屋所有权的权源,其他权源还有土地租赁权和土地借用权等。如《日本民法典》第388条规定:"土地及地上存在的建筑物属于同一所有人,而仅以土地或建筑物进行抵押,于拍卖时,视为抵押人设定地上权。但其地租,因当事人请求,由法院予以确定。"

单独抵押土地,其效力不及房屋所有权;单独抵押房屋,其效力不及土地所有权或土地使用权。单独抵押的目的在于保护抵押人的利益,使抵押人在抵押权人行使抵押权后仍能保留其对土地或房屋的权利,达到物尽其用的经济目的。

《担保法》第34条规定:抵押人所有的房屋和其他地上定着物可以抵押。担保法司法解释第60条:当事人在土地管理部门或房地产管理部门办理抵押登记手续,人民法院可以确认其登记有效。从上述规定看,法律并不禁止单独抵押。

但是按照最高法院《关于破产企业国有划拨土地使用权应否列入破产财产等问题的批复》的精神,土地使用权抵押未经政府批准或未在土地部门办理登记,该抵押行为无效。解决这个问题的最好办法是将土地管理部门和房产管理部门的抵押登记管理权合二为一。

(三)房产和地产分别抵押

房产和地产分别抵押,是指抵押人以其合法的房产和地产作为各自独立的财产而分别抵押给不同的抵押权人,抵押权人行使抵押权时,可将房产和地产拍卖,但仅就抵押物拍卖的价金优先受偿。分别抵押与单独抵押的相同之处在于都承认房屋的相对独立性,可将房产或地产独立抵押;不同之处在于行使抵押权时,单独抵押只能单独拍卖房产或地产,而分别抵押的抵押权人却可以将房产和地产拍卖,即拍卖的范围不限于抵押物。

如果当事人将两种权利分别抵押,王利明先生主张不能认为该抵押是无效的。其根据在于:第一,抵押权性质上是一种价值权,抵押权人最终实现的是交换价值,因此抵押权人在设定抵押时,不必强制要求把房屋所有权和土地使用权一并抵押,而只需要就其中有交换价值的一部分进行抵押即可;或者说不必把结合了房屋所有权和土地使用权的权利一并抵押。只要将不动产拍卖变卖给某人以后,将变卖的价值在不同的抵押权人之间进行分配,既不会影响抵押权的实现,也不会造成房地权属的分离。第二,我国法律允许抵押人将其抵押物可以设立多重抵押,这也表明抵押物从价值上讲是可以分割的。事实上,房地分别抵押实际上只是在价值上进行分割,只要二者的价值能够分别确定,也是符合担保法的规定的。根据我国担保法,如果某幅土地使用权设定抵押之后,对该土地上新增的房屋也不能自动成为抵押权的标的。在拍卖时应一并拍卖,但要分别计算价值,由此也表明房地的权利在抵押中可以分开。第三,要求房地必须一并抵押,不利于对物的充分、有效的利用。第四,如果在法律上要求抵押权人在实现抵押权时必须将房地出售给同一人,就可以避免房地的权利主体分离的现象。[①]

通过对房地产抵押的三种形式的分析,笔者认为房产和地产单独抵押的实现与法定地上权的作用密切相关,而法定地上权的成立,其前提应当是土地所有权进入市场,即可用土地所有权进行交易,恰恰我国土地所有权禁止进入市场,则法定地上权缺乏成立的条件,也就排除了房屋所有权或者土地所有权单独抵押之可

---

① 王利明著:《物权法论(修订本)》,中国政法大学出版社2003年7月版,第444~445页。

能性。房产和地产的分别抵押的前提条件是具有承认房屋独立性的立法环境;因房产和地产各自具有独立的价值,我国法律承认房屋可以独立于土地而成为所有权的客体,这就为房产和地产的分别抵押创造了良好的立法环境。从前述房产和地产关系的论说中不难看出,我国实行的是建筑物所有权独立于土地使用权但依赖于土地使用权的体制。在房产和地产同时抵押的情形,是将房产和地产看作一个完整的抵押物。其实,这种做法否认了房屋的独立性,同我国承认房屋独立性的立法原则相抵触。同时,房产和地产中一项财产就可担保债权,同时抵押必然浪费,不利于抵押物价值的充分利用,而房产和地产的分别抵押既能反映房屋的相对独立性,又能贯彻土地使用权和房屋所有权的主体一致原则,同时可充分利用抵押物价值。因此,房产和地产的分别抵押是将房产抵押和地产抵押统一于房地产抵押制度的明智之举。

四、房地产抵押的客体

根据《担保法》第34条规定,房地产抵押标的物范围包括:1. 抵押人所有的房屋和其他地上定着物;2. 抵押人依法有权处分的国有的土地使用权、房屋和其他地上定着物;3. 抵押人依法承包并经发包方同意抵押的荒山、荒沟、荒丘、荒滩等荒地的土地使用权,即"四荒"土地使用权。

《城市房地产管理法》第47条规定设定房地产抵押的客体有:1. 依法获得的出让土地使用权;2. 依法取得所有权的房屋及其占用范围内的土地使用权。

根据《城市房地产抵押管理办法》的有关规定,下列房地产不得设立抵押:1. 设立抵押时权属有争议的房地产;2. 列入文物保护的或具有重要纪念意义的建筑物;3. 已依法公告列入拆迁范围的房地产;4. 用于科教、医疗、市政等公共福利事业的房地产;5. 已被依法查封、扣押、监管或以其他形式限制的房地产;6. 其他依法不得抵押的房地产。

在以下列城市房地产设定抵押时还须注意法律的限制性规定:1. 以享受国家优惠政策购买的房地产抵押的,其抵押额以房地产权利人可以处分和收益的份额比例为限;2. 国有企业、事业单位法人以国家授予其经营管理的房地产抵押的,应当符合国有资产管理的有关规定;3. 以集体所有制企业的房地产抵押的,必须经集体所有制企业职工大会通过,并报其上级主管机关备案;4. 以中外合资经营企业、中外合作经营企业和外商独资企业的房地产抵押的,必须经董事会通过,但企业章程另有规定的除外;5. 以有限责任公司、股份有限公司的房地产抵押的,必须经董事会或者股东大会通过,但企业章程另有规定的除外;6. 预售商品房贷款抵押的,商品房开发项目必须取得商品房预售许可证。

五、房地产抵押合同

根据我国法律规定,抵押人和抵押权人应当以书面形式订立抵押合同,设定房地产抵押权。抵押合同是债权契约,抵押权登记是物权契约,抵押权通过抵押合同和登记公示而产生效力。

房地产抵押合同的当事人是债权人和抵押人,抵押可以是债务人,也可以是债务人以外的第三人,即物上保证人。房地产抵押权的设定,属于处分房地产的行为,抵押人对其提供担保的房地产,应当具有处分权,且具有处分房地产的行为能力。抵押人用以设定抵押的土地或房屋应当具有合法的产权证明。房地产抵押合同应当以书面形式订立。房地产抵押合同除应具备一般合同的必备条款外,还应具以下内容:1. 抵押房地产的处所、名称、状况、建筑面积、用地面积、四至等;2. 抵押房地产的估价、抵押率;3. 抵押房地产的占管人、占管方式和责任、意外毁损、灭失的风险责任;4. 抵押期限;5. 抵押权消灭的条件;6. 抵押权人处分抵押房地产的方式。

房地产抵押一般依以下程序设立:1. 由借贷人向贷款人提出抵押借贷申请,并提交有关产权证书和法定文件;2. 由贷款人对借贷人所提出的申请及产权证书和法定文件进行审查;3. 审查通过后,由借贷人与贷款人签订抵押贷款合同;4. 由抵押权人将抵押贷款合同报房地产管理部门和土地管理部门登记,如果属按揭贷款,房屋所有权证和土地使用权证还须由抵押权人占管;5. 由抵押权人按合同向抵押人拨付贷款。

依《担保法》第 3 条的规定,抵押权的设立,必须遵守诚实信用原则,不得损害他人利益和社会公共利益。抵押权的有效成立,应以有效的抵押合同为前提,如果抵押合同无效,即使办理了抵押登记,抵押权也不能有效成立。如在债务人有多个债权人时,债务人与其中的一个债权人恶意串通,将其大部分财产抵押给该债权人,并因此丧失了履行其他债务的能力,这种行为损害了其他债权人的合法权益,根据相关司法解释,应确认抵押合同无效,受损害的其他债权人可以请求法院撤销该抵押协议,并申请注销抵押登记。

第四节　土地使用权抵押合同纠纷的解决

一、土地使用权抵押合同的相关限制

土地使用权抵押,是指土地使用权人以不转移土地占有的方式,将其所合法拥有的土地使用权作为债权担保,在债务人不履行债务时,债权人有权依法处分该土地使用权,并就处分所得价款优先受偿。根据《担保法》第37条的规定,土地使用权抵押合同中关于抵押标的的限制一般包括:1. 土地所有权;2. 除抵押人依法承包并经发包方同意抵押的荒山、荒沟、荒丘、荒滩等荒地之外的耕地、宅基地、自留地、自留山等集体所有的土地使用权,以及乡(镇)、村企业的土地使用权不得单独抵押;3. 学校、幼儿园、医院等以公益为目的的事业单位、社会团体的教育设施、医疗卫生设施和其他社会公益设施;4. 所有权、使用权不明或者有争议的财产;5. 依法被查封、扣押、监管的财产;6. 依法不得抵押的其他财产。上述法定限制在实践中一般较少引起争议,但是相对于《城市房地产管理法》第38条对土地使用权转让的严格限制而言,该类土地使用权在设定抵押权时却缺乏相应的限制性条件,造成实践中当事人往往通过设定土地使用权抵押的方式规避法律有关转让的限制规定。具体表现为:不具备转让条件的出让土地经由设定抵押权然后加以实现而达到转让或炒卖的目的;以划拨土地上建成的房屋设定抵押后实现抵押权而达到规避国家对划拨土地转让的控制;对乡镇企业的厂房等建筑物设定抵押后实现并达到农村集体建设用地土地使用权的流转;以及国有企业对其厂房等设定抵押而导致国有资产产权的变更等。因目前尚无统一法律或相当层次的规范性文件对其予以界定限制,对实践中的上述现象,司法审判中应严格审查其是否属于合法形式下的恶意规避行为,并可适用相关地方性规定予以限制。

二、土地使用权抵押合同在司法实践中的常见冲突

(一)土地使用权抵押权与工程价款优先权的冲突

因工程价款中含有劳务人员的劳务报酬,事关劳动者的基本生存权,依最高人民法院的司法解释规定,建筑工程承包人的优先受偿权优于抵押权和其他债权,在建筑物或其所附着的土地使用权上设定的抵押权实现时,必须先拨付施工承包人的工程价款。应注意的是,由于我国立法中房随地走的原则,此时因建筑物与其土地使用权属一并折价、拍卖,所得中不仅包含劳动力报酬和材料费用,还包括了土地费用和利润,而对后者施工承包人并不享有优先受偿权。因此,在相关案件裁判时,应严格界定并准确区分折价、拍卖所得中各项费用的构成。

(二)土地使用权抵押权与抵押人转让权的冲突

最高人民法院《关于贯彻执行〈中华人民共和国民法通则〉若干问题的意见(试行)》第115条规定,抵押物如由抵押人自己占有并负责保管,在抵押期间,非经债权人同意,抵押人将同一抵押物转让他人,或就抵押物价值已设置抵押部分再做抵押的,其行为无效。相应的,银行制定的借款格式合同中也限制了土地使用权抵押人在抵押期间向外转让土地使用权的处分权。但必须看到,该解释是制定于计划经济时期,侧重于保护国有企业债权人的利益,而在一定程度上忽视了抵押人的利益和促进流通的因素。1995年制定的《担保法》第49条则变更了这一司法宗旨,肯定了抵押人在履行通知和告知程序以及提供担保等义务的条件下,可依法转让抵押物包括设定抵押的土地使用权。而鉴于抵押权应有的排他性和追及性,最高人民法院在《关于适用〈中华人民共和国担保法〉若干问题的解释》第67条中进一步认定了"抵押权存续期间,抵押人转让抵押物未通知抵押权人或者未告知受让人的,如果抵押物已经登记的,抵押权人仍可以行使抵押权;取得抵押物所有权的受让人,可以代替债务人清偿其全部债务,使抵押权消灭。受让人清偿债务后可以向抵押人追偿。如果抵押物未经登记的,抵押权不得对抗受让人,因此给抵押权人造成损失的,由抵押人承担赔偿责任",从而明确了土地使用权抵押和转让的权利冲突解决原则。

(三)土地使用权抵押权与土地上新建房屋买受人所有权的冲突

《担保法》第55条第1款规定,城市房地产抵押合同签订后,土地上新增的房屋不属于抵押物。需要拍卖该抵押的房地产时,可以依法将该土地上新增的房屋与抵押物一同拍卖,但对拍卖新增房屋所得,抵押权人无权优先受偿。从而在实践中造成抵押权人和新建房屋买受人的权利冲突:新建房屋买受人对其所买受房屋的土地使用权因该土地使用权抵押权人的权利实现行为而必将宣告落空;而若无人肯受让地上房屋属于他人的土地使用权,该土地使用权的抵押权人的权利又必将无从得以实现。这在司法实践中已经产生相当多的争议与纠纷。对此,最高人民法院、国土资源部、建设部在2004年2月10日联合发出的《关于依法规范人民法院执行和国土资源房地产管理部门协助执行若干问题的通知》中专款规定:"在变价处理土地使用权、房屋时,土地使用权、房屋所有权同时转移;土地使用权与房屋所有权归属不一致的,受让人继受原权利人的合法权利。"在一定程度上提供了上述争执问题的解决方案。

(四)同一土地使用权上多项抵押权之间的冲突

除去在已设定抵押的土地使用权的剩余价值范围内再次设定抵押权这一不易引发争议的方式外,在同一土地使用权的同一价值范围内设定多次抵押时,抵押权人的权利如何得以实现成为各方当事人的争执焦点。这一问题在已设定使用权抵押的土地上构建商品房、而买受人又以所购房产(涵盖所附着的土地使用权)设定抵押向银行贷款时表现得尤为突出。对此类重复抵押,在先抵押人一般出于自身债权安全考虑而予以阻止,新债权人也往往不予接受。事实上,《担保法》第54条及最高人民法院《关于适用〈中华人民共和国担保法〉若干问题的解释》第78条中,已对该问题做了较圆满的规定。

三、抵押房屋的处置

最高人民法院发布司法解释,就人民法院根据抵押权人申请,执行设定抵押的房屋的问题做出规定。根据该司法解释,对于被执行人所有的已经依法设定抵押的房屋,人民法院可以查封,并可以根据抵押权人的申请,依法拍卖、变卖或者抵债。该司法解释同时规定,人民法院对已经依法设定抵押的被执行人及其所扶养家属居住的房屋,在裁定拍卖、变卖或者抵债后,应当给予被执行人六个月的宽限期。在此期限内,人民法院不得强制被执行人及其所扶养家属迁出该房屋。逾期仍未迁出的,人民法院应当按照民事诉讼法第二百二十九条之规定做出强制迁出裁定。该司法解释还专门规定,被执行人属于低保对象且无法自行解决居住问题的,人民法院不应强制迁出。最高人民法院曾发布一份《关于人民法院民事执行中查封、扣押、冻结财产的规定》,从2005年1月1日起正式生效后,曾经引起了银行界的极大震动。这主要是因为该规定第六条直接涉及到了房贷:"对被执行人及其所扶养家属生活必需的居住房屋,人民法院可以查封,但不得拍卖、变卖或者抵债。"这无疑对银行实现抵押权产生一定影响。但该规定第七条规定"对于超过被执行人及其所扶养家属生活所必需的房屋和生活用品,人民法院根据申请执行人的申请,在保障被执行人及其所扶养家属最低生活标准所必需的居住房屋和普通生活必需品后,可予以执行",这也为银行实现抵押权提供了可能。但由于没有从根本上解决具体"最低生活标准所必需的居住房屋和普通生活必需品"的范围、标准和期限等问题,这给执行法官相当大的自由裁量空间,而且为银行行使抵押权设置了前置性义务,增加了抵押物处置的难度和成本。在解释该条款时,最高人民法院甚至明确指出"即使房屋已设定抵押,只要属被执行人及其所扶养家属必须居住的,也不得执行"。而此次发布的这份司法解释,针对以前的规定在实际操作中发现的一些问题的解决提供了新的司法依据。

　　关于土地承包经营权的抵押。土地承包经营权究竟可不可以抵押,现在我们《物权法草案》对此的规定似乎往前走了一步,承认土地承包经营权可以抵押。《物权法草案》在第135条规定:"土地承包经营权人有稳定收入来源的,经发包方同意,可以将土地承包经营权抵押。实现抵押权的,不得改变承包地的用途。"依此规定,土地承包权的抵押应受两条限制:一是土地承包经营权人有稳定的收入来源;二是经发包方同意。这两条限制会导致土地承包经营权的抵押变得几乎不可能实现。因为,一方面对抵押人来说,承包经营权人必须要有稳定的收入来源,当然何为有稳定的收入来源需要由解释来具体说明。就一般理解来说,如果有稳定的收入来源就不会发生不能偿还债务的情形,如果一个人有稳定的生活来源,也就没有必要设定抵押权。另一方面即使承包经营权人有稳定收入来源,发包人不同意抵押的,也不能抵押。而加这两条限制的理由无非是为了防止改变承包地的用途。如果是基于这样一种立法理由,物权法当中应当明确规定土地承包经营权可以抵押,而不必加限制条件,只要最后规定"实现抵押权的,不得改变承包地的用途"就可以达到立法目的。①

---

① 郭明瑞:《关于农村土地权利的几个法律问题》http://www.civillaw.com.cn2006年4月29日11:20访问

主要参考书目

1. 佟柔等:《民法概论》,中国人民大学出版社1982年版。
2. 梁慧星主编:《中国物权法研究》(上、下),法律出版社1998年版。
3. 梁慧星:《民法总论》,法律出版社1996年版。
4. 梁慧星:《中国民法经济法诸问题》,法律出版社1989年版。
5. 梁慧星:《中国物权法草案建议稿——条文、说明、理由与参考立法例》,社会科学文献出版社2000年版。
6. 孙宪忠:《德国当代物权法》,法律出版社1997年版。
7. 孙宪忠:《论物权法》,法律出版社2001年版。
8. 孙宪忠:《中国物权法总论》,法律出版社2003年版。
9. 陈华彬:《物权法研究》,金桥文化出版(香港)有限公司2001年版。
10. 王利明:《物权法论》,中国人民大学出版社1998年版。
11. 吴文平:《物权法原理》,知识产权出版社2012年版。
12. 尹田:《物权法》(第二版),北京大学出版社2017年版。
13. 崔建远:《物权法》(第四版),中国人民大学出版社2017年版。
14. 郭明瑞、房绍坤、唐光良著:《民商法原理》中国人民大学出版社1999年版。
15. 房绍坤:《民商法问题研究与适用》(法学论丛),北京大学出版社2002年版。
16. 关涛著:《我国不动产法律问题专论》,人民法院出版社2004年版。
17. 王利明:《国家所有权研究》,中国人民大学出版社1991年版。
18. 王利明主编:《物权法专题研究》(上、下),吉林人民出版社2001年版。
19. 王利明主编:《中国物权法草案建议稿及说明》,中国法制出版社2001年版。
20. 王利明、房绍坤、王轶:《合同法》,中国人民大学出版社2002年版。
21. 王利明著:《物权法研究》,中国人民大学出版社2002年版。

22. 王卫国:《中国土地权利研究》,中国政法大学出版社1997年版。

23. 王卫国、王广华主编:《中国土地权利的法制建设》,中国政法大学出版社2002年版。

24. 史尚宽著:《物权法论》,中国政法大学出版社2000年版。

25. 温世扬著:《物权法要论》,武汉大学出版社1997年版。

26. 彭万林主编:《民法学》,中国政法大学出版社1996年版。

27. 林国民、赵贵龙、吴锦标编著:《外国民商法》,人民法院出版社1996年版。

28. 王克衷:《我国大陆与台湾财产权制度比较》,福建人民出版社1991年版。

29. 李湘如编著:《台湾物权法》,中国广播电视出版社1993年版。

30. 江平等著:《罗马法》,中国政法大学出版社2004年版。

31. 许明月:《抵押权制度研究》,法律出版社1998年版。

32. 钱明星:《物权法原理》,北京大学出版社1994年版。

33. 顾培东:《社会冲突与诉讼机制——诉讼程序的法哲学研究》,四川人民出版社1991年版。

34. 张文显:《二十世纪西方法哲学思潮研究》,法律出版社1996年版。

35. 张文显:《法学基本范畴研究》,中国政法大学出版社1998年版。

36. 肖厚国:《物权变动研究》,法律出版社2002年版。

37. 符启林主编:《商品房预售法律制度研究》,中国政法大学出版社2002年版。

38. 王闯:《让与担保法律制度研究》,法律出版社2000年版。

39. 陈本寒:《担保物权法比较研究》,武汉大学出版社2003年版。

40. 陆泽峰:《金融创新与法律变革》,法律出版社2000年版。

41. 汪利娜:《美国住宅金融体制研究》,中国金融出版社1999年版。

42. 尹田:《法国物权法》,法律出版社1998年版。

43. 史尚宽:《物权法论》,中国政法大学出版社2000年版。

44. 邱聪智:《债法各论》(中),辅仁大学法学丛书1997年版。

45. 谢在全:《民法物权论》(上、下册),中国政法大学出版社1999年版。

46. 谢在全:《民法物权论》,中国政法大学出版社1999年版。

47. 刘得宽:《民法诸问题与新展望》,中国政法大学出版社2002年版。

48. 周枏:《罗马法原论》,商务印书馆1994年版。

49. 胡长清著:《中国民法总论》,中国政法大学出版社1997年版。

50. 杨与龄主编:《民法总则争议问题研究》,清华大学出版社2004年版。

51. 王泽鉴:《民法学说与判例研究》(1~8册),中国政法大学出版社1998年版。

52. 王泽鉴:《民法物权》(通则·所有权),中国政法大学出版社2001年版。
53. 王泽鉴:《民法物权》(用益物权·占有),中国政法大学出版社2001年版。
54. 张俊浩:《民法学原理》,中国政法大学出版社1990年版。
55. 徐国栋:《民法基本原则解释》,中国政法大学出版社1992年版。
56. 许明月:《抵押权制度研究》,法律出版社1998年版。
57. 李进之等:《美国财产法》,法律出版社1999年版。
58. 刘春堂:《判解民法物权》,我国台湾地区,三民书局,1985年版。
59. 沈达明:《法国德国担保法》,中国法制出版社2000年版。
60. 谭启平、赵勇山主编:《房地产法精要与依据指引》,人民出版社2005年版。
61. 渠涛主编:《中日民商法研究》(第四卷),法律出版社2006年版。
62. 刘保玉主编:《担保法疑难问题研究与立法完善》,法律出版社2006年版。
63. [德]卡尔·拉伦茨著:《德国民法通论》,王晓晔等译,中国政法大学出版社2003年版。
64. [日]铃木禄弥:《物权的变动与对抗》,渠涛译,社会科学文献出版社1999年版。
65. [德]罗伯特·霍恩,海因·克茨,汉斯·G.莱塞:《德国民商法导论》,楚建译,中国大百科全书出版社1996年版。
66. [英]梅因:《古代法》,沈景一译,商务印书馆1995年版。
67. [英]巴里.尼古拉斯:《罗马法概论》,黄风译,法律出版社2000年版。
68. [古罗马]查士丁尼:《法学总论》,张企泰译,商务印书馆1989年版。
69. [日]近江幸治:《担保物权法》,祝娅、王卫军等译,法律出版社2000年版。
70. [德]K.茨威格特、H.克茨:《比较法总论》,贵州人民出版社1992年版。
71. [德]迪特尔·梅迪库斯:《德国民法总论》,社会科学文献出版社1999年版。
72. [德]曼弗雷德·沃尔夫:《物权法》,吴越、李大雪译,法律出版社2002年版。
73. 罗结珍译:《法国民法典》,法律出版社2005年版。
74. 於向平等著:《房地产法律制度研究》,北京大学出版社2004年版。
75. 周林彬著:《物权法新论》,北京大学出版社2002年版。
76. 高富平著:《物权法原论》(中卷),中国法制出版社2001年。
77. 尹田:《法国现代合同法》,法律出版社1995年版。
78. 尹田:《物权行为理论评析》,载于梁慧星主编《民商法论丛》第24卷,金桥文化出版(香港)有限公司2002年版。
79. 尹田:《法国不动产公示制度》,载于梁慧星主编《民商法论丛》第16卷,金桥文化出版(香港)有限公司 2000 年版。

80. 尹田:《论物权的公示与公信原则》,载于梁慧星主编《民商法论丛》第 26 卷,金桥文化出版(香港)有限公司 2003 年版。

81. 易继明:《私法精神与制度选择》,中国政法大学出版社 2003 年版。

82. 徐国栋(编):《中国民法典起草思路论战——世界民法典编纂史上的第四大论战》,中国政法大学出版社 2001 年版。

83. [古罗马]查士丁尼:《法学总论——法学阶梯》,张企泰译,商务印书馆 1989 年版。

84. [古罗马]查士丁尼:《学说汇纂:正义和法》,[意]桑德罗·斯奇巴尼选编,黄风译,中国政法大学出版社 1992 年版。

85. [古罗马]查士丁尼:《学说汇纂:债·契约之债》,[意]桑德罗·斯奇巴尼选编,丁玫译,中国政法大学出版社 1994 年版。

86. [古罗马]查士丁尼:《学说汇纂:契约之债与准契约之债》,[意]桑德罗·斯奇巴尼选编,丁玫译,中国政法大学出版社 1998 年版。

87. [古罗马]查士丁尼:《学说汇纂(第 7 卷):用益权》,米健译,法律出版社 1999 年版。

88. [古罗马]查士丁尼:《学说汇纂:物与物权》,[意]桑德罗·斯奇巴尼选编,范怀俊译,中国政法大学出版社 1993 年 12 月第 1 版和 1999 年版。

89. [古罗马]查士丁尼:《学说汇纂:公法》,[意]桑德罗·斯奇巴尼选编,张礼洪译,中国政法大学出版社 2000 年 3 月版。

90. [意]桑德罗·斯奇巴尼(主编),杨振山译:《罗马法·中国法与民法法典化》,中国政法大学出版社 1995 年 11 月版。

91. [意]桑德罗·斯奇巴尼(主编),杨振山译:《罗马法·中国法与民法法典化——物权和债权之研究》,中国政法大学出版社 2001 年版。

92. 梁慧星:《是制定"物权法"还是制定"财产法"——郑成思教授的建议引发的思考》,载"中国民商法律网站·学者论谈". 2001 年 12 月 24 日。

93. 郑成思:《几点事实的澄清及我的总看法》,载"中国民商法律网站·学者论谈",2001 年 12 月 24 日。

94. 约翰·E. 克里贝特、科温·W. 约翰逊等著:《财产法:案例与材料》,齐东祥、陈刚译,中国政法大学出版社 2003 年版。

95. [美]伯恩哈特:《不动产》,法律出版社 2005 年版。